Petites distractions philosophiques

Robert Zimmer

Petites distractions philosophiques

Comment apprendre à penser sans jamais s'ennuyer

Traduit de l'allemand
par Frédéric Joly

La Librairie Vuibert

Titre original : *Denksport Philosophie. Fragen, Argumente, Gedankenspiele*

Et pour la traduction française :
ISBN : 978-2-311-10178-2

La Librairie Vuibert – 5, allée de la 2e D.B. – 75015 Paris
www.la-librairie-vuibert.com

Je remercie Martin Morgenstern pour sa lecture d'ensemble et pour avoir bien voulu accompagner de son regard critique l'élaboration de cet ouvrage.

Robert Zimmer

AVANT-PROPOS

Mode d'emploi de ce livre

Si ce livre a un mode d'emploi, c'est parce qu'il ne doit pas être lu comme on lit habituellement, mais utilisé. C'est un livre de philosophie mais pas un ouvrage savant. Ce n'est pas non plus un manuel, ce qui ne veut pas dire pour autant que l'on ne peut rien en tirer ni rien apprendre avec lui. En fait, il faut en établir soi-même le menu. Il ressemble un peu en cela à un *self-service*. Celui ou celle qui veut le lire comme on lit le plus souvent un livre doit donc être tout de suite averti : on n'y trouvera pas de chemin tout tracé, aucun texte continu qui se prêterait à une lecture linéaire, progressant de la première à la dernière page.

Au lieu de cela, ces pages proposent une offre variée : tout un tas d'informations, de suggestions et d'exercices, et donc des matériaux de pensée, qui sont certes organisés d'une manière bien précise mais de façon très flexible. Aucun mode de lecture n'y est interdit ; rien n'y est fixé une fois pour toutes.

Pour autant, il ne suffit pas ici de se servir et de consommer. Ces *Petites distractions philosophiques* sont un livre-atelier qui exige de son lecteur ou de sa lectrice une collaboration active. On y entre comme on pénètre dans un atelier où on espère trouver certains instruments et outils de travail. Philosopher, c'est toujours « penser par soi-même » : on veut apprendre à connaître des pensées, on souhaite se voir donner des instructions de montage, mais on aspire aussi à réussir quelque chose, à résoudre un problème par ses propres moyens. Celui ou celle qui décide de philosopher s'embarque toujours dans une aventure : il prend le risque de l'essai et de l'erreur, en espérant donner sa contribution propre, son propre échantillon de pensée, *sa* pièce, façonnée par lui seul.

Qu'un livre de philosophie puisse être un livre-atelier ne devrait pas surprendre, pour cette raison même. La philosophie regorge de questions et de problèmes non résolus. Pour ceux qui considèrent que la pensée n'est en rien une corvée mais un plaisir, et qui ne s'intéressent pas seulement aux mots croisés mais aussi aux énigmes fondamentales de l'existence humaine, ces problèmes sont comme une sorte de défi qu'il s'agit de relever. Celui qui, avec ce livre, pénètre dans cet atelier s'est déjà embarqué dans l'aventure de la philosophie – d'une philosophie qu'il n'est pas interdit de considérer comme une gymnastique, dans la mesure où elle se pratique de la même façon.

Que trouve-t-on alors dans cet atelier ? On y trouve une offre choisie mais qui n'est en rien exhaustive : des informations portant sur les vastes entreprises de pensée auxquelles les grands maîtres de la philosophie se sont consacrés, sur les instruments qu'ils ont développés pour mener à bien ces projets, sur ce qu'ils ont su faire de ces instruments, ainsi que sur les œuvres achevées mais aussi inachevées qu'ils nous ont léguées. Pourtant, on ne s'y interrogera pas sur le plus ou moins grand degré d'achèvement de ces œuvres ; ces pages n'évoqueront pas plus tous les philosophes qui comptent ; elles n'aborderont pas toutes les théories importantes ni tous les problèmes philosophiques. Ce livre n'a pas pour ambition de couvrir le spectre entier, qui est fort large, des thématiques dont traite la philosophie académique. On a également renoncé à aborder les instruments trop complexes dont l'usage impose d'avoir suivi une formation spécialisée ainsi qu'un long entraînement.

Pour le dire de façon imagée : ce livre ne s'adresse pas aux maîtres artisans de la philosophie académique mais aux artisans amateurs que la philosophie intéresse ; il s'adresse à celui ou celle qui veut comprendre, à un moment, ce qu'elle est et qui souhaite aussi s'essayer par lui-même à tel ou tel problème philosophique. Pour cette raison, on a voulu élaborer une architecture d'une grande clarté et offrir des outils maniables et immédiatement utiles. Les modes d'emploi sont joints, pour autant qu'ils s'imposent. Comme dans un atelier, on peut rassembler soi-même les instruments nécessaires mais on peut aussi les combiner. On peut également les utiliser pour divers exercices.

Autrement dit, le livre se cantonne à certains problèmes de philosophie, mais qui sont dans tous les cas d'une importance fondamentale. Il fournit des informations sur la manière dont on a traité de ces problèmes au fil de l'histoire. Et il fournit des sortes de patrons dont il est possible de faire son propre usage : des exercices, des énigmes et des suggestions invitant à l'échange d'arguments.

Chacun des chapitres composant ce livre peut être lu indépendamment des autres. Tous peuvent l'être dans n'importe quel ordre : c'est au lecteur, à la lectrice, de choisir. Je vais néanmoins préciser, très brièvement, ce que l'on peut y trouver afin que chacun s'y oriente facilement.

Le début du livre passe en revue ce que l'on trouve dans l'atelier. Une brève introduction destinée au novice précise ce qu'est au juste la philosophie et de quoi il retourne avec elle. Le lecteur ou la lectrice qui a déjà une expérience de la philosophie peut la sauter sans problème.

Nous répondrons ensuite brièvement à deux questions concrètes : à quels problèmes avons-nous ici affaire ? Et, pour le dire vite, qu'en a-t-il été de tous ces problèmes au fil de l'histoire de la philosophie ?

Si chacun des chapitres qui suivent est ensuite consacré à un problème philosophique central, le chapitre 2, lui, nous présente cette époque où la discipline fit son apparition et où fut forgée notre compréhension entière de la philosophie : il nous introduit à l'Antiquité – pour le dire plus exactement : à la philosophie grecque antique. Toute personne qui explore la philosophie en remontant vers ses racines historiques parvient un jour ou l'autre à cette origine. Bien sûr, le lecteur averti pourra également sauter ce chapitre. S'il ne le fait pas, il constatera peut-être avec étonnement combien nos questionnements actuels sont réellement peu nouveaux, et à quel point nous empruntons encore et toujours les voies que les philosophes grecs ont posées.

Voilà ce dont il retourne avec ces premiers chapitres introductifs. Le lecteur pourra dès lors se confronter de façon plus intensive aux problématiques spécifiques qui font chacune l'objet de l'un des chapitres suivants. Le chapitre 3 offre un cours accéléré consacré aux boîtes à outils de la philosophie, aux questions qui sont soulevées dès lors qu'il est question du langage et de la logique. Viennent ensuite les grandes questions : quel rôle joue Dieu dans la philosophie (chap. 4) ? Quelle image du monde élabore-t-elle (chap. 5) ? Existe-t-il des lois universelles nous permettant de comprendre ce qui ne peut que se produire, ce qui peut se produire, ou ce qui se produit du fait du hasard (chap. 6) ? Enfin : qu'entendons-nous à proprement parler, nous les hommes, lorsque nous affirmons que nous sommes dotés d'une conscience, d'un esprit ou même d'une âme (chap. 7) ?

Les deux derniers chapitres sont, eux, consacrés aux problèmes de l'agir humain. Nous le savons, les animaux ne se demandent pas s'ils agissent de bonne ou mauvaise façon, de manière appropriée ou inappropriée ; l'homme si. Parce que la philosophie joue en ces matières un rôle fondamental, nous nous pencherons sur des problèmes du type « qu'est-ce que la justice ? » (chap. 8), puis sur des questions relatives au fondement de la morale et aux critères du bonheur (chap. 9).

Les thématiques que l'on retrouvera au fil de ces différents chapitres ne seront pas forcément abordées en lien direct avec les disciplines philosophiques, comme il est de coutume dans les cours académiques. Leur mise en scène obéit plutôt à l'intuition suivante : certaines questions, me semble-t-il, sont faites pour aller ensemble, comme les membres d'un corps. On le constatera d'ailleurs très rapidement : toutes les problématiques philosophiques sont, d'une manière ou d'une autre, liées entre elles. Des questions relevant d'une thématique bien précise en viennent toujours à concerner un autre domaine. Pour cette raison même, chaque chapitre comprend de nombreux renvois aux autres. Il est donc attendu du lecteur qu'il navigue de façon très active, en tout sens, dans ce livre. Personne n'a à aborder les chapitres dans l'ordre qui a été choisi. Chacun procédera comme il l'entend. Le lecteur, la lectrice, choisira tout simplement un thème qui suscite son intérêt et se lancera à l'aventure.

Chaque chapitre comprend des textes de différentes natures : tout d'abord, certains fournissent des informations sur des philosophes, sur des concepts philosophiques ou des thèmes philosophiques ; d'autres sont des textes d'exercices qui offrent pour ainsi dire un problème concret auquel le lecteur ou la lectrice devra se confronter. Il n'y a pas dans ce livre de longs développements. Chacun de ces textes est court, concis et, tel un module, pourra être mis en relation avec d'autres lorsque le lecteur aura le sentiment que cela est pertinent.

Les « exercices de pensée » philosophiques sont un élément essentiel du livre. Mais prudence ! Si la philosophie n'est pas faite de devinettes, elle ne fonctionne pas non plus comme les mathématiques. Certes, on trouve parfois en philosophie des réponses incontestables. Cela relève néanmoins plus de l'exception que de la règle. Aborder des problèmes philosophiques, c'est la plupart du temps trouver de bons et de meilleurs arguments. Ou bien c'est examiner un énoncé à l'aune de sa conclusion logique et de sa cohérence, de son absence de contradictions. Ce peut être aussi faire du *brainstorming*, c'est-à-dire proposer de nouvelles idées. À vous de décider comment, dans quel ordre, et avec quel objectif à l'esprit, vous aborderez les différents types de textes et les différents exercices qui vous sont proposés.

Celui ou celle qui vient buter sur un problème se reportera volontiers à la fin de chaque chapitre, où sont présentées les solutions et propositions de solutions à l'ensemble de ces exercices.

Celui ou celle qui ne sait encore en rien ce qu'est la philosophie et ce qu'elle se propose au juste de faire peut maintenant passer à l'introduction.

Les textes informatifs

En quelques brefs paragraphes, des informations portant sur une thématique propre au chapitre ou plus globale : quels pas furent accomplis en philosophie au fil du temps, et quelles furent les positions des philosophes importants face à un problème bien particulier ?

Des renseignements synthétiques au sujet d'une personnalité ou d'une œuvre importante évoquée dans un texte, ou bien d'un ou plusieurs concepts ou thématiques.

Des citations moins informatives que stimulantes, liées à la thématique abordée.

Les exercices

Énigme philosophique

Un problème philosophique traditionnel qui doit aider à aborder et à approfondir les questionnements philosophiques auxquels invite ce livre.

À vous de jouer !

Un exercice de pensée philosophique qui en appelle à l'imagination constructive du lecteur.

Avis de recherche

Où est dessiné le portrait d'un penseur célèbre de l'histoire de la philosophie dont il s'agira de deviner le nom.

Test de logique

Sorte de petite instance de contrôle philosophique : on vérifiera ici la cohérence logique de certains énoncés et concepts.

Pour ou contre

Ou quand les principes philosophiques viennent se heurter à la dure réalité. On affrontera un problème concret, et on recherchera les meilleurs arguments permettant de le résoudre.

INTRODUCTION

Ce dont il est question en philosophie, pourquoi elle est une gymnastique et en quoi elle demeure essentielle

Pourquoi la philosophie ? Que suis-je censé en faire ? Ce mot-là, « philosophie », nous le rencontrons tout de même assez souvent dans la vie de tous les jours. « Notre philosophie : les couples heureux sont notre réussite », peut-on lire par exemple dans la brochure publicitaire d'une agence matrimoniale. Mais, ici, le publicitaire a revêtu un vêtement qui n'était absolument pas taillé pour lui. C'est qu'en l'espèce il est aussi peu question de philosophie qu'il est question de science lorsqu'un éleveur de lapins dit de son activité qu'elle est à ses yeux une science.

Où donc trouve-t-on la « vraie » philosophie et les « vrais » philosophes ? Pour beaucoup dans de gros livres assez difficiles, semble-t-il. C'est pourquoi la plupart préfèrent les éviter. La réputation de la philosophie n'est pas toujours des meilleures. Les uns l'envisagent comme une chose très haut perchée, abstraite, qui serait réservée à quelques grosses têtes. Les autres la considèrent comme absolument dénuée d'intérêt pratique, comme un savoir n'entretenant guère de rapport avec la vie normale. Certains ont déjà eu un jour entre les mains un livre de philosophie et n'y ont rien compris, ou pas grand-chose. Bref : la philosophie serait fatigante, inutile et peu amusante. Autant refermer le livre en question, laisser un commentaire sarcastique sur Facebook et se tourner vers des aspects plus charmants de l'existence.

Seulement, chose étrange, les gens reviennent toujours à la philosophie. Nombre d'entre eux sont même attirés par elle comme par magie. La raison en est tout à fait simple : la philosophie est quelque chose d'universel. Elle traite de questions auxquelles tout un chacun se trouve confronté un jour ou l'autre. La philosophie est comme l'air que l'on respire. Qui veut se débarrasser d'elle doit se débarrasser des hommes. Cela tient au fait que l'homme est tout simplement un être étrange et unique en son genre. Un être qui n'est pas réconcilié avec lui-même et qui peine à savoir véritablement ce qu'il est, qui il est, et quel rôle est le sien dans la nature. L'homme est cet être qui ne se comprend pas et ne comprend pas le monde de lui-même. Comme l'a formulé l'un de nos grands philosophes, Arthur Schopenhauer (1788-1860), l'homme est tenaillé par un « besoin métaphysique », et donc par le besoin philosophique de s'élucider lui-même et d'élucider le monde dans lequel il vit en agrandissant en quelque sorte son univers. « Excepté l'homme, écrit Schopenhauer, aucun être ne s'étonne de sa propre existence. »

« S'étonner » est un bon mot-clé quand on veut s'initier à la philosophie. En effet, celle-ci commence très exactement avec l'étonnement, comme nous l'a appris Platon (427-347 av. J.-C.), l'un des pères de la philosophie occidentale : philosopher, c'est avant tout s'étonner des hommes et du monde, c'est aussi s'étonner qu'il existe quelque chose plutôt que rien.

Si la philosophie existe, c'est parce que nous avons encore des comptes à régler avec nous-mêmes. Elle a à voir avec les questions et les problèmes que nous éludons généralement dans la vie de tous les jours, parce que les exigences pratiques du quotidien nous semblent souvent plus pressantes, plus urgentes, alors même que ces questions et problèmes résultent immédiatement de l'existence humaine. Cependant, nous ne pouvons jamais les repousser une bonne fois pour toutes, car la philosophie fait partie de notre nature.

La philosophie et ses questions

Qui pratique la philosophie commence par s'interroger. La philosophie naît de questions restées sans réponse, c'est-à-dire des grandes questions, des questions fondamentales qui concernent l'homme et son rapport au monde.

Les animaux ne se posent pas de questions sur eux-mêmes et ne se posent *a fortiori* aucune question fondamentale. L'homme, en revanche, ne cesse de le faire : quel est ce monde dans lequel je vis ? À quelles lois obéit-il ? Et comment puis-je reconnaître celles-ci ? Quel être suis-je au juste ? Existe-t-il une sorte de boussole, un moyen d'orientation susceptible de guider mes actes ? Ce faisant, il se confronte déjà à certaines des questions philosophiques les plus importantes : celles de la nature du monde, des limites de notre savoir, de la nature humaine et des normes guidant nos actes. La question consistant par exemple à savoir ce qu'est l'homme, et en quoi il se distingue de l'animal, est l'une des plus anciennes et des plus disputées. Emmanuel Kant (1724-1804) a résumé ainsi les grandes questions philosophiques : que puis-je savoir ? Que dois-je faire ? Que suis-je en droit d'espérer ? Ces questions-là sont à ses yeux si étroitement imbriquées qu'elles n'en forment plus qu'une, centrale : qu'est-ce que l'homme ?

Pourtant, à l'origine de toutes les manières de philosopher, nous trouvons une question qui découle directement de l'étonnement de Platon, une question que l'on pourrait presque présenter comme le Big Bang de toutes les manières de pratiquer la philosophie : pourquoi y a-t-il quelque chose et non rien ? Comment expliquer qu'il existe une réalité ? Est-il concevable qu'il n'y en ait pas ?

La philosophie – comme elle l'a toujours fait jusqu'à aujourd'hui – questionne d'apparentes évidences et, ce faisant, met la pensée sur la brèche. Des esprits malveillants considèrent toutefois que les philosophes spéculent sur rien. Cela n'est pas tout à fait faux. Mais on devrait plus exactement dire ceci : ils réfléchissent à l'« être » et au « non-être ». Déjà, certains des tout premiers philosophes européens ne s'interrogeaient pas seulement sur l'origine de la réalité mais mettaient en question la réalité elle-même. Ce qui semble absurde au premier abord nous permet, lorsqu'on y regarde de plus près, d'ouvrir les yeux sur toute une série de problèmes. Ce que nous appelons la réalité se révèle alors en bien des points beaucoup moins évident que nous le pensions.

La philosophie est une gymnastique

Certes, la philosophie suppose que tout peut être questionné et constamment discuté. Mais elle n'en reste pas aux questions. On l'aura compris, la philosophie met au défi la pensée. Les philosophes s'efforcent d'apporter des réponses aux questions qu'ils se posent, même s'il ne s'agit pas toujours de réponses définitives. Elles sont faites pour que l'on continue à s'interroger. La philosophie n'en finit jamais avec les questions, mais elle n'en finit jamais non plus avec les réponses. Ce qui la fait avancer, c'est l'interaction entre une nouvelle question et une nouvelle réponse. Pour cette raison même, elle n'est en rien un éventaire de systèmes explicatifs du monde et de théories éloignées de la vie. Bien au contraire, elle constitue un grand, constant et très acharné effort de penser les énigmes de l'existence humaine. Cet effort-là, l'humanité l'accomplit depuis des siècles et se voit confrontée à d'incessantes énigmes.

La philosophie est une sorte de forum de discussion, ou bien un gigantesque terrain d'entraînement pour celui qui la pratique (comme une gymnastique). Toutefois, on n'y joue pas avec de petites balles, mais avec la grande balle et même, pour ainsi dire, la médecine-ball de l'humanité, qu'il nous faut toujours à nouveau soulever. Et comme dans toutes les activités sportives exigeantes, les performances les plus élevées n'ont pas à être atteintes d'emblée. Ce qui importe surtout, c'est de s'entraîner, de faire un exercice, et de s'entraîner à nouveau.

Celui qui s'intéresse de près aux questionnements philosophiques constate qu'ils ne sont en rien abstraits et sans rapport avec la vie, mais qu'ils ont au contraire beaucoup à voir avec les problèmes les plus concrets de l'existence, qui se posent toujours à nous de façon différente. En ce sens, ce livre peut être présenté comme un livre d'entraînement : nous faisons tout d'abord avec lui quelques exercices d'étirement de nos muscles cérébraux et, une fois échauffés, quelques séances de sport philosophique.

Pourquoi cela devrait-il nous faire du bien ? La comparaison avec le sport, là encore, est peut-être d'une certaine aide pour répondre à cette question. De même que celui-ci nous permet de perdre des kilos inutiles, et d'entretenir notre forme, la philosophie nous libère des préjugés superflus et des conclusions erronées. Et elle entretient notre esprit, lui permettant de continuer à s'engager dans l'aventure de la pensée.

Peut-être pourrait-on dire que la philosophie a à voir avec l'hygiène intellectuelle. Elle est sans doute parfois un peu astreignante mais elle représente un effort qui vaut largement la peine d'être réalisé. Si nous ne pouvons attendre de la philosophie des réponses définitives, elle nous permet tout de même, c'est certain, de nous libérer des illusions. Elle nous aide à déceler les fausses justifications et nous prémunit des charlatans qui entendent nous vendre des convictions et des théories de pacotille. Le couteau toujours tranchant de la critique permet à l'esprit de rester éveillé, clair et lucide.

> *Ce que tu considères comme un cadeau, c'est un problème que tu dois résoudre.*
>
> LUDWIG WITTGENSTEIN

Les philosophes travaillent avec pour instruments l'argumentation rationnelle et la critique. C'est-à-dire aussi : la communication, la discussion, l'échange avec autrui. La philosophie s'épanouit au mieux là où participe le plus grand nombre : non pas dans la tour d'ivoire de l'université, mais dans l'espace public. Les premiers épicentres de la philosophie furent des villes de commerce, où étaient échangées marchandises et idées. La plus connue et la plus importante de ces cités était Athènes. Dès le départ, les philosophes ont eu recours à différentes méthodes afin de développer leurs philosophies respectives : les uns se rendaient sur les places de marchés et s'adressaient directement aux gens ; les autres réunissaient autour d'eux des disciples et fondaient des écoles de philosophie, des lieux d'enseignement, à bonne distance de l'espace public. De tels camps d'entraînement à la philosophie, il y en eut beaucoup dans l'Antiquité. La philosophie antique est une scène où s'affrontent des écoles concurrentes. Que ce soit derrière des murs ou dans la rue, la philosophie était pratiquée comme une série d'exercices de pensée et de vie, comme une « forme de vie ».

Certes, on peut toujours s'adonner à cette gymnastique de l'esprit entre quatre murs, mais on n'est jamais tout à fait seul. On a toujours recours au langage, un langage que l'on partage avec autrui – et ce médium du langage fait que nous communiquons entre nous, et que nous nous retrouvons ainsi toujours confrontés aux pensées des autres. Ludwig Wittgenstein (1889-1951), l'un des grands de la philosophie moderne, considérait qu'il ne pouvait exister de langage à usage strictement privé. Il semble que le langage soit toujours une forme de communication sociale. Et il en va de même de la philosophie. Il n'y a pas de philosophie à usage exclusivement privé. La philosophie s'exprime dans des livres que chacun peut se procurer, mais elle peut aussi faire irruption dans l'espace public de façon plus directe, par le biais de conversations, d'interviews ou de discussions. À l'époque d'Internet, elle se voit offrir de nouvelles formes d'expression. Le savoir philosophique vit de la confrontation publique, raison pour laquelle la philosophie ne peut rester enfermée dans une tour d'ivoire. Il lui faut se montrer. Et les philosophes doivent pouvoir expliquer ce qu'ils pensent et pourquoi ils le pensent.

Philosophie, religion, science

Tout cela est sans doute bel et bon, pourrait-on objecter, mais je ne crois pas nécessaire de m'échiner autant : en effet, lorsque se posent à moi les questions ultimes de l'existence humaine, je me tourne vers la religion. Et lorsqu'il est question d'expliquer notre monde, ne disposons-nous pas aussi de la science ? Pourquoi donc la philosophie ?

En tout premier lieu, il importe, pour répondre à ces questions, de rappeler que la philosophie, la religion et la science entretiennent historiquement entre elles un rapport très étroit. Prenons les plus anciens philosophes que nous connaissions : on ne peut guère séparer chez eux le philosophe du religieux ou du scientifique. À leur époque, les concepts qui auraient permis de distinguer ces trois domaines n'existaient pas encore. Les premiers philosophes étaient des enseignants qui réunissaient autour d'eux des élèves et leur expliquaient le monde à l'aide de tout le savoir alors amassé.

> Sapere aude! *Aie le courage de te servir de ton propre entendement!*
> EMMANUEL KANT

Ce n'est que bien plus tard que les sciences empiriques ont conquis leur autonomie par rapport à la philosophie, pour devenir des disciplines pleinement indépendantes. Jusqu'au XVIIIe siècle encore, les sciences naturelles étaient appelées *Naturphilosophie*, « philosophie naturelle ». Presque tous les premiers philosophes et nombre de ceux qui leur succédèrent étaient à la fois des philosophes et des scientifiques, et nous leur devons des découvertes révolutionnaires, notamment en sciences naturelles. La philosophie et la religion sont également allées très longtemps main dans la main. Au Moyen Âge, la philosophie était même considérée comme l'*ancilla theologiae*, la « servante de la théologie ». Et, jusqu'aux Lumières, la plupart des philosophes ne remettaient pas en cause les fondements de la religion. Quand Emmanuel Kant se demanda : « Que suis-je en droit d'espérer ? », il posa l'une des questions fondamentales de la philosophie, mais pas seulement : il se confronta aussi naturellement à une thématique religieuse, la question de l'espérance en Dieu, de la liberté et de l'immortalité. Kant considérait que les fondements de la foi chrétienne ne se laissaient certes pas démontrer, mais que bien des choses présageaient pourtant de leur véracité.

De nos jours, toutefois, de nombreux philosophes n'en sont plus aussi certains. La philosophie, la religion et la science ont entre-temps dessiné les contours de leurs territoires propres, et se sont autonomisées les unes par rapport aux autres. Il est en tout cas possible de faire ressortir une différence importante entre elles : la philosophie est radicalement ouverte et critique, elle ne se fie qu'à l'expérience, qu'à la logique et à la raison. Ce qui compte pour elle, ce sont les arguments qui font leurs preuves dans le cadre de l'argumentation rationnelle. La philosophie mise sur la démontrabilité des propositions et sur les arguments convaincants, et travaille sans filet ni double fond. Contrairement à la religion, elle ne s'appuie sur aucune révélation ni sur aucun livre sacré. Il n'existe en philosophie absolument aucun tabou en matière de savoir. Et elle ne reconnaît pas d'autorité particulière à Dieu, pas plus qu'à ses prophètes.

L'ésotérisme, la méditation transcendantale et autres choses de la même eau n'ont rien à voir avec la philosophie, et n'ont rien à en tirer. En effet, leurs adeptes veulent faire croire aux hommes qu'ils peuvent entrer en possession de l'unique vérité qui rend heureux, et les inviter à accepter sans condition cette vérité, au lieu de se confronter à elle de façon critique.

On peut naturellement dire de la science ce que l'on a dit plus haut de la philosophie. Elle aussi mise sur la démontrabilité plutôt que sur la croyance. Science et philosophie entretiennent des liens bien plus étroits qu'on ne le croit souvent. Beaucoup prétendent qu'il existe une grande différence entre elles : la science, affirment-ils, nous donne une connaissance sûre et certaine alors que nous aurions affaire avec la philosophie à une spéculation plutôt éloignée de la vie. Pareille distinction s'avère pourtant, lorsqu'on y regarde de plus près, indéfendable. La démontrabilité absolue n'existe en effet ni pour l'une ni pour l'autre. Pour Karl Popper (1902-1994), le théoricien des sciences peut-être le plus considérable du XXe siècle, le savoir scientifique n'est jamais, lui aussi, qu'un savoir provisoire, qu'un « savoir de supposition » – de la même façon que le savoir philosophique. Les hommes ne peuvent prétendre à un savoir absolument sûr et certain, car on ne peut jamais exclure, jamais, que l'expérience nous fasse un jour ouvrir les yeux sur une erreur auparavant commise.

> *La vérité certaine, aucun homme ne l'a vue, et il n'y en aura jamais qui connaisse les dieux et tout ce dont je parle ; car même s'il réussissait pleinement à dire ce qui est vrai, il ne le saurait pas lui-même ; car sur toutes choses, c'est l'opinion [doxa] qui s'exerce.*
>
> XÉNOPHANE

Le rapport qu'entretiennent entre elles la philosophie et la science est donc bien plus étroit que celui qu'entretiennent la philosophie et la religion. Philosophie et science se sont toujours influencées mutuellement. De nombreux exemples le montrent assez, de l'Antiquité à nos jours : l'atomisme élaboré par la philosophie de la Grèce classique, tel qu'il était représenté par, entre autres, Démocrite (v. 460-371 av. J.-C.), Leucippe (v. 460-370 av. J.-C.) ou Épicure (341-271 av. J.-C.), était à l'origine une théorie purement philosophique qui, aux temps modernes, a inspiré la recherche scientifique, notamment dans les sciences naturelles. L'atomisme, comme Popper l'a écrit, était un « programme de recherche métaphysique » que la science a avalisé. Inversement, la recherche scientifique, en neurophysiologie par exemple, exerce aujourd'hui une influence sur les théories philosophiques : la question de savoir si l'on peut réellement séparer le corps de l'esprit avec autant de facilité que le faisaient les philosophes classiques est devenue l'objet de débats passionnés.

Malgré tout, la philosophie et la science ne peuvent en rien être confondues. La science pose des limites à son activité qui ne valent pas pour la philosophie. Elle refuse de se confronter aux fameuses « questions ultimes ». Un exemple : la médecine s'occupe des fonctions physiologiques des hommes et des moyens permettant de remédier aux anomalies affligeant ces fonctions ; elle se préoccupe également de la grossesse de la femme et du développement du fœtus ; mais elle ne peut pas et ne veut pas répondre seule à la question de savoir quand exactement cette cristallisation de tissus cellulaires que l'on appelle le « fœtus » peut être appelée « homme » – une question qui est bien sûr intrinsèquement liée à celle des « droits de l'homme ». La médecine, dès lors que se posent ces questions délicates, renvoie la balle à l'éthique, et donc à cette discipline philosophique qui s'occupe des règles morales et des conflits moraux. L'« éthique médicale », qui est une composante de l'« éthique pratique », est l'une des sous-disciplines les plus récentes de la philosophie, et un exemple de la coopération entre la science et la philosophie. L'éthique entretient aussi un rapport étroit avec l'anthropologie philosophique, qui, elle, tente de répondre aux questions suivantes, que l'on se pose depuis fort longtemps : quel genre de créature est à proprement parler l'homme ? Comment se distingue-t-il de l'animal ?

Mais la question de savoir ce qu'est au juste la « science » – et quelles sont les méthodes et les modalités de travail qui la distinguent d'autres formes d'explication du monde – n'est que rarement débattue en son sein. Là encore, c'est la philosophie qui prend le relais, et en l'occurrence une discipline dédiée à cette question : la « philosophie des sciences ».

Il est donc permis de dire que la philosophie est toujours compétente dès lors qu'on touche à l'essentiel, aux questions de principe, aux questions fondamentales.

En résumé : qu'est-ce au juste que la philosophie ?

Nous y voyons dès maintenant un peu plus clair : la philosophie n'est pas un sac que l'on remplirait d'obscurs jeux de l'esprit, plein de systèmes d'explication du monde ; elle est une sorte de forum où sont discutés les problèmes que, d'ordinaire, nous glissons toujours sous le tapis. Elle part de problèmes fondamentaux, qui se posent dans la vie de tous les jours, mais aussi dans les sciences ; et elle tente de les éclairer avec justesse. Karl Popper parlait de la philosophie comme de l'« entendement quotidien éclairé ».

Par conséquent, et pour le dire brièvement, elle est un effort rationnel de compréhension, censé nous orienter dans l'existence, nous aider à comprendre la nature même du monde, nous fournir des critères pour guider nos actions. « Rationnel » signifie que l'on s'appuie sur une argumentation cohérente, compréhensible et communicable. Ces moyens d'argumenter ne tombent pas non plus du ciel : c'est la philosophie elle-même qui permet de les élaborer, de concevoir les concepts d'ordre technique, les théories, mais aussi les règles fixées en logique.

Qui a entamé ce travail-là ? Les Grecs, bien sûr, il y a environ 2 500 ans.

Un aperçu de l'histoire de la philosophie

Nous faisons toujours débuter l'histoire de la philosophie en Occident avec les Grecs, et cela n'est bien sûr pas tout à fait exact. En effet, les Chinois, les Indiens, les Perses et les Égyptiens s'étaient déjà auparavant confrontés aux questionnements philosophiques, et il est avéré que les Grecs étaient en contact étroit avec les civilisations évoluées de l'Orient.

Mais les Grecs montrent un certain nombre de spécificités. Les questions, les concepts et les théories dont nous débattons encore aujourd'hui ont été, pour beaucoup, inventés par eux. Toutefois, ce qui est pour nous l'élément décisif, c'est le rôle moteur de la critique, que la philosophie grecque met particulièrement en avant, et qui exerce encore aujourd'hui une influence si importante pour notre pensée. Lorsque les Grecs, au VIe siècle avant Jésus-Christ environ, commencèrent à mettre en question les explications du monde transmises par les mythes et par la religion, ils mirent en branle un processus de confrontation critique. Il n'existe pas de philosophie grecque unitaire, homogène. Différentes écoles se disputaient entre elles, de même que les élèves débattaient avec leurs enseignants. La conséquence en fut un développement des connaissances, que nous pouvons décrire sans hésiter comme un progrès du savoir. Les faiblesses des précédesseurs étaient passées au banc d'essai, les anciennes théories étaient remplacées par de nouvelles. Ce mouvement critique enclencha un processus qui est encore en vigueur aujourd'hui et qui caractérise la philosophie occidentale dans son ensemble.

Cela vaut, par exemple, pour les trois grands représentants de la période classique de la philosophie grecque : Socrate (469-399 av. J.-C.), Platon (427-347 av. J.-C.) et Aristote (384-322 av. J.-C.). Platon était un élève de Socrate et Aristote un élève de Platon. Tous trois enseignèrent à Athènes, l'épicentre de la philosophie grecque. Leurs philosophies respectives se sont développées les unes par rapport aux autres mais en sont également des développements critiques. Tous trois tentèrent de différentes manières de dévoiler les lois intangibles et idéales de notre monde et de nos actions. Platon affirmait que notre univers quotidien normal, notre univers perceptif, est le calque quelque peu opaque d'un monde de formes idéales auquel seul le savoir le plus grand nous permet d'accéder ; et cette théorie a exercé jusqu'à nos jours une grande influence sur l'histoire de la philosophie occidentale. Quant à Aristote, il devint le père de la « métaphysique » (littéralement : ce qui se tient « après » ou « derrière » la philosophie), baptisée « philosophie première », qui s'occupe des principes fondamentaux et de la structuration de la réalité.

Cet « idéalisme » des classiques grecs se vit pourtant opposer des doctrines critiques de l'autorité et de la tradition. Les sophistes, précurseurs des Lumières, mettaient par exemple en question les ordres moraux et politiques transmis de génération en génération. Démocrite (v. 460-371 av. J.-C.) élabora, en opposition à l'idéalisme, une interprétation du monde et une philosophie naturelle matérialistes. Et, à partir du IVe siècle avant notre ère, on vit apparaître de nombreuses écoles de philosophie qui entrèrent en concurrence les unes avec les autres, parmi lesquelles les platoniciens (disciples de Platon), les péripatéticiens (qui se réclamaient d'Aristote), ou encore les stoïciens et les épicuriens (disciples d'Épicure). Le sel de la philosophie grecque n'était pas le partage d'une vision du monde homogène mais l'exercice de la discussion critique.

> *Le plus sûr, pour caractériser*
> *la tradition philosophique*
> *européenne en général,*
> *est de reconnaître qu'elle consiste*
> *en une succession d'apostilles*
> *à Platon.*
> Alfred North Whitehead

En dépit de tout ce qui les distinguait, ces écoles visaient pourtant dans leur ensemble un seul et même objectif. À une époque où la philosophie et la science n'étaient pas encore séparées, elles entendaient former leurs élèves à cette dernière et leur apprendre à mener une vie en raison. Bien sûr, certaines rencontraient plus de succès que d'autres. L'influence de penseurs comme Platon et Aristote est restée intacte, encore aujourd'hui.

Pourtant, les Grecs n'avaient pas encore leur propre langage philosophique. Il leur fallut le créer. Ils tirèrent leurs concepts de la langue qu'ils parlaient au quotidien, les utilisant ensuite de façon tout à fait nouvelle. Nombre de ces nouveaux concepts, comme *ethos* ou *logos* (« éthique » ou « logique »), entrèrent pour toujours dans le langage philosophique courant. Avec ses concepts et ses théories, la philosophie grecque devait imprimer à jamais sa marque sur la discipline et son évolution. Les Romains tout particulièrement considéraient être les continuateurs de l'héritage grec. Leur apport philosophique fut moindre, mais ils aidèrent beaucoup à diffuser l'enseignement des écoles grecques dans toute l'Europe du Sud et en Europe occidentale, ainsi qu'en Afrique du Nord et au Proche-Orient.

Les choses changèrent lorsque de nouvelles religions venues d'Orient commencèrent à se diffuser dans la partie occidentale de l'Empire romain. De toutes ces religions, le christianisme fut celle qui rencontra le plus grand succès. Au IVe siècle après Jésus-Christ, il fut déclaré religion d'État par l'empereur Constantin. La philosophie antique eut dès lors affaire à une concurrence pour le moins rude. Le christianisme devint sans cesse plus hégémonique sur le plan idéologique, jusqu'à vouloir remplacer la philosophie par la foi. L'un des premiers Pères de l'Église, Augustin (354-430), devait, en l'espèce, se faire tout particulièrement remarquer. La fermeture de l'Académie platonicienne en l'an 532 mit officiellement un terme au règne de la philosophie antique.

Pourtant, la tradition de la philosophie grecque et romaine ne fut en rien jetée aux orties. La philosophie du Moyen Âge est l'histoire d'une synthèse unique en son genre, mêlant tradition judéo-chrétienne et philosophie antique. Le christianisme, à l'origine, n'était en rien une doctrine religieuse élaborée mais un assemblage sans grande cohérence de convictions et d'exigences éthiques. Il n'existait initialement ni de « vision du monde » chrétienne ni même de théologie digne de ce nom. Les chrétiens eurent donc très tôt besoin de la philosophie grecque afin de donner à leurs croyances une assise théorique. Et c'est ainsi que le christianisme absorba comme une éponge la philosophie antique, et la fit sienne. On identifia alors le Dieu chrétien au *logos* – qui, pour les Grecs, était la loi de la raison régnant sur le cosmos

AVIS DE RECHERCHE

On recherche un « bœuf muet », le « Docteur angélique »

Il n'était pas précisément connu pour être un grand bavard. Durant ses études, ses condisciples l'appelaient le « bœuf muet ». Plus tard, les érudits s'étonnèrent de son immense savoir et l'appelèrent *doctor angelicus*, le « Docteur angélique ». En vérité, il n'était ni un bœuf ni un ange, mais un homme de très grande culture et, dans le même temps, extrêmement déterminé et volontaire. Il venait d'une vieille famille noble du sud de l'Italie à qui il avait dû, très jeune, imposer sa volonté d'intégrer l'ordre des dominicains, nouvellement fondé. Un jour, sur le chemin qui l'y conduisait, il fut même enlevé par les siens, et reconduit de force chez lui. Mais rien ni personne n'allait pouvoir le retenir. Il étudia à Paris et Cologne, et parcourut ensuite la moitié de l'Europe à la demande des dominicains. D'ailleurs, il devait mourir sur le chemin du concile de Lyon, en 1245. Il étudia les philosophes musulmans de son temps, à travers qui il prit connaissance d'un philosophe grec dont il fit le fondement même de sa théologie. Avec sa *Summa*, sa « Somme », il créa sans aucun doute le plus important système philosophique du Moyen Âge. Ce grand silencieux préféra s'exprimer à travers son œuvre.

➡ *De qui s'agit-il?*

entier. En conséquence, il est dit dans l'Évangile selon Jean, qui fut écrit en grec entre 80 et 110 après Jésus-Christ : « Au commencement était le *logos.* » Une phrase qui aurait pu être prononcée à la lettre par n'importe quel philosophe grec.

Tous les philosophes importants du Moyen Âge furent des théologiens chrétiens. La philosophie se vit alors assigner avant tout la tâche de servir la théologie. Elle devint, je l'ai dit, *ancilla theologiae*, la « servante de la théologie ». Ce rapport évolua pourtant au fil du temps. La raison noyauta toujours plus les visions religieuses, gagnant en force et en autonomie. Thomas d'Aquin (1225-1274), le philosophe le plus célèbre du Moyen Âge classique, ne reconnaissait que deux autorités : Dieu (représenté sur terre par l'Église) et « le Philosophe ». Et c'est bien Aristote qu'il nommait ainsi. Thomas fonda en effet sa théologie sur la philosophie aristotélicienne. La foi n'était pas seule à devoir mener à Dieu : la raison aussi devait conduire à lui. La philosophie de Thomas d'Aquin, que l'on appelle le « thomisme », est encore aujourd'hui la théologie officielle de l'Église catholique.

Toutefois, le Dieu reconnaissable au moyen de la raison, le « Dieu des philosophes » comme on l'appelait aussi s'éloigna toujours plus, au fil des siècles du Dieu personnel du christianisme. Tout au long des temps modernes, la philosophie s'émancipa peu à peu de la religion, jusqu'à déclarer finalement, avec les Lumières, son entière souveraineté. Par exemple, pour ceux que l'on appelait aux XVIIe et XVIIIe siècles les déistes, Dieu n'était qu'une cause impersonnelle, qui avait mis en branle le monde, mais qui n'intervenait plus. Emmanuel Kant (1724-1804) finit par tourner le dos à l'idée d'une unité entre théologie et philosophie. Dans sa *Critique de la raison pure* (1781), il soutint que des éléments de la foi comme Dieu ou l'immortalité de l'âme ne sauraient être rationnellement fondés et démontrés. Dès lors, la philosophie et la théologie suivirent leurs propres chemins, chacune de leur côté. La servante était devenue une maîtresse femme.

Désormais, la philosophie ne misait plus sur Dieu mais sur les hommes. En épistémologie, la conscience et la conscience de soi furent le point de départ de réflexions cherchant à savoir dans quelle mesure il nous est possible de connaître le monde. Avec l'éthique, l'homme devint son propre législateur, se donna à lui-même ses propres lois, à l'aune desquelles il vivait et dont il était également responsable.

Le Moyen Âge s'acheva pour la philosophie lorsqu'on cessa d'expliquer le monde en s'appuyant seulement sur des livres érudits et sur des autorités chrétiennes reconnues, et que l'on se mit à observer véritablement le monde et à rassembler l'ensemble des données empiriques disponibles, fruit de diverses expériences. Exactement comme la philosophie était venue, à un moment, remettre en cause l'hégémonie de la religion, une nouvelle situation de concurrence apparut à partir de la Renaissance, qui marque le début des temps modernes (à partir du XVe siècle environ) : les sciences empiriques vinrent mettre au défi la philosophie. À l'origine partie intégrante de cette dernière, les sciences empiriques s'en séparaient désormais de plus en plus, conquérant leur autonomie. Au XIXe siècle, lorsque le développement scientifique atteignit des proportions considérables avec les progrès foudroyants de sciences comme la physique, la chimie, la biologie ou la psychologie, les scientifiques s'étaient déjà à tel point emparés du problème de la conscience qu'ils reprochèrent à la philosophie de n'être plus qu'un simple terrain de jeu pour une spéculation fort éloignée de la vie réelle.

> *Les philosophèmes métaphysiques sont des poèmes conceptuels.*
>
> Moritz Schlick

Les philosophes eurent deux manières différentes de réagir à cela : les uns prétendaient que la philosophie avait à voir avec une forme de savoir et de connaissance qui lui appartenait en propre et que les sciences ne pouvaient pas atteindre. Parmi eux, nous pouvons citer Martin Heidegger (1889-1976), dont la « pensée de l'Être » exerce encore de nos jours une grande influence. D'autres, par exemple le Cercle de Vienne formé autour de Rudolf Carnap (1891-1970) et Moritz Schlick (1882-1936), prônaient au début du XXe siècle une conception fort différente :

la philosophie, affirmaient-ils, devait être « scientifique » et ne devait donc s'appuyer que sur l'expérience et la logique. La « métaphysique » était, pour les membres du Cercle de Vienne, un gros mot.

La question du rapport, nécessaire ou possible, entre la science et la philosophie a toujours été très débattue et l'est toujours autant, bien que la plupart des philosophes se soient entre-temps mis à plaider en faveur d'un rapprochement étroit entre les deux, sans pour autant aller jusqu'à les identifier. Ce rapprochement s'est d'ailleurs réalisé dans l'intervalle. Lorsqu'il s'agit d'expliquer les conflits moraux des hommes ou d'étudier leur capacité à la connaissance, philosophes et scientifiques travaillent souvent main dans la main.

La « pensée pure », qui était encore tenue en si haute estime dans l'Antiquité, a été quelque peu discréditée par la critique scientifique. La critique de l'ancienne métaphysique et de ses spéculations a été également stimulée et encouragée par la découverte du rôle très important joué par notre langage et sa structure dans la formation des connaissances. Des concepts, tels que le « néant », ont été présentés par les critiques de la métaphysique et par les philosophes élaborant une critique du langage comme une sorte de poésie conceptuelle dépourvue de signification. Depuis le début du XXe siècle, l'analyse des concepts linguistiques est également devenue, à travers cette « philosophie analytique du langage », une composante permanente des programmes de philosophie.

Ni la confrontation à la théologie ni celle aux sciences n'ont pourtant tari l'intérêt pour les questions philosophiques fondamentales. Tout laisse à penser qu'il existe une sorte de *philosophia perennis*, de « philosophie éternelle » – autrement dit, que nous aurons toujours affaire aux grands problèmes philosophiques. Pour cette raison, nous nous pencherons sur ceux-ci dans notre prochain chapitre.

ÉNIGME PHILOSOPHIQUE

L'être peut-il aussi « ne pas être » ?

À la question « pourquoi y a-t-il quelque chose et non rien ? », Gorgias (v. 487-380 av. J.-C.), qui marqua de son empreinte la philosophie de la Grèce classique, apporta la surprenante réponse suivante : à ses yeux, il était rigoureusement impossible de démontrer qu'il existe quelque chose. En vérité, disait-il, il n'existe rien. Quand bien même quelque chose existerait, il ne serait pas visible ; et quand bien même serait-il visible, il ne serait pas communicable. La célèbre formule du *Hamlet* de Shakespeare, « Être ou ne pas être, telle est la question », a donc bien un arrière-plan philosophique plus profond.

Ce scepticisme formulé voilà plus de 2 400 ans, et qui s'avère de large portée, semble contredire notre expérience quotidienne.

➡ *Existe-t-il des arguments contre la thèse de Gorgias ou a-t-il vu juste ?*

Académiciens et travailleurs de rue

Platon (427-347 av. J.-C.), l'élève le plus connu de Socrate, est considéré comme le fondateur de l'université occidentale, et tous les « académiciens », tous les membres d'une académie, lui doivent leur titre. C'est qu'il fonda sa propre école de philosophie dans l'ancien bosquet d'Akadêmos, à Athènes. Comme il convient pour une « académie », il s'agissait là d'une assemblée assez élitaire, une sorte d'internat accueillant des élèves triés sur le volet et à l'emploi du temps très encadré.

Épicure (341-271 av. J.-C.), à qui les épicuriens doivent leur nom – qu'on les nomme ainsi à tort ou à raison –, appelait son école « le Jardin ». Il s'agissait, là encore, d'un terrain ceint de murs situé à Athènes ; mais Épicure ouvrait son établissement aux personnes de toutes origines ou extractions sociales. Les femmes aussi avaient la possibilité d'y entrer, ce qui, à son époque, était proprement révolutionnaire.

La tradition académique, comme nous le savons, s'est perpétuée. Les professeurs de philosophie sont aujourd'hui légion. Mais il existe aussi une autre tradition. En effet, il était également possible d'étudier et d'apprendre à l'extérieur des « écoles » de philosophie. Le plus célèbre philosophe-travailleur de rue de l'histoire de la philosophie est Socrate (469-399 av. J.-C.). Ayant choisi pour chaire la place du marché d'Athènes, il était connu pour tenir la jambe aux passants et leur poser des questions du type « Qu'est-ce que la bravoure ? » ou « Qu'est-ce que la justice ? ». Ce qu'il voulait leur démontrer, c'était qu'ils ne pouvaient de fait lui donner aucune réponse satisfaisante ; il entendait ainsi, en soulignant qu'au fond nous ne savons encore rien, poser les fondations d'une manière de philosopher absolument libre de tout préjugé.

Un autre philosophe-travailleur de rue se manifesta 2 300 ans plus tard sur une autre place de marché. On l'appela le « Socrate de Copenhague ». Le danois Søren Kierkegaard (1813-1855) concevait lui aussi la philosophie comme une forme de communication dans l'espace public. Excentrique quelque peu dégingandé, il avait pour habitude, en agitant sa canne en tous sens, de taper sur l'Église et sur l'État, et de critiquer une existence où l'on se contenterait de s'adapter aux conventions. Il voulait secouer les gens pour les réveiller, leur faire comprendre qu'ils sont responsables de la vie qu'ils mènent, et doivent prendre des décisions en toute autonomie. Au XXe siècle, on l'a redécouvert et on a fait de lui l'un des pères de la philosophie de l'existence.

L'IDÉE DE « PHILOSOPHIE »

Le terme même « philosophie » vient du grec et se compose de deux éléments : *philos*, qui est le terme grec pour « ami », et *sophia*, qui signifie « sagesse ». Le « philosophe » est donc, littéralement, un « ami de la sagesse », et la philosophie ce territoire où il s'active. Dans la philosophie grecque, « sagesse » est synonyme de vision globale du cosmos et de l'existence humaine ; mais être « sage », c'est aussi, à cette époque, se montrer capable de mener une vie en raison – une capacité que conférait justement cette vision globale du cosmos et de l'existence humaine. Il n'y est donc pas seulement question de connaissance mais aussi du juste mode de vie.

Ce n'est qu'au fil de l'histoire que la philosophie en est venue à être considérée comme un domaine de savoir autonome et comme une discipline académique.

AVIS DE RECHERCHE

On recherche l'espion de Dieu

L'espion de Dieu vivait dans la capitale d'un petit pays d'Europe du Nord et passait dans sa jeunesse pour être un dandy dilapidant l'argent de son riche paternel. Il obtint de justesse ses diplômes de théologie et prêcha de temps à autre aussi lors d'offices religieux. Mais il ne fut jamais un pasteur de l'Église luthérienne dûment appointé. Au lieu de cela, il s'imposa comme l'un des critiques les plus sévères de l'Église, qu'il exaspéra avec ses écrits pleins de sagacité publiés sous pseudonyme.

Sa foi en Dieu était d'un genre très particulier : elle ne s'appuyait pas sur une « preuve de l'existence de Dieu » rationnelle, et moins encore sur la pratique au quotidien du fonctionnaire paroissial rémunéré par son Église. Sa foi reposait plutôt sur un choix « existentiel » fondamental, en vertu duquel l'homme s'en remet entièrement à Dieu – contre toute raison – et donne ainsi à son existence une direction claire. Inlassablement, il tendait un miroir à ceux qui considéraient qu'une existence « chrétienne » est synonyme de confort, de partie de plaisir. On ne peut pas dire qu'il s'est efforcé d'être aimé. Beaucoup le considéraient comme un arrogant, d'autres pensaient qu'il était fou.

Ce n'est qu'après sa mort qu'il rencontra la reconnaissance, mais pas comme théologien : comme philosophe. Au XXe siècle, on a identifié en lui le père de la philosophie de l'existence.

➡ *De qui s'agit-il ?*

Solutions, arguments et idées

Introduction

➡Page 32

AVIS DE RECHERCHE

Un « bœuf muet », le « Docteur angélique »

Thomas d'Aquin (1225-1274)

➡Page 36

ÉNIGME PHILOSOPHIQUE

L'être peut-il aussi « ne pas être » ?

Gorgias, avec cette phrase, vient s'opposer à l'école éléatique (voir chap. 2, « Les éléates et l'Être immobile », p. 74). Celle-ci avait en effet postulé l'existence d'un Être unique, éternel, vrai et immobile. Une seule et unique réponse ne peut permettre de résoudre l'énigme. Celle-ci soulève plutôt quantité de problèmes fondamentaux qui ont occupé jusqu'à aujourd'hui la philosophie.

En premier lieu, les philosophes distinguent entre un niveau « logique », où il s'agit d'expliquer au moyen d'une analyse du langage la cohérence de l'utilisation de concepts comme « être » ou « non-être », et un niveau « ontologique » (l'étude de la signification du mot « être »), où il importe de décider si quelque chose existe réellement, et de déterminer ce qui peut être décrit comme « être », comme réalité.

Au niveau logique, « être » peut être utilisé de façons très différentes (voir chap. 3 : « Concepts, propositions et arguments », p. 105). Il n'est pas question, en l'espèce, du substantif « être » mais de son utilisation verbale.

Son utilisation la plus fréquente ? Lorsqu'on attribue à un sujet un prédicat (lorsqu'on fait acte de « prédication ») : par exemple, « le mur est vert ».

« Non-être » équivaut à une négation. Dès lors, deux énoncés comme « le mur est vert » et « le mur n'est pas vert » s'avèrent incompatibles. Nous avons là une « contradiction » : « être » et « ne pas être », lorsqu'il est question de prédication, ne peuvent être affirmés en même temps, car deux énoncés entrant en contradiction ne peuvent être vrais en même temps.

Une autre manière d'utiliser « est » consiste à l'employer dans un « énoncé d'existence » : « est » est ici l'exact synonyme d'« existe ». La distinction opérée par Gorgias entre les deux modes d'utilisation de « est » ne frappe pas par sa netteté.

Nous passons au niveau ontologique dès lors que nous nous demandons si l'« être », et donc le réel véritable, existe bien et, si tel est le cas, de quelle façon. Nous nous demandons finalement en quoi consiste le réel véritable, intangible. La question de la « substance », c'est-à-dire des éléments constitutifs élémentaires de la réalité qui ne sont pas affectés par le changement, constitue un problème ontologique qui, depuis la Grèce ancienne, a occupé une place centrale dans l'histoire de la philosophie. En quoi consistent donc ces éléments constitutifs élémentaires ? À moins que n'existe aucun élément fondamental éternel, et que le réel soit dans sa totalité processuel et éphémère ?

Un second problème soulevé par Gorgias est le « problème du réalisme », qui fut l'objet d'âpres discussions entre théoriciens de la connaissance tout au long des temps modernes : s'il existe quelque chose comme le réel, pouvons-nous alors le connaître ? Ou bien notre savoir se réfère-t-il seulement à une apparence de réalité ?

René Descartes (1596-1650), l'un des pères fondateurs de la théorie de la connaissance des temps modernes (voir chap. 7, « *Cogito ergo sum* », p. 248), considérait que nous nous rapprochons de la connaissance de la réalité à travers la pensée rationnelle, alors que la perception sensorielle peut être illusoire. Les représentants de la « théorie des deux mondes » (voir chap. 5, « La théorie des deux mondes », p. 175), parmi lesquels des philosophes de très grand renom comme Platon (427-347 av. J.-C.), Emmanuel Kant (1724-1804) ou encore Arthur Schopenhauer (1788-1860), affirmaient que le monde que nous percevons n'est qu'une illusion de réalité, pure surface derrière laquelle se dissimule le monde véritable. Selon Platon, l'être véritable (le monde des idées) est connaissable à la condition de faire preuve d'une puissance intellectuelle visionnaire – ce dont seuls quelques-uns sont capables. Pour Kant, la réalité vraie (« la chose en soi ») n'est pas connaissable. La physique quantique moderne présente une certaine similitude avec la théorie des deux mondes. Pour elle, la réalité « vraie », le monde des particules élémentaires, est certes mesurable mais ne nous est pas plus accessible.

Le troisième problème important soulevé par Gorgias a trait au rapport existant entre le langage et la réalité. Le langage constitue-t-il la réalité, ou bien est-il une sorte de toile artificielle derrière laquelle celle-ci demeure cachée ? Ces questions devinrent au XXe siècle le thème central de la philosophie du langage (voir le chap. 3, p. 103) telle qu'elle fut élaborée, entre autres, par Ludwig Wittgenstein (1889-1951). La thèse selon laquelle le langage constitue point par point la réalité n'est plus guère défendue aujourd'hui. Désormais, c'est une sorte de « relativisme culturel » – soit l'idée que tout langage projette sur la réalité la vision que nourrit d'elle le locuteur – qui semble s'être imposée. Autrement dit, toute communauté langagière montre une certaine prétention à l'universalité, mais aucune ne saurait revendiquer une validité absolue.

Dans l'ensemble, il est permis de dire que les thèses provocantes de Gorgias ne sont probablement pas acceptables mais qu'elles ont ouvert le chemin à tout un ensemble de questions importantes.

➡Page 39
AVIS DE RECHERCHE
L'espion de Dieu
Søren Kierkegaard (1813-1855)

CHAPITRE 1

Thèmes et problèmes philosophiques

Un peintre doit savoir manier un pinceau et mêler les couleurs ; un informaticien doit savoir installer un logiciel ; et un mécanicien automobile doit avoir une bonne connaissance de tout ce qui se trouve sous le capot d'une voiture. Et le philosophe ? Peut-on se lancer « tout simplement, comme ça », en philosophie ? Oui, tout un chacun peut philosopher sans aide particulière, et même plus facilement encore que celui qui entreprend « tout simplement, comme ça » de repeindre un appartement, d'installer un programme informatique ou de réparer une voiture. Les problèmes philosophiques concernent directement chacun d'entre nous, et ce, quels que soient nos intérêts personnels.

Cependant, il en va de la philosophie comme de toutes les activités qui nécessitent des aptitudes : les choses se passent d'autant mieux que l'on acquiert un savoir-faire et que l'on dispose d'outils adéquats.

Il importe donc d'élaborer des argumentations afin de convaincre autrui des thèses que l'on défend. Parfois, il ne s'agit que de quelques énoncés dans une conversation ; tantôt, d'une discussion plus ambitieuse ; et quelquefois, d'un texte philosophique véritablement important, comme peuvent l'être, par exemple, les œuvres classiques de la philosophie. Quoi qu'il en soit, dans tous les cas, ces argumentations doivent être « éclairantes ». Elles doivent, par exemple, passer avec succès le « test de réalité » : les affirmations qui viennent s'opposer à toutes nos expériences, nous les considérons comme peu dignes de foi – à moins que soient apportées des preuves très solides de leur pertinence. De plus, les affirmations doivent aussi être logiques et cohérentes : quand quelqu'un formule dans une même phrase des énoncés qui se contredisent, quelque chose, à l'évidence, ne va pas. La phrase : « Le monde est éternel et a un commencement dans le temps » ne peut manifestement pas être vraie dans la mesure où sa première moitié entre en contradiction avec sa seconde.

Cependant, de telles contradictions ne sont pas toujours aussi faciles à déceler. Afin de les dépister, nous avons besoin d'outils fiables, ayant fait leurs preuves. Certains des plus importants sont mis à notre disposition par la logique. La logique nous instruit des diverses manières d'utiliser les concepts et des conditions dans lesquelles l'association de différents énoncés aboutit à une conclusion irréfutable, incontestable – car il se peut que notre argumentation ne soit pas toujours « logique » ou « concluante ».

« Concluant » est un bon mot-clé. En effet, les « déductions » sont une des thématiques centrales de la logique : à partir de deux énoncés que je considère comme « ayant force de loi », j'en déduis un troisième. Le souci, c'est que ces « déductions » ne résistent pas toutes à un examen poussé.

L'exemple donné dans le test de logique ci-dessus ne contient naturellement aucun énoncé philosophique d'importance. Cependant, dans la mesure où ce qui importe, en logique, est moins le contenu des énoncés que la manière de les associer, ils font très bien l'affaire. On peut sans difficulté aucune avoir recours à d'autres contenus « d'un poids supérieur », pour ainsi dire, comme celui-ci :

Certains hommes ont des droits de possession.
Or, certains droits de possession portent atteinte à la dignité humaine.
→ Certains hommes portent atteinte à la dignité humaine.

Une chose est d'ores et déjà claire : la question de savoir si une telle déduction passe ou non avec succès le test de logique n'est pas tout à fait sans signification, tant s'en faut ; en effet, la philosophie a directement trait à des problématiques importantes – par exemple, des questions de droit et de morale qui, sur le plan pratique, ont des implications considérables. Des déductions erronées peuvent ici avoir des conséquences évidentes sur notre vivre ensemble.

La logique n'est donc pas une fin en soi, mais elle fournit au philosophe des outils lui permettant de vérifier l'exactitude, ou plutôt la validité – il est plus pertinent, en matière de logique, d'employer ce terme –, d'argumentations et de déductions langagières. La logique est un élément essentiel de la boîte à outils du philosophe, qu'il doit apprendre à manier. De même qu'un joueur de football doit apprendre à contrôler le ballon et faire une bonne passe, de sorte que l'adversaire ne puisse s'en emparer, le philosophe doit apprendre à utiliser et reconnaître des argumentations réussies et exemptes de contradictions.

Quelquefois, pourtant, les philosophes enfreignent très consciemment la logique : ils construisent des contradictions et les aiguisent à tel point que la raison se sent comme prise au piège. Ils élaborent des « paradoxes », c'est-à-dire des énoncés ayant une structure paradoxale : la première chose que l'on éprouve, face à eux, c'est le sentiment que l'on sera incapable de les résoudre – l'impression, en somme, de devoir se cogner la tête contre un problème philosophique important.

TEST DE LOGIQUE

Syllogisme et illogisme

Faisons connaissance avec l'un des signes utilisés par les logiciens : → signifie : « il s'ensuit que » (voir aussi chap. 3, page 110, les autres signes et outils permettant d'analyser des énoncés et associations d'énoncés). Prenons deux énoncés :

– « Tous les écoliers ont un iPad chez eux. Or, “iPad” est un terme anglais. → Tous les écoliers ont un terme anglais chez eux » ;

– « Certains écoliers ont un iPad chez eux. Or, certains iPad sont de la camelote. → Certains écoliers ont de la camelote chez eux. »

➡ *Essayez de décrire ce qui est faux ou inexact dans ces deux déductions.*

Nous avons donc à présent saisi pourquoi l'argumentation et la logique philosophiques sont étroitement liées. Mais ce rapport est encore plus étroit que ce qu'on en a dit, en particulier en ce qui concerne une question que la philosophie a longtemps négligée : la question du langage. De fait, tout ce que nous exprimons, formulons, supposons – oui, y compris, déjà, nos questions – se produit dans le cadre du langage.

Le « langage » n'est pas du tout la même chose que la « langue » : parler dans le langage de la science spécialisée n'a rien à voir avec le fait de parler dans la langue de tous les jours ; parler anglais, français, allemand ou chinois n'est, là encore, pas du tout comparable. Les mots que nous croyons comprendre peuvent, lorsqu'on y regarde de plus près, revêtir des significations tout à fait différentes.

Prenons comme exemple un mot qui « hante » l'histoire de la philosophie et qui joue aussi un grand rôle dans la langue courante : le mot « esprit ». Plus on s'attarde sur lui, plus la signification de ce concept gagne en nuances.

TEST DE LOGIQUE

Esprit, es-tu là ?

Prenez les quatre expressions suivantes : l'esprit des temps révolus – un homme d'esprit – corps et esprit – l'esprit du château de Canterville.

- *Essayez de définir les différentes significations que revêt le mot « esprit » dans ces expressions.*
- *Essayez aussi de traduire à chaque fois « esprit » en anglais et comparez la signification du mot français avec sa traduction anglaise !*

Nous voyons très clairement, dès ce test, à quel point le langage peut être compliqué et ambigu. Cela vaut aussi pour le philosophe : pour le dire de façon un peu simpliste, il lui faut être attentif à ce qu'il dit. Il lui faut manier le langage avec précaution et toujours veiller à la question :

« Que veux-tu dire ? » Le philosophe doit éviter les ambiguïtés ou les plurivocités, et décider du langage qu'il entend au juste parler. Dans le cas contraire, les portes sont grandes ouvertes aux malentendus.

C'est pour cette raison que les philosophes ne doivent pas jongler avec le langage, mais l'employer avec soin. La capacité d'expliquer les concepts et celle de manier le langage très consciemment font partie de la boîte à outils du philosophe. On peut comparer l'explication des concepts à un tournevis au moyen duquel on resserre son usage du langage en éliminant les imprécisions et plurivocités conceptuelles. Pour cette raison même, l'étude du langage n'est pas seulement l'affaire des linguistes : elle est aussi un thème à part entière de la philosophie.

Philosophie théorique et philosophie pratique

Thérorique et pratique : pourquoi ces adjectifs ? Pourquoi cette différenciation ? La question est légitime. La philosophie n'est-elle pas toujours théorique ? On peut l'affirmer, en effet. Mais les objets, les thèmes de la philosophie sont tout à fait différents les uns des autres ; certains sont « plus théoriques » que d'autres quand certains autres ne le sont en revanche absolument pas.

Distinguer philosophie pratique et philosophie théorique, c'est partager la philosophie en deux grands domaines de problèmes et de thématiques : d'un côté, ces problèmes qui ont à voir, de manière générale, avec la connaissance et l'interprétation du monde ; et d'un autre côté, ces questions qui concernent, de manière générale, l'action des hommes, l'agir humain. On rattache les premiers à la philosophie « théorique », les secondes à la philosophie « pratique ». Pour le dire avec concision : la philosophie théorique traite de la juste « vision » du monde, et la philosophie pratique des critères devant guider nos actions.

En effet, aux côtés du problème de la « connaissance » et de la juste « vision du monde », un autre problème a été très tôt placé au centre de la philosophie : celui de l'action juste. L'agir humain est à l'évidence un peu plus complexe et imprévisible que peuvent l'être les « événements de la nature ». Le comportement des animaux est guidé par leur instinct, alors que le cas humain semble bien plus compliqué. L'homme, manifestement, se montre avant tout capable de planifier des actions sur le long terme et d'élaborer son propre « modèle d'action ». Se posent donc, entre autres, les questions suivantes : la « nature » peut-elle offrir les critères permettant de guider notre agir ? Si non, quels autres critères entrent alors en ligne de compte ?

Les deux domaines que sont la philosophie théorique et la philosophie pratique sont chacun subdivisés en disciplines.

Problèmes de philosophie théorique

Plusieurs de ces disciplines relèvent de la philosophie théorique. Les plus importantes en sont les suivantes :

La métaphysique et l'ontologie. Elles traitent des principes fondamentaux, ultimes de la réalité et de l'organisation, de la structure et des lois de l'Être. La métaphysique se confronte, en outre, au thème de Dieu. La *Naturphilosophie*, qui ne se laisse qu'approximativement traduire en français par « philosophie naturelle », et qui s'intéresse, elle, aux lois fondamentales de la nature, leur est étroitement apparentée.

L'anthropologie. Elle se consacre à l'homme et à la position qu'il occupe dans la nature ; la *philosophie de l'esprit*, qui se dédie au rapport entre le corps et l'esprit chez l'homme, lui est étroitement liée.

L'épistémologie. Elle traite du savoir humain, de la connaissance que l'homme a du monde, de sa nature et de ses limites.

Certains des problèmes de philosophie théorique les plus importants traités dans ces disciplines seront évoqués dans ce livre. Tous les problèmes de philosophie théorique trouvent leur origine dans une seule et même question, celle de la véritable nature de notre réalité : le monde que je perçois est-il le monde réel ou est-il seulement un monde de surface, un monde d'apparences derrière lequel se dissimulerait le vrai monde, qui ne serait guère connaissable ? Quelles sont les lois fondamentales qui déterminent notre univers ? Et quelles sont ses composantes essentielles ?

La réflexion sur toutes ces questions débuta très tôt, avec les tout premiers philosophes grecs. Le problème central était à leurs yeux celui d'établir quelle est « la vraie réalité ». L'observation de la nature les avait convaincus que nos perceptions peuvent être trompeuses. Certes, tout ce que nous percevons se situe ou se meut dans l'espace et est soumis au changement induit par le temps. Et si, justement, tout ceci n'était qu'illusion ? S'il n'existait dans le monde véritable aucun mouvement, aucun espace tridimensionnel, seulement un présent perpétuel ? Nous savons, ne serait-ce que depuis la théorie de la relativité, qu'il s'agit là d'un problème encore très actuel. La thèse selon laquelle tout ce qui « cimente » notre monde, tout ce qui assure sa cohésion interne, n'est pas visible à l'œil nu a depuis longtemps été confirmée par les sciences de la nature modernes. Certes, les particules élémentaires, comme les « électrons », ou les structures fondamentales, tels les codes ADN, sont des éléments constitutifs de notre réalité, mais ils se dérobent à notre vision. La recherche de l'essence, du noyau véritable, de la vraie nature de notre monde a conduit à opérer une distinction – d'une importance considérable pour l'histoire de la philosophie – entre l'« être » (le « vrai monde ») et l'« apparence ». Cette distinction, qui a adopté diverses formes, a déterminé les débats philosophiques jusqu'à aujourd'hui. En effet, les esprits philosophiques divergent aussi lorsqu'il s'agit de savoir ce qu'est l'« être » et ce qu'est l'« apparence ». Depuis que nous avons affaire à des mondes virtuels, la question se pose avec plus d'acuité encore : existerait-il différentes sortes de réalités pouvant toutes se prévaloir de la même façon d'un droit à l'existence ?

La philosophie s'est également toujours penchée sur les interprétations religieuses du monde. Cela vaut tout particulièrement pour le grand sujet qui se situe au cœur même de la religion : Dieu. Sous l'influence de la pensée chrétienne, qui voit en Dieu le créateur du monde, de nombreux philosophes ont continué à envisager celui-ci comme le « grand programmeur », le cerveau qui a programmé le logiciel « monde ». Certes, le « Dieu des philosophes » était un Dieu rationnel, et absolument pas un Dieu personnel. Mais, dans la mesure où le Dieu religieux était le « Vieux » (comme Albert Einstein a pu le dire dans l'une de ses lettres), la réponse à la question de la « raison ultime » a été identifiée à celle qui avait été apportée à la question de la réalité vraie. À de nombreuses époques, comme au Moyen Âge, la philosophie et la théologie allaient main dans la main et ne pouvaient guère être distinguées.

Pour d'autres philosophes, les problèmes commençaient avec l'idée même de Dieu. Car que peut-on dire d'un tel Dieu ? N'est-il rien d'autre qu'un principe abstrait ? Est-il le grand architecte du monde ou bien une sorte d'homme idéal et parfaitement accompli ? Est-il assujetti aux lois de la nature ou peut-il intervenir en elles ? À moins que l'idée de Dieu ne soit qu'une sorte de « bouche-trou » à laquelle nous aurions recours dès que nous ferait défaut une explication rationnelle ? La critique de la religion a toujours relevé aussi de la philosophie de la religion.

La question de Dieu conduit inéluctablement à d'autres : pourquoi y a-t-il quelque chose et non « rien » ? Notre réalité est-elle un produit du hasard ? D'autres formes de réalité auraient-elles donc été possibles ? Ou bien les choses sont-elles ce qu'elles sont, dans leur totalité, par « nécessité » ? Nous avons ainsi affaire à une constellation d'interrogations au centre de laquelle se trouvent les notions de « problème », de « causalité », de « liberté », de « nécessité » et de « possibilité ».

Une chose est claire : si nous ne supposions pas que la causalité existe, et donc que tout se produit selon la loi de la cause et de l'effet, la science empirique moderne n'existerait pas. Nous ne pourrions faire aucune prédiction au sujet des événements de la nature. Toutefois, même si l'on admet que le monde s'est développé selon la nécessité des lois de causalité, il est malgré tout permis de se demander s'il n'existe pas dans ce monde des événements qui échapperaient à ces lois, ou peut-être même d'imaginer d'autres mondes qui ne leur obéiraient pas. Le hasard existe-t-il ?

Surtout : l'homme est-il lui aussi soumis aux lois de la causalité dans ses moindres actions ? Appartient-il donc lui aussi au règne déterministe de la nature au même titre que les autres êtres ? N'est-il alors qu'une marionnette de la causalité, un pauvre hamster trottinant dans la roue des lois de la nature ? Ou bien se distingue-t-il, comme le croient de nombreux philosophes, par ses capacités mentales (voir chap. 7, « Fusionnées ou séparées ? Le problème chair-âme », p. 252) ? L'homme lui-même « se sent » libre : il croit ne pas être « déterminé », ne pas être prédestiné et fixé, mais pense bien au contraire être capable de prendre des décisions libres. Pareille conviction ne serait-elle pas la conséquence d'une automystification ? Une telle liberté existe-t-elle réellement, ou bien relève-t-elle d'une simple illusion ? À moins que ce ne soit l'inverse, et que la « causalité » ne soit qu'un phénomène de surface, la liberté régnant alors dans le « vrai monde » ?

La réponse à ces questions a des conséquences tout à fait considérables pour la compréhension que l'homme a de lui-même. En effet, si nous ne sommes pas libres dans nos actions, alors nous ne pouvons pas non plus être rendus responsables de celles-ci. La responsabilité morale personnelle présuppose une certaine forme de liberté.

L'homme s'est toujours envisagé comme un être spécifique, et cela est étroitement lié au fait qu'il peut se prévaloir d'une conscience de lui-même, d'une « conscience de soi », qui lui donne le sentiment d'être un acteur autodéterminé, un être autonome. Il a, ou cherche, son « identité » – ce qui n'est possible que lorsqu'un être fait de lui-même un objet de connaissance. C'est très exactement le cas de l'homme, en effet : tout homme se vit tout d'abord comme « je », c'est-à-dire comme « sujet », « personne » ou « individu ». Mais que signifient à proprement parler ces attributs ? Qui est ce « je » ? Ou qu'est-ce que ce « je » ? Est-il un simple sujet de la connaissance, en mesure de diriger son attention sur lui-même comme sur d'autres objets ? Ou bien est-il quelque chose qui se trouve « derrière » toute connaissance ? « Le : *je pense* doit pouvoir accompagner toutes mes représentations », estimait Emmanuel Kant (1724-1804). Ce « Je pense » est-il une personne susceptible d'être décrite, une personne identique à elle-même, identique à soi ? Est-il une forme vide, s'emplissant toujours de contenus nouveaux ? Ou bien une chose en perpétuelle transformation, qui ne saurait être comprise que comme processus ? À moins qu'il ne soit qu'une fiction dont nous aurions besoin pour nous positionner vis-à-vis du monde ? Si tel devait être le cas, le sujet autonome, responsable de son propre agir moral, serait-il lui aussi une fiction ?

Le corps appartient-il à ce « Je pense » ? Ou bien le « Je pense » équivaut-il à une « âme » indépendante du corps ? Le « problème chair-âme », comme on l'appelle souvent, a quelque chose de très démodé, mais que l'on ne se méprenne pas : le rapport entre le corps et l'esprit relève des questions les plus actuelles et les plus débattues en philosophie ; elles ont de multiples facettes.

À première vue, tout est clair : nous avons un corps et un esprit, une chair et une âme. L'esprit surtout semble être ce qui nous distingue des animaux et nous permet la connaissance du monde. Mais, indépendamment de la complexe définition de l'« esprit », le grand problème, le problème véritable, consiste à savoir comment le corps et l'esprit sont en relation et interagissent exactement entre eux, comment ils œuvrent ensemble. Le corps est-il le « porteur » de l'esprit ? L'esprit, contrairement au corps qui est périssable, est-il immortel ? À moins que les deux ne fassent qu'un, et que nous ayons là, par exemple, une unité montrant deux formes d'expression différentes ? Le corps et l'esprit ne seraient-ils donc, en réalité, que les deux faces de la même médaille ? Ou bien l'esprit aurait-il, en vérité, un fondement matériel ? Ne serait-il alors qu'une fonction du corps parmi d'autres ?

Problèmes de philosophie pratique

Il est évident que la réponse à de telles questions est déterminante pour savoir si, dans notre agir, nous sommes ou non un peu plus que des marionnettes. Et l'agir est, après tout, le thème central de la philosophie pratique. Elle aussi, au fil de son histoire, a donné naissance à plusieurs disciplines. Les plus importantes sont les suivantes.

La philosophie politique. L'idée de justice et la question de la meilleure forme d'État sont ses préoccupations principales. La *philosophie du droit* lui est étroitement liée. Elle se consacre aux fondements et fonctions des règles juridiques, mais aussi, pour ce qui est du droit international public, aux règles juridiques régulant les relations entre nations.

L'éthique, ou philosophie morale. Elle se préoccupe de la justification des normes morales, mais aussi de faciliter la mise en pratique de ces règles morales. La *philosophie de l'art de vivre* était à l'origine partie intégrante de l'éthique. Elle se dédie à la possibilité d'une vie accomplie, « réussie ».

S'il devait y avoir en philosophie pratique un grand problème, un problème central, peut-être s'agirait-il du problème de la justice. Dans tout ce que nous faisons, que ce soit en tant que citoyen d'un État ou en tant qu'individu ayant affaire aux autres individus, nous tenons à ce que les choses se passent de façon juste, équitable. Bien sûr, il est tout à fait décisif que la société dans laquelle nous vivons soit organisée de façon juste et équitable. Nous ne cohabitons pas seulement avec quelques voisins, mais faisons partie d'un ordre plus vaste. L'État, notamment, pose des limites à nos possibilités d'action. Qu'en est-il dès lors de nos droits et de nos devoirs ? D'une répartition des biens « juste », c'est-à-dire équitable ? Les personnes en situation d'échec, ou qui ne parviennent pas à se tirer d'affaire toutes seules, sont-elles fondées à réclamer l'aide de la communauté ? Dans quelles proportions l'État peut-il restreindre ma liberté de mouvement ?

La nature offre apparemment un modèle simple : afin de survivre, les plus forts y dévorent les plus faibles et défendent leur espace vital. Les philosophes ne sont pas tout à fait étrangers au fait qu'une conscience globale ait émergé au fil de l'histoire et que le droit et la morale ne puissent plus être confondus avec la force et la puissance. En effet, les tout premiers philosophes, déjà, refusaient de se contenter du modèle que leur offrait la nature : ils opéraient une distinction entre la *physis* et le *nomos*, entre la « nature » et la « loi ». Ils voulaient que des règles guident notre agir, des règles qui offrent à tous une protection suffisante. Socrate (469-399 av. J.-C.) posa en public, dans les rues d'Athènes, la question de la nature de la « justice ». La valeur de celle-ci est dans tous les cas reconnue par les philosophes depuis des siècles. Dès les débuts de la philosophie occidentale, ceux-ci ont élaboré un modèle de l'État juste. La conception que nous en avons aujourd'hui s'en écarte à coup sûr quelque peu. Pourtant, si différentes définitions de la justice ont été données selon les époques, une chose s'avère néanmoins claire : le « droit » et la « justice » ne se confondent pas avec ce que l'on appelle le « droit du plus fort ».

Le comportement consistant à imposer ses propres intérêts par la force a progressivement été considéré comme répréhensible sur le plan moral : une bonne cohabitation entre hommes l'interdit, même si certains ne partagent pas cet avis. De même, on a peu à peu considéré que les rapports entre États devaient eux aussi se déprendre du recours à la force. Pourtant, les nations ne se conforment pas toujours à cet idéal de refus de la force : les plus puissantes assujettissent les plus faibles ; et la figure de l'ennemi, dont il importe de se protéger par la force armée, a toujours été une constante dans l'histoire humaine.

Néanmoins, la justice n'est pas seule à entrer en jeu lorsque se pose la question de l'« agir juste ». Peut-on dire qu'il existe des règles fondamentales régissant la cohabitation des hommes entre eux, des règles valant pour tous et que tous considéreraient sensées ? Nous avons là le problème philosophique fondamental de toute « morale ». Les religions, elles aussi, ont tenté à leur manière de résoudre ce problème. Les Dix commandements de l'Ancien Testament en sont un exemple.

Les philosophes ne considèrent toutefois pas ces règles comme « données ». À leurs yeux, elles ne sont pas tombées du ciel et ne résultent pas non plus de la nature. Elles doivent être fondées, justifiées. Existe-t-il alors une sorte de principe moral fondamental ?

Nous pourrions par exemple nous demander : quels êtres peuvent se prévaloir de la qualité d'être moral ? Tous les hommes le peuvent-ils de la même façon ? Et qu'en est-il des animaux, des primates par exemple ?

Ce qui, en théorie, semble parfaitement fonctionner s'avère souvent, en pratique, pour le moins difficile à mettre en œuvre. Cela vaut aussi pour la morale. Même si j'adhère à des règles morales fondamentales, il n'est pas évident que leur mise en pratique soit si simple. Même si j'ai compris pour quelles raisons il me faut agir moralement, et quels critères valent pour cela, je me retrouve souvent dans des situations où aucune décision évidente ne s'impose. C'est à ces moments-là que se déclenchent les « conflits moraux ».

L'interdiction de mentir en est un exemple très simple. Certes, il semble que nous ayons là une interdiction de principe ; mais il semble aussi qu'en certaines circonstances, le mensonge ne soit pas une simple solution de confort : lorsqu'il est question de vies humaines, il se pourrait même qu'il s'impose sur le plan moral. Ou bien, pour prendre un thème d'actualité, quelqu'un peut-il décider lui-même du moment de sa mort, ou doit-il se plier à une règle, à un impératif de respect, en toutes circonstances, du corps et de la vie ? Quand a-t-on le droit d'avorter ? Dans quelle mesure puis-je apporter mon aide lorsqu'autrui est dans la détresse ? Lorsqu'on y regarde de près, on se rend compte que ces conflits moraux pour lesquels l'éthique tente de trouver des solutions sont fort nombreux.

La question de la « vie bonne » revêt encore une autre dimension. Chaque homme, comme le disait déjà Aristote, aspire par nature à une vie heureuse. Le « bonheur » peut-il être un thème de la philosophie ? Peut-il contribuer à aider l'homme, à lui donner une « direction » ?

Questions typiques de philosophes, sera-t-on tenté de dire. Même le bonheur est, pour eux, un problème… Ne suffit-il pas d'être heureux, tout simplement ? Oui, cela suffit. Personne ne veut ni ne peut débattre du fait que telle ou telle personne se sente heureuse. Mais la plupart des hommes s'intéressent à quelque chose qui excède un simple sentiment de bonheur momentané et qu'il n'est pas si facile de connaître : un bonheur vécu sur le long terme, sur la durée, auquel, peut-être, notre raison peut aussi nous conduire. Comme toujours en philosophie, nous avons là un sujet dont il est possible de débattre au moyen d'arguments rationnels. Il s'agit donc de donner à ma vie, dans son ensemble, la forme qui me permettra d'être en harmonie avec moi-même et de connaître enfin un sentiment d'accomplissement.

Et c'est ici qu'entre en jeu la philosophie de l'art de vivre. Elle tente, en recourant à des moyens rationnels, d'indiquer la « bonne » direction permettant d'atteindre cet objectif. Dans la philosophie grecque, on appelait cela la « vie bonne ». Les philosophes grecs et romains qui se sont exprimés sur cette question, comme Épicure (341-271 av. J.-C.), Épictète (55-135) ou Marc Aurèle (121-180), sont encore lus aujourd'hui et certains de leurs écrits sont des *best-sellers*.

Il en est d'ailleurs ainsi de tous les domaines de la philosophie. Tôt ou tard, nous remontons toujours à nouveau aux racines antiques. Cette période de l'histoire reste la source à laquelle nous puisons, comme nous pourrons encore le constater au chapitre suivant.

À VOUS DE JOUER !

L'univers digital, un nouvel univers !

Imaginez-vous en train de programmer un univers digital s'écartant de notre monde sur un point décisif :
– l'espace tridimensionnel ;
– le cours temporel linéaire ;
– la causalité ;
– la pesanteur ;
– la finitude.

➡ *Parmi ces traits caractéristiques de notre monde, quel est celui que vous transformeriez ? Et pourquoi ?*

À VOUS DE JOUER!

L'état de nature testé en laboratoire !

Imaginez un groupe de personnes contraintes de cohabiter à jamais sur une île. Soit les règles suivantes :
– « Une promesse ne peut être enfreinte qu'une seule fois » ;
– « La propriété privée est interdite. Tout appartient à tous » ;
– « Personne ne peut avoir plus d'un partenaire dans les liens du mariage » ;
– « Tout le monde doit travailler dans l'exacte même proportion » ;
– « Personne n'a le droit de violenter autrui. »

➡ *Parmi ces règles, lesquelles seraient à vos yeux superflues ou indispensables pour que cette cohabitation se passe au mieux ? Lesquelles modifieriez-vous ou compléteriez-vous ?*

Solutions, arguments et idées

Thèmes et problèmes philosophiques

➡Page 49

TEST DE LOGIQUE

Syllogisme et illogisme

La première déduction (« Tous les écoliers ont un iPad chez eux… ») est fausse car deux niveaux langagiers sont confondus. Dans la première prémisse, « iPad » désigne l'objet et, dans la seconde, il désigne le mot lui-même. « Langage-objet » et « métalangage » se voient donc ici mêlés (voir chap. 3, « Métalangage et langage-objet », p. 115).

La seconde déduction (« Certains écoliers ont un iPad chez eux… ») est erronée en raison de la seconde prémisse, inadéquate (« Certains iPad sont de la camelote »). Elle serait valide si la seconde prémisse était la suivante : « Tous les iPad sont de la camelote. »

➡Page 50

TEST DE LOGIQUE

Esprit, es-tu là ?

« L'esprit des temps révolus » : est, en l'espèce, entendue par « esprit » la tendance culturelle d'une époque (angl. : *spirit* ou *genius*).

« Un homme de l'esprit » : l'« esprit » est ici pris au sens de l'intellect et de la culture (angl. : *wit*).

« Corps et esprit » : « esprit » signifie ici conscience et intellect (angl. : *mind*). « L'esprit du château de Canterville » : dans ce cas, « esprit » est synonyme de fantôme (angl. : *ghost*).

➡Page 60

À VOUS DE JOUER !

L'univers digital, un nouvel univers !

Vous pouvez vous ébattre dans le monde virtuel et laisser libre cours à votre imagination. Vous pouvez même reprogrammer à tout moment.

➡Page 61

À VOUS DE JOUER !

L'état de nature testé en laboratoire !

Les exemples proposés sont, dans les débats philosophiques, traités très différemment :

– « Une promesse ne peut être enfreinte qu'une seule fois » : l'idée qu'il faut tenir une promesse donnée fait partie des principes de la morale et, ainsi, de toute vie en cohabitation. Se permettre de rompre une promesse (même une seule fois), c'est remettre en cause le lien social.

– « La propriété privée est interdite. Tout appartient à tous » : nous avons là une revendication classique du socialisme et du communisme, mais qui est l'objet d'âpres controverses. Aux yeux des philosophes politiques libéraux et des fondateurs de la théorie du contrat social (une théorie apparue avec les Temps modernes), au nombre desquels John Locke (1632-1704), la protection de la propriété privée relève des droits fondamentaux inaliénables. Ce principe est également inscrit dans les constitutions des démocraties occidentales.

– « Personne ne peut avoir plus d'un partenaire dans les liens du mariage » : nous avons là un interdit qui ne relève ni des droits fondamentaux ni des principes de la morale. Un tel interdit est affaire de conviction religieuse ou bien doit être l'objet d'une formulation juridique concrète. Alors que, dans les pays occidentaux, il est impossible de se marier avec plus d'une personne, la polygamie est banale dans d'autres États, sur d'autres continents. En 2015, le Kenya a donné une définition juridique de la polygamie.

– « Tout le monde doit travailler dans l'exacte même proportion » : là non plus, nous n'avons pas avec cet impératif un principe juridique ou un principe moral mais une exigence politique. L'exigence de liberté et d'égalité se retrouve dans la règle de l'« égalité devant la loi » mais n'induit aucune exigence concrète portant sur l'organisation du travail et de la vie.

– « Personne n'a le droit de violenter autrui » : le droit à l'intégrité physique fait partie des droits fondamentaux inaliénables.

CHAPITRE 2

L'Antiquité
À l'origine de la philosophie occidentale

La philosophie occidentale est apparue dans l'espace méditerranéen oriental entre le VIe et le Ve siècle avant notre ère. Elle fut tout d'abord partie intégrante de la civilisation grecque antique et, plus tard, en s'étendant à la Méditerranée occidentale, de la civilisation gréco-romaine antique, qui dura plus de mille ans, persistant donc jusqu'au VIe siècle environ après Jésus-Christ. Aujourd'hui encore, la philosophie se fonde sur les concepts, les questions et les problèmes qui ont été posés et développés par les philosophes de l'Antiquité. Pour le dire autrement : l'Antiquité a mis en branle cette gymnastique mentale qu'est la philosophie, et pour très longtemps.

Les philosophes grecs ne connaissaient pas de concepts techniques. Ils utilisaient des concepts qu'ils tiraient du langage courant, et auxquels ils conféraient une signification nouvelle. C'est ainsi qu'ils ont marqué jusqu'à aujourd'hui la philosophie et la science. Il nous arrive fréquemment de sous-estimer dans quelle mesure les termes philosophiques qui nous sont familiers sont d'origine grecque – je pense, entre autres, à ces disciplines philosophiques que sont la logique (*logikè*), l'éthique (*êthikè*), la politique (*politikè*), la métaphysique (*méta-phusikè*), ou encore à des concepts bien particuliers comme ceux de syllogisme (*sullogismos*, raisonnement logique à deux propositions aboutissant à une conclusion) ou de tautologie (*tautologia*, effet de style consistant à redire deux fois la même chose). Il en est de même de noms donnés à des sciences comme la physique (*phusikè*), la biologie (*bios* et *logos*) ou la psychologie (*psukhè* et *logos*).

Le monde grec ancien était politiquement très éclaté, mais il montrait une forte homogénéité en matière économique ainsi que sur le plan culturel et linguistique. La plupart des Grecs vivaient dans des *polis*, des cités-États, dont le territoire avait à peu près la superficie de l'Île-de-France. Certaines d'entre elles, comme Sparte et Athènes, sont restées dans l'histoire.

Les Grecs entretenaient aussi d'étroites relations avec d'autres cultures, notamment avec les Égyptiens et les Perses. Les échanges n'étaient pas que commerciaux : les idées se diffusaient en même temps que les marchandises. La philosophie a fait son apparition à une époque de profond bouleversement culturel, où les représentations et les visions du monde traditionnelles, avant tout religieuses, ainsi que les structures de domination, se voyaient remises en cause.

Les premiers « philosophes » se manifestèrent sur les côtes méditerranéennes d'Asie mineure, une région qui fait aujourd'hui partie de la Turquie. On peut les présenter comme des naturalistes, dans la mesure où leur grand sujet de préoccupation était la « matière originelle » ayant produit notre réalité, et où ils cherchaient, dans le même temps, à déterminer le principe originel, le noyau véritable de notre réalité. Les questions qu'ils se posaient n'ont rien perdu de leur actualité : la réalité vraie échappe-t-elle au temps ? Est-elle éternelle ? Les changements induits par le passage du temps ne seraient-ils en conséquence que pure illusion ? Un ordre rationnel, qu'il nous faudrait seulement déceler, est-il au fondement de notre réalité ?

Afin de répondre à ces questions, ils forgèrent un concept, qui n'a pas cessé d'être utilisé et qui, avec le temps, allait jouer un rôle central en philosophie : le concept de *logos* – autrement dit la raison, en latin la *ratio*, ou encore la loi rationnelle universelle (voir dans ce chapitre « *Logos* », p. 73).

Les premiers philosophes partageaient encore beaucoup avec les prêtres et les prophètes, mais il existait entre eux une divergence d'importance : les philosophes ne considéraient pas que leur tâche était d'annoncer les dieux mais le *Logos*, c'est-à-dire la nouvelle vision du monde rationnelle. La plupart ne se comportaient toutefois guère différemment des prêtres et des prophètes. Ils s'adressaient moins au peuple qu'à une poignée d'initiés. L'un des plus connus et des plus influents de ces philosophes était Héraclite (v. 540-480 av. J.-C.), un aristocrate qui vivait à Éphèse, et à qui nous devons la célèbre formule : « Tout s'écoule. » Héraclite s'envisageait lui-même comme une sorte de grand prêtre du *Logos*. Aucun des philosophes grecs des débuts n'a souligné autant que lui l'importance de ce dernier comme loi universelle – la philosophie grecque forgea de nombreux autres concepts, marquant la pensée de leur empreinte.

> *Quant au* Logos,
> *ce* Logos *pourtant*
> *éternellement réel, les hommes*
> *ne le comprennent pas, ni avant*
> *d'en avoir entendu parler ni après*
> *en avoir entendu parler.*
> HÉRACLITE

Débats et critiques

Les philosophes des débuts avaient des visions du monde très variées, donnant lieu à de multiples désaccords qui, très tôt, ont déclenché entre eux un processus de discussion. C'est ainsi qu'une tradition de la discussion rationnelle et critique s'est instituée entre penseurs et écoles philosophiques. La philosophie antique devint de cette façon un laboratoire unique en son genre pour la pensée critique, un laboratoire où furent posés les fondements de la philosophie occidentale. L'un des débats philosophiques les plus anciens consistait, par exemple, à se demander si le monde se trouvait constamment en état de flux, de transformation – comme le prétendait Héraclite –, ou si, au contraire, toute transformation, tout mouvement n'était qu'illusion pure – illusion derrière laquelle se dissimulait l'Être véritable, intemporel, intangible et éternel. Cette seconde vision des choses était défendue par Parménide (v. 540-460/455 av. J.-C.) et par l'école éléatique, dont il fut le fondateur (voir dans ce chapitre « Les éléates et l'Être immobile », p. 74).

De leur côté, les très critiqués sophistes contribuèrent beaucoup aux changements de la pensée. Avec eux, c'est une certaine attitude critique qui fit son entrée en philosophie. Leur sujet de prédilection n'était plus le cosmos mais l'homme et ses actes. Les critères devant guider notre action ne devaient plus, selon eux, être donnés par la nature ou prescrits par les dieux : c'était aux hommes eux-mêmes d'en décider, et ces critères pouvaient donc être modifiés par eux. Les anciens dieux et les mythes n'avaient par conséquent plus leur place dans cette pensée. Pour ceux qui en appelaient aux principes religieux traditionnels et qui ambitionnaient de gouverner au nom de ces principes, c'était là provocation pure (voir dans ce chapitre « Les sophistes », p. 75).

La culture de la discussion qui s'était constituée faisait que les philosophes se confrontaient aux autres et se critiquaient mutuellement. Et c'est ainsi que les théories échafaudées devinrent toujours meilleures et toujours plus complexes. Cent ans après les premiers philosophes de la nature grecs, le matérialiste Démocrite (v. 460-371 av. J.-C.) avança que le monde était fait d'« atomes » – une thèse qui ne peut que nous frapper par sa modernité (voir dans ce chapitre « Idéalisme et matérialisme », p. 76). Il vivait à l'« âge d'or » de la philosophie grecque, c'est-à-dire à la charnière des ve et ive siècles avant Jésus-Christ.

À cette époque, Athènes devint la capitale philosophique. Nombre de penseurs de première importance y habitaient et y travaillaient, parmi lesquels les « trois grands » : Socrate, Platon et Aristote. Socrate n'a laissé aucun écrit : il s'est en effet cantonné à l'activité d'un philosophe arpenteur des artères de sa ville. Il devint toutefois le maître d'une génération entière de penseurs. Platon était l'un de ses élèves.

Platon et Aristote élaborèrent des systèmes de pensée de très grande portée et qui ont exercé une influence considérable, jusqu'à aujourd'hui. La théorie des idées de Platon et la théorie élaborée par Aristote, selon laquelle tout, dans la nature, est orienté vers un but bien précis (un *telos*), ont guidé au fil des siècles la discussion philosophique. Hélas, de nombreux autres textes écrits par des philosophes importants qui enseignaient à cette époque n'ont pu parvenir jusqu'à nous. Beaucoup ont été perdus, à jamais.

Les philosophes grecs s'entouraient de disciples et fondaient des écoles (voir dans ce chapitre « Les écoles philosophiques dans l'Antiquité », p. 81). Platon appelait la sienne l'« Académie » – les universités qui furent fondées plus tard en ont gardé souvenir. Les écoles philosophiques les plus importantes dominèrent par la suite la vie intellectuelle. Leur objectif était d'enseigner la « sagesse » non seulement en théorie, mais aussi à travers la pratique concrète d'une forme de vie – dans l'Antiquité tardive, l'art de vivre devint une thématique centrale de la philosophie.

La philosophie de l'Antiquité mourut de sa belle mort lorsque des fondamentalistes religieux de diverses obédiences – parmi lesquels les chrétiens des débuts – se mobilisèrent contre les philosophes profanes et l'idéal de confrontation critique, en public, aux questionnements philosophiques. Il fallut que des siècles s'écoulent pour que la philosophie retrouve le statut et le dynamisme qui avaient été les siens dans l'Antiquité.

Logos

Aucun concept n'a eu, en philosophie, une aussi belle carrière que le mot grec *logos*. À l'origine, ce mot a une dimension linguistique : il vient au départ désigner « le discours », « ce qui est dit », « le dit », « la parole », mais aussi « la manière par laquelle quelque chose est dit ». Les orthophonistes, qui apprennent à leurs patients à s'exprimer correctement, sont appelés en allemand des *Logopäden*.

Le *logos*, que nous devons aux Grecs anciens, n'a cessé par la suite d'être au cœur même de la philosophie. Je l'ai dit, la première phrase de l'Évangile de Jean est : « Au commencement était le *logos* [la parole]. » Martin Luther l'a traduit, en prenant quelques libertés, par : « Au commencement était le Verbe. » Il est vrai qu'à l'époque où l'Évangile de Jean fut écrit, le mot *logos* revêtait déjà de nombreuses significations. Comme chez Héraclite, il était également synonyme de « loi rationnelle universelle » et de « raison universelle ».

La « logique » comme doctrine des arguments et des conclusions « justes », exempts de contradictions, est déduite du *logos*. Mais l'argumentation rationnelle est le pain quotidien de la philosophie. La conclusion s'impose donc : sans *logos*, non seulement la logique n'existerait pas, mais la philosophie n'existerait pas du tout non plus. Logique !

Les Éléates et l'Être immobile

Parménide, philosophe originaire d'Élée qui fonda l'école éléatique (voir dans ce chapitre « Les écoles philosophiques dans l'Antiquité », p. 81), considérait le mouvement comme un phénomène de surface : en vérité, affirmait-il, il n'existe ni multiplicité, ni mouvement, ni transformation ; l'Être est une unité à jamais immuable. C'est donc lui qui élabora le premier les arguments visant à démontrer que le temps n'existe pas – une conviction défendue par l'école éléatique. La réalité vraie est, à ses yeux, éternelle, un présent intangible. Des critiques ne tardèrent pas à être émises contre cette conviction, accusée d'être contradictoire. Zénon d'Élée (v. 490-430 av. J.-C.), dont on suppose qu'il fut un élève de Parménide, riposta en tentant de démontrer que le mouvement était en soi paradoxal. Il est ainsi devenu le grand maître de l'énigme philosophique.

> *Le mobile ne se meut*
> *ni dans l'espace où il se trouve*
> *ni dans celui*
> *où il ne se trouve pas.*
> Zénon

ÉNIGME PHILOSOPHIQUE

Le problème du temps et du mouvement

1. ***Achille et la tortue.*** Achille, le héros antique connu pour sa rapidité, participe à une course sur 1 000 mètres contre une tortue. Celle-ci part avec 100 mètres d'avance. Tout est clair, serait-on tenté de dire : après douze secondes environ, la tortue sera dépassée. Tant s'en faut ! nous dit Zénon. Considérons donc la chose avec plus d'attention : Achille se trouve à un point A, la tortue à un point B. Lorsqu'Achille atteint le point B, la tortue est déjà à un point C. Quand Achille arrive au point C, la tortue, elle, est à un point D. Et ainsi de suite à l'infini. Conclusion : Achille ne rattrapera jamais la tortue.

2. *La flèche qui n'arrive jamais.* Nous tirons une flèche sur une cible. Aucun problème : nous entendons une sorte de sifflement et, en moins d'une seconde, la flèche vient se planter dans la cible. Stop, nous dit Zénon. Tout cela n'est qu'illusion pure. À chaque micro-instant, la flèche se retrouve à un endroit bien précis. Et dans la mesure où elle se retrouve à tel instant à un endroit bien précis, elle ne se meut pas. De même à tous les autres micro-instants correspondant à autant d'endroits différents : si à aucun de ces moments elle ne se meut, nous dit Zénon, c'est qu'elle ne se meut donc pas du tout, et n'atteint donc jamais la cible.

➡ *Que rétorqueriez-vous à Zénon ?*

Les sophistes

Les sophistes furent calomniés par leurs adversaires philosophes, et si durablement que le mot « sophiste » est resté jusqu'à nos jours un gros mot : entendu dans ce sens péjoratif, le sophiste est un adepte des raisonnements spécieux, un ergoteur. Pour ceux qui voulaient réserver la philosophie à une élite intellectuelle, la méthode des sophistes était proprement scandaleuse : en effet, à travers leurs leçons, ceux-ci s'adressaient au simple citoyen et acceptaient de l'argent pour leurs prestations. Avec eux, la philosophie devenait un *business*. Pour les philosophes qui disposaient de patrimoines personnels, ces nouveaux venus étaient un perpétuel objet de scandale.

> *L'homme est la mesure de toutes choses.*
>
> Protagoras

En vérité, les sophistes furent les premiers philosophes des Lumières. Leur grand sujet était l'homme et les lois qui dictent son agir. Ils n'acceptaient plus de lois immuables, divines. La loi, le *nomos*, ne pouvait pas être fondée seulement à travers la tradition ; elle devait être justifiée au moyen d'arguments rationnels.

Les sophistes œuvraient essentiellement en milieu citadin, et tout particulièrement à Athènes, et ils prodiguaient leurs leçons sur les trottoirs et les places de marché. Les gens souhaitaient se voir enseigner par eux l'art de la rhétorique qui leur permettrait de se défendre en recourant à de bons arguments, par exemple au tribunal. Pour les sophistes, le *logos* était en effet une arme qui permettait d'aiguiser considérablement ses arguments et de bien mieux défendre ses intérêts. Pour cette raison, ils accordaient la plus grande attention aux discours publics et sont encore considérés comme les inventeurs de la rhétorique.

Idéalisme et matérialisme

Oublions tout d'abord ce que nous rattachons normalement à ces deux notions : que l'idéaliste croit à un idéal et que le matérialiste ne pense qu'à l'argent. Il en va tout autrement chez les philosophes : en philosophie, on entend par « idéalisme » la doctrine selon laquelle le réel véritable relève du domaine de l'intellect et du spirituel, et pour laquelle toutes nos connaissances sont forgées par notre esprit et nos représentations. Le « matérialisme », quant à lui, considère que la réalité vraie relève du domaine du matériel et que l'esprit est quelque chose de second, qui découle de cette réalité.

L'origine de cette confrontation est à trouver dans l'Antiquité. Le combat entre idéalisme et matérialisme a ensuite déterminé l'histoire entière de la philosophie. Le « lobby » idéaliste fut, tout au long de cette histoire, bien plus puissant, et c'est lui qui a fait les gros titres. On trouve une variante et un prolongement de cette confrontation dans la discussion consacrée au problème chair-âme, et donc à la question du rapport entre le corps et l'esprit chez l'homme (voir le chap. 7, p. 243).

Les deux grands philosophes antiques classiques, Platon (427-347 av. J.-C.) et Aristote (384-322 av. J.-C.), étaient idéalistes et exercèrent

AVIS DE RECHERCHE

On recherche le grand savant qui disait ne rien savoir

Le grand savant qui disait ne rien savoir pouvait être vu quotidiennement dans les rues d'Athènes, agaçant les passants avec ses questions. La phrase qu'il prononçait presque en permanence était : « Je sais que je ne sais rien. » Sculpteur de formation, il traînait pourtant le jour entier à travers la ville et irritait les hommes politiques, les poètes et les artisans en leur posant des questions du type : « Qu'est-ce que la bravoure ? », ou « Qu'est-ce que la justice ? » Ensuite, il démolissait les réponses qui lui étaient données, longuement, afin qu'il n'en reste plus rien et que ses interlocuteurs se retrouvent plongés dans la perplexité la plus totale. Il appelait cela une « aporie » – une contradiction qui ne pouvait être résolue.

Le grand savant qui disait ne rien savoir était, à Athènes, bien plus qu'une curiosité. Pour les jeunes intellectuels, il était une attraction. Un groupe important de jeunes gens le vénérait, le considérant comme un maître en sagesse, un grand maître. Pourtant, il n'a pas laissé de traces écrites. Il se cantonnait aux conversations philosophiques. Il affirmait même être guidé, dans sa manière de faire, par un certain *daïmon* – un chef de secte ? Un responsable de services secrets ?

En tout cas, il s'était fait des ennemis chez les puissants, pour des raisons qui font encore aujourd'hui débat, et il fut condamné à mort au cours d'un procès public.

➡ *De qui s'agit-il ?*

une immense influence sur la philosophie qui fut pratiquée à leur suite. La « théorie des idées » de Platon devint célèbre : selon elle, la réalité vraie ne réside pas dans les choses concrètes, variables, mais dans les formes idéales, invariables. Par exemple : il existe beaucoup de chevaux différents, mais il n'existe qu'une seule « idée de cheval » : la forme idéale, typique, du cheval. « Forme idéale » se dit, en grec, *eidos*. La forme idéale devient idée – de là, la « théorie des idées » de Platon.

Platon était un adversaire acharné du matérialisme et il a veillé à ce que de nombreux écrits de ses ennemis matérialistes soient détruits. Démocrite (v. 460-371 av. J.-C.), le matérialiste le plus célèbre de l'Antiquité, en fit les frais : seuls quelques écrits de sa main sont parvenus jusqu'à nous. L'idée centrale de sa théorie matérialiste est la suivante : tout ce qui existe peut être ramené, dans un espace vide, à de minuscules fragments matériels indivisibles, immuables, qu'il appelle atomes. Tout naît du contact entre eux. Même si, dans la philosophie classique, l'idéalisme gagne clairement aux points, il en va tout autrement dans les sciences, qui accordent grand prix à la théorie de Démocrite.

TEST DE LOGIQUE

Le bipède sans plumes

L'un des exercices les plus importants pratiqués dans l'Académie platonicienne consistait à partir sur les traces des choses en s'aidant du *logos* – c'est-à-dire en cherchant à les définir au moyen du langage. Pour les platoniciens, il existait un rapport direct entre l'idée « juste » et l'essence de la chose. Quand on a compris ce qu'est une « chaussure » – à savoir non pas une quelconque chaussure concrète mais une chaussure « en général » –, alors on a compris ce qu'est l'essence même de la chaussure. Dès lors, il devrait être possible de définir la « chaussure ».

Il en alla de même de l'un des grands thèmes de la philosophie : l'homme. Comment distinguer l'homme des autres êtres vivants ? Dans son dialogue intitulé *Cratyle*, Platon parvint à la définition originelle de l'« homme » : celui-ci, dit-il, est un « bipède sans plumes ».

Cette tentative de définition provoqua l'intervention de Diogène de Sinope, l'un des grands provocateurs de la philosophie antique. Une anecdote est parvenue jusqu'à nous : Diogène aurait arraché les plumes d'un coq et jeté le coq ainsi déplumé par-dessus l'un des murs de l'Académie platonicienne en criant aux disciples qui se trouvaient là : « Voici pour vous l'homme de Platon ! » Platon réagit à cette « objection » en proposant une nouvelle définition de l'homme, plus détaillée, le présentant désormais comme un « bipède sans plumes aux ongles plats et larges » (il pensait à l'ongle de l'orteil).

➡ *Quelles sont les faiblesses dans la définition de l'homme proposée par Platon que Diogène a relevées ? Évaluez la définition de l'homme donnée par Platon à l'aide des concepts logiques de « condition nécessaire » et de « condition suffisante » (voir le chapitre 3, p. 101).*

➡ *Que dit l'acte de Diogène de sa compréhension de la philosophie ?*

➡ *Tentez de donner une meilleure définition de l'homme !*

➡ *Que penser de la réaction de Platon à l'acte de Diogène ?*

POUR OU CONTRE

De quoi l'homme a-t-il besoin ?

Les philosophes grecs s'évertuaient à démontrer l'existence d'une voie, fondée en raison, conduisant au bonheur. Épicure, l'un des philosophes spécialistes du bonheur les plus connus, défendit certes une philosophie de la joie et du plaisir (l'hédonisme), mais il ne considérait pas pour autant que toute satisfaction d'un besoin rend heureux. Il existe selon lui une grande différence entre les besoins nécessaires et les besoins non nécessaires. Dans une lettre à son ami Ménécée, il écrivait : « Il faut se rendre compte que, parmi nos désirs, les uns sont naturels, les autres vains, et que, parmi les désirs naturels, certains sont nécessaires et d'autres naturels seulement.

AVIS DE RECHERCHE

On recherche le philosophe dans son tonneau

Il vécut à l'apogée de la philosophie grecque classique ; pourtant, il était un parfait marginal. Dans l'histoire de la philosophie, son nom n'apparaît qu'à la marge, à titre de curiosité. Jusqu'à aujourd'hui, il a eu du mal à être pris au sérieux. Il n'était en rien un cynique au sens où nous l'entendons maintenant, mais il était proche de cette école philosophique qui attachait bien moins de valeur à la théorie qu'à une « sagesse » pratique qui pouvait s'exprimer aussi dans des « performances » et des gestes provocateurs. Ce sont de telles provocations qui lui ont permis d'accéder à la célébrité. En non-conformiste radical, il voulait amener les hommes à changer radicalement leur vie, en nageant résolument à contre-courant. Quand tout le monde quittait le théâtre après une représentation, lui y entrait. Quand on lui demandait pourquoi, il répondait : « Je m'en tiens ainsi à ma conduite de vie entière. »

La question de savoir si les cyniques tiraient réellement leur nom du mot grec *kuon*, « chien », n'a jamais été véritablement réglée. Mais « chien » était effectivement l'un des sobriquets donnés à la personne dont nous cherchons l'identité. Certaines sources nous disent qu'il avait fui Sinope, sa ville natale, pour Athènes, afin d'échapper à des poursuites pour fabrication de fausse monnaie. Il y mena la vie d'un sans-abri, dormant dans la rue, dans des niches de chien ou dans des bâtiments publics, et ne se nourrissant que de légumes. Il s'était choisi un tonneau pour lieu d'habitation. Un jour, Alexandre le Grand l'aborda dans la rue : « Ôte-toi de mon soleil », lui dit de manière quelque peu désobligeante le philosophe (dans son tonneau).

➡ *De qui s'agit-il ?*

Il faut se rendre compte enfin que parmi les désirs nécessaires, certains sont nécessaires pour atteindre le bonheur, d'autres nécessaires pour la tranquillité du corps, et d'autres encore pour la vie même. »

Soit les biens suivants : automobile – réfrigérateur – ordinateur – livres – relations sociales.

➡ *Ces biens comptent-ils au nombre des « besoins nécessaires conduisant au bonheur » ? Présentez des arguments soutenant les deux thèses contraires.*

Les écoles philosophiques dans l'Antiquité

Aujourd'hui encore, nous voyons avec les gourous indiens ou les maîtres zen japonais comment un groupe de disciples s'assemble pour longtemps autour d'un maître afin de réaliser, avec son aide, des pas décisifs sur le chemin de la connaissance. Il est possible d'observer des structures similaires dans la philosophie antique. Parfois, il ne s'agissait que d'un groupe très informel, mais quelquefois il prenait les formes d'une communauté rigoureusement organisée et se conformant à la lettre à un strict programme d'enseignement. Certaines de ces écoles exercèrent une influence considérable sur la philosophie antique. En voici quelques-unes parmi les plus importantes.

La phase des débuts. Trois écoles dominent cette période :

– *Les pythagoriciens :* ils s'appellent ainsi en référence au nom du fondateur et tête de file de cette école, Pythagore, né à Samos (580-495 av. J.-C.). Ce n'est pas par hasard si ce nom nous est familier, et que nous le rattachons aux mathématiques. Les pythagoriciens étaient convaincus que l'étude des mathématiques et de la musique était nécessaire à la connaissance du monde. Leur organisation était peu ou prou celle d'une société secrète à caractère religieux, et ils croyaient en la réincarnation.

– *Les éléates :* ils doivent leur nom au lieu de naissance de leur fondateur, Parménide (v. 540-460/455 av. J.-C.), originaire d'une cité du nom d'Élée fondée en Campanie, dans le Sud de l'Italie. Soutenant que l'être véritable est éternel et immuable, ils exercèrent une grande influence sur Platon (voir dans ce chapitre « Les éléates et l'Être immobile », p. 74).

– *Les socratiques :* loin de constituer une école homogène, ils n'avaient pas grand-chose à voir les uns avec les autres, excepté sur deux points. Premièrement, Socrate était leur modèle commun. Et deuxièmement, ils entendaient tous prendre exemple sur sa manière de vivre et sur son art du questionnement philosophique. Le socratique le plus célèbre est Platon, qui fonda sa propre école, l'Académie. Pour le reste, ce terme englobe des groupes tout à fait différents : par exemple les cyniques, dont Antisthène (v. 445-366 av. J.-C.) et Diogène de Sinope (412-323 av. J.-C.) sont les représentants les plus importants. Les cyniques firent leur la propension de Socrate à pousser ses interlocuteurs à s'empêtrer dans des contradictions, à rechercher le scandale à travers une manière de vivre, et ils allèrent plus loin que lui encore dans cette manière de faire. Les cyrénaïques et leur représentant le plus connu, Aristippe (v. 435-350 av. J.-C.), défendaient une philosophie hédoniste et matérialiste. Leur éthique portait sur les besoins sensuels, et leur épistémologie sur la perception sensorielle. Ils ne faisaient aucun cas d'un « être idéal ».

« Les quatre grands ». Les quatre grands constituent en quelque sorte la *Champions League* des écoles philosophiques de l'Antiquité, celles qui déterminèrent les discussions jusque dans l'Antiquité tardive et qui exercèrent une influence sur de larges pans de la société : l'école platonicienne, l'école aristotélicienne (les péripatéticiens), les stoïciens et les épicuriens. Elles furent fondées au cours du IVe siècle avant Jésus-Christ, et donc durant la phase classique de la philosophie grecque.

– *Les platoniciens, ou académiciens :* c'est à Athènes, sa ville natale, que Platon (427-347 av. J.-C.) fonda la première école de philosophie véritablement célèbre, dans l'ancien bosquet d'Akadêmos. L'« Académie » allait devenir un modèle pour toutes les institutions dédiées à l'enseignement (les « académies ») et pour toutes les universités qui seraient ensuite fondées. Intégrer l'Académie de Platon supposait d'y être formellement accepté, et de s'astreindre à un sévère programme de vie et d'enseignement. Y était enseignée la théorie des idées de Platon (voir dans ce chapitre « Idéalisme et matérialisme », p. 76) ; mais, afin de la maîtriser, il était nécessaire de s'intéresser de près aux mathématiques, comme le faisaient les pythagoriciens. L'Académie platonicienne poursuivit son activité jusqu'au VIe siècle après Jésus-Christ.

– *Les péripatéticiens :* Aristote (384-322 av. J.-C.) lui-même avait été de longues années durant un membre de l'Académie platonicienne. Lorsqu'il commença à élaborer sa propre philosophie, qui était bien plus tournée vers l'expérience concrète que celle de Platon, il fonda sa propre école à Athènes. Si son école se nommait ainsi, c'était parce qu'Aristote avait pour habitude de marcher tout en philosophant dans les allées de son école (*peripateô* signifie en grec « se promener »). Les péripatéticiens défendaient une vision du monde « téléologique », selon laquelle toutes les choses créées s'intègrent à un ordre lui-même orienté vers une fin, une finalité, un *telos*.

– *Les stoïciens :* le stoïcisme tire lui aussi son nom d'un corps de bâtiment, la *Stoa Poikilè*, le « Portique peint », où se retrouvaient pour converser élèves et enseignants de cette école. Le Chypriote Zénon de Cition (v. 332-262 av. J.-C.) – qu'il ne faut pas confondre avec Zénon d'Élée, l'élève de Parménide – fonda l'école à Athènes, là encore, dans les dernières années du IVe siècle avant Jésus-Christ. Les stoïciens marquèrent avant tout les esprits de l'Antiquité tardive hellénistique par leur philosophie de la vie qui affirmait que notre univers est régi par un ordre rationnel et que la tâche des hommes consiste à s'intégrer dans cet ordre.

– *Les épicuriens :* ils doivent leur nom à leur fondateur, Épicure (341-271 av. J.-C.). Celui-ci appelait son école, fondée à Athènes en l'an 306 avant Jésus-Christ, « le Jardin ». Épicure et ses élèves furent régulièrement reniés par les autres écoles philosophiques au motif qu'ils chérissaient les vices. En effet, l'objectif principal de leur éthique était l'*hedonè*, c'est-à-dire la « joie », ou encore le « plaisir » ; par ailleurs, ils refusaient l'idéalisme défendu par Platon et par Aristote. En vérité, les épicuriens prenaient fait et cause pour une conduite de vie tournée

AVIS DE RECHERCHE

On recherche l'étranger venu de Macédoine

Il est considéré comme le père des sciences et comme l'un des plus grands systématiciens de tous les temps. Il était un érudit aux talents multiples et a théorisé les règles de la logique. Mais il n'a pas eu une vie très facile. Il avait grandi en Macédoine, au nord de la Grèce d'aujourd'hui, alors que les Grecs considéraient les Macédoniens comme des « barbares ». Plus problématique encore : au IVe siècle avant Jésus-Christ, ces prétendus barbares soumirent les cités-États grecques, les plaçant sous leur domination.

Dans ses jeunes années, il partit pour Athènes afin de suivre la meilleure formation philosophique possible, celle qui était alors dispensée dans l'Académie de Platon. Il revint dans sa terre natale après vingt années dédiées à l'étude pour assurer l'éducation d'un jeune garçon qui allait plus tard être connu sous le nom d'Alexandre le Grand – et tout cela ne contribua pas vraiment à améliorer sa réputation chez les Grecs. Lorsqu'il revint s'établir à Athènes pour y fonder sa propre école de philosophie, il se heurta à beaucoup d'animosité. C'est qu'il était considéré sur place comme un collaborateur. Lorsque les Athéniens finirent par se soulever contre les Macédoniens, ce grand érudit, alors âgé de 61 ans, dut quitter précipitamment la ville par crainte de poursuites. Il se retira à Chalcis, sur le domaine de sa mère, où il mourut peu de temps après. Les traités qu'il avait écrits lui-même à l'intention de ses élèves sont aujourd'hui des classiques éternels de la philosophie.

➡ *De qui s'agit-il ?*

vers la raison, faite de modération, et se fixant pour but le bien-être sur le long terme – une conduite de vie qui, dans la pratique, ne se distinguait pas énormément de l'éthique des stoïciens. De la même façon que Démocrite, Épicure enseignait à ses élèves que l'univers est constitué de particules matérielles infinitésimales, les atomes. L'épicurien le plus célèbre, aux temps romains, fut le poète romain Lucrèce (98/94-55 av. J.-C.).

NAISSANCE DU POLITIQUE : *POLIS* ET *ZÔON POLITIKON*

Les philosophes grecs furent les premiers à parler de « politique ». Ils désignaient par là les affaires de la *polis*, de la « cité-État » grecque. La *polis* était le lieu où pouvaient véritablement s'épanouir les capacités humaines. L'homme, comme l'exprime Aristote, n'est pas un être qui s'isole, et il ne peut non plus se développer seul : il est un *zôon politicon*, un « animal politique », un être qui est membre d'une communauté, et qui, sa vie durant, est impliqué dans la *polis* et défini par elle.

POUR OU CONTRE

À chacun son dû ?

Les philosophes grecs ont posé les bases de la philosophie politique en réalisant qu'un État juste, et donc une *polis* juste, ne va pas de soi, mais doit être organisé par les hommes. Platon, dans son œuvre intitulée *La République* (en grec : *Peri politeias*, « Au sujet de l'État », ou *Politeia*, « La Constitution »), avança qu'il existe dans tout État différentes classes d'hommes, telles que la classe régnante, la caste militaire et la population laborieuse, et que la justice consiste en ce que chacun occupe la place dans la société qui lui est attribuée à la naissance. Le principe de justice de Platon peut être présenté ainsi : la justice est que chacun reçoive ce qui lui revient ; autrement dit, « à chacun son dû ».

➡ *Argumentez en faveur de ce principe, et contre lui !*

➡ *À quelles conditions le principe formulé par Platon se montrerait-il compatible avec la conception que nous nous faisons aujourd'hui de la justice ?*

L'HÉRITAGE D'ARISTOTE (1) : SUBSTANCE ET ACCIDENT

La distinction opérée par Aristote entre « substance » et « accident » ne semble pas seulement plausible, elle est aussi déterminante pour notre regard sur le monde : lorsque nous contemplons un objet, nous distinguons en lui ce qui relève de l'essence et qui est immuable (la substance) et les qualités changeantes, variables (les accidents). Une voiture reste une voiture : c'est sa substance, qu'elle soit bleue, noire ou jaune, qu'il s'agisse d'une petite automobile, d'un cabriolet ou d'une limousine. De la même façon, la substance de l'arbre reste toujours la même, qu'il porte des feuilles ou non, qu'il soit immense ou petit comme un bonsaï, que le tronc ait été endommagé par la foudre ou non. La substance est le « fondement », la chose nue, ce qui demeure lorsque les qualités « ajoutées », susceptibles de changer, sont retirées.

La subdivision du monde en substances et en accidents se reflète également dans notre langage : nous opérons une distinction entre un sujet et le prédicat que nous lui attribuons : « Notre immeuble a une façade rénovée », ou « Notre immeuble a maintenant trois étages », disons-nous, considérant que « notre immeuble » est toujours le même objet identique, auquel nous nous référons au moyen du langage. Le sujet de la phrase et la substance semblent renvoyer l'un à l'autre, tout autant que les prédicats et les accidents.

Pourtant, cette analogie entre le monde et le langage est suspecte aux yeux de nombreux philosophes. Ceux-ci soupçonnent la distinction entre substance et accident de n'être qu'un schéma d'interprétation possible parmi d'autres, une invention langagière imaginée afin de pouvoir nous repérer dans le monde. Une telle distinction n'aurait possiblement rien à voir avec le monde « réel ». Peut-être, en effet, n'existe-t-il aucune chose nue, aucune chose « au fondement », mais seulement des « processus »… Ou bien est-ce l'inverse, comme le pensait Aristote, pour qui la véritable structure du monde se reflète dans le langage ?

Dans tous les cas : la distinction entre la substance et l'accident n'a pas seulement exercé une énorme influence, elle a aussi été jusqu'à aujourd'hui cause de nombreuses controverses.

POUR OU CONTRE

Substance ou non ?

Demandez-vous si les notions, processus ou événements suivants peuvent ou non être envisagés comme substance : courant – énergie – changement climatique – industrialisation.

➡ *Quels arguments plaident en faveur d'une telle possibilité ? Quels sont ceux qui plaident contre ?*

L'HÉRITAGE D'ARISTOTE (2) : CAUSE ET FIN

Lorsque nous observons des processus et des objets dans le monde et que nous nous demandons : « Pourquoi est-ce ainsi ? », quatre types de réponses peuvent être apportés, selon Aristote, parce qu'il existe quatre types de causes (voir chap. 6, « Les quatre types de causes chez Aristote », p. 211). Parmi ces quatre causes, deux seulement ont fini par arriver en « finale » de l'histoire de la philosophie : la cause dite efficiente et la cause dite finale ou téléologique (du grec *telos*). Toutes deux ont influencé durablement notre façon d'expliquer les processus à l'œuvre dans le monde.

Notre manière de répondre à la question « pourquoi ? » permet de distinguer aisément ces deux types de causes : ainsi, selon que nous utilisons « afin que » ou « parce que », la nature de notre explication n'est pas la même. Par exemple, il est possible de répondre de deux façons à la question « Pourquoi pleut-il ? » : « *Parce que* l'humidité s'est accumulée dans les nuages en raison de la collision de masses d'air » (explication causale) ; ou bien « *Afin que* les champs et les prés soient suffisamment arrosés » (explication fonctionnelle).

Pour Aristote, la cause finale ou téléologique était la plus importante de toutes ; en effet, à ses yeux, c'était le but, la destination finale, qui ordonnait le monde. Chaque élément de la nature avait un *telos* (un « but ») et était, pour ainsi dire, programmé pour atteindre cet objectif bien déterminé. Le monde était donc une sorte de pyramide d'objectifs qui, en définitive, conduisaient à Dieu, l'objectif le plus élevé. Au Moyen Âge chrétien, on considéra que ce type d'explication était d'origine divine, au motif que l'on pouvait, avec l'aide de Dieu, expliquer l'ordre du monde divin, c'est-à-dire chrétien. La « pensée téléologique » exerça longtemps une influence déterminante sur la science et la philosophie.

Aujourd'hui, il nous faut toutefois constater que l'explication causale a fini par emporter le morceau. La science des Temps modernes ne se préoccupe que d'elle. On ne croit plus guère aujourd'hui que le monde est ordonné en fonction d'objectifs. Néanmoins, la cause finale ou téléologique a survécu : lorsqu'il s'agit d'expliquer l'action des hommes, nous avons toujours recours aux causes finales. En effet, l'homme est cet être qui peut se fixer à lui-même des objectifs qui orientent son action. Par exemple : « Pourquoi Paul a-t-il arrêté de fumer ? – Pour que son asthme ne s'aggrave pas. » Cela s'avère plus évident encore lorsqu'il est question de problèmes moraux : la théorie des objectifs justes et des objectifs mauvais est l'un des piliers de soutènement de l'éthique.

L'HÉRITAGE D'ARISTOTE (3) : LA LOGIQUE

Lorsque nous portons un jugement sur des propos, des textes, des discours, des concepts, nous parlons de « pensée logique », de « déduction logique », de « prémisse » et de « contradiction ». Faisant cela, nous nous référons à la « logique » – une discipline philosophique fondée par Aristote.

Ce dont traite la logique, c'est de la bonne manière d'articuler des concepts à l'intérieur d'un énoncé, et de la bonne manière de relier des énoncés entre eux pour parvenir à des déductions justes. Mais, pour Aristote, il est aussi question avec elle des principes invariables de notre pensée, où se reflètent les principes invariables du monde. D'après lui, le rapport entre « substance » et « accident » se retrouve ainsi dans le rapport existant, dans une phrase, entre « sujet » et « prédicat ». La déduction suivante, célèbre, a pu être utilisée à titre d'exemple :

Tous les hommes sont mortels.
Socrate est un homme.
→ Socrate est mortel.

Les moyens de la logique devaient permettre à la philosophie de démontrer de façon absolument incontestable la validité d'arguments et de théories, ou d'examiner au plus près leur prétention à la validité.

Jusqu'au XIXe siècle, on enseigna en philosophie la « logique » telle qu'Aristote l'avait fondée. Elle ne fut modernisée qu'ensuite, et dès lors envisagée comme un « instrument d'analyse » de notre langage (voir le chap. 3, p. 101).

TEST DE LOGIQUE

Juste ou faux ?

Comparez la célèbre déduction suivante : « Tous les hommes sont mortels. Socrate est un homme. → Socrate est mortel » avec celle-ci : « Tous les hommes sont mortels. Socrate est mortel. → Socrate est un homme. »

➡ *Vérifiez la justesse ou la fausseté de ces deux déductions. En quoi se distinguent-elles ?*

POUR OU CONTRE

Le juste milieu : toujours « juste » ?

Aristote pensait qu'il importe, dans nos rapports sociaux, dans nos rapports avec les autres, de faire constamment preuve de vertus – vertus dont il considérait qu'elles se caractérisent par le sens du juste milieu, entre deux extrêmes. Dans notre rapport à l'argent, par exemple, il nous faut exercer la vertu de générosité, qui se situe au juste milieu entre l'avarice et le gaspillage. La vertu de bravoure se situe elle aussi, à ses yeux, au juste milieu entre la témérité et la lâcheté.

➡ *Interrogez la théorie de la vertu du juste milieu à partir des deux oppositions suivantes : sincérité absolue et malhonnêteté – pitié, ou empathie, et insensibilité.*

➡ *Le juste milieu existe-t-il ici ? Et si oui, où se situe-t-il ?*

La vie bonne

L'Antiquité désignait au moyen de cette expression la forme de vie que recommandaient les philosophes et que pratiquaient les « sages ». La vie bonne est un modèle d'art de vivre, moral et politique tout à la fois. L'idée d'une vie heureuse, accomplie, « réussie », et l'idée d'une vie de citoyen exemplaire s'unissent dans le concept de vie bonne, jusqu'à former une unité. Dans la vie bonne, l'homme se fixe et atteint un objectif, ce *telos* que la nature lui a assigné.

Bien sûr, les différentes écoles philosophiques de l'Antiquité proposaient des théories de la vie bonne qui différaient les unes des autres sur tel ou tel point. Mais on ne peut qu'être frappé par leur similitude fondamentale : pour tous, la vie bonne est une vie que l'on mène « conformément à la raison et à la nature », une vie faite de modération, conforme aux lois éternelles rationnelles du cosmos. Mais il est besoin pour cela de faire constamment preuve de vertus pratiques. Pour la philosophie antique, agir justement sur le plan moral n'est qu'une petite composante de cette grande affaire qu'est la raison – un agir juste est avant tout la conséquence d'une *praxis*, d'une « pratique », qu'il s'agit d'exercer sa vie durant.

Cette *praxis*, des exercices méditatifs pouvaient aussi être l'occasion de l'exercer. À la différence d'aujourd'hui, une vie dédiée au temps libre et à la contemplation était dans l'Antiquité considérée par la plupart des philosophes comme bien plus estimable qu'une vie consacrée au travail. Chez les Grecs, mener une vie laborieuse marquée par l'agitation fébrile était plus une tare qu'une qualité.

Solutions, arguments et idées

L'Antiquité

➡Page 74

ÉNIGME PHILOSOPHIQUE

Le problème du temps et du mouvement

Dans les deux énigmes, Zénon procède de façon similaire. Il traite de la ligne temporelle comme d'une distance spatiale intangible au sein de laquelle il constate l'existence d'un point d'arrivée. Dans le cas du paradoxe d'Achille, ce point d'arrivée est l'instant où Achille rattrape la tortue. Zénon fractionne la distance jusqu'à ce point en intervalles toujours plus brefs, infiniment nombreux, de sorte que le point d'arrivée devienne une valeur limite inatteignable. Il procède donc comme si l'on pouvait suspendre à volonté le cours du temps à l'aide d'un bouton stop, comme on le fait avec un film sur un lecteur-DVD. Mais la réalité n'est pas un film qu'il est possible d'interrompre à sa guise. Le temps, ici, poursuit son cours, continuellement. La création d'intervalles spatiaux n'a rien à voir avec le cours temporel effectif. Dans l'écoulement temporel effectif, Achille a rattrapé la tortue en quelques secondes.

Avec le paradoxe de la flèche, Zénon a recours à la même combine : le point limite est l'instant où la flèche atteint la cible. Le laps de temps au cours duquel la flèche vole en direction de la cible peut être ramené à une distance spatiale fractionnée en une série de points distincts, et donc d'endroits distincts accueillant chacun une flèche prétendument immobile. Mais du fait qu'elle change constamment de position en passant d'un point à un autre, la flèche est bien en mouvement, et qui plus est en mouvement rapide – sa vitesse est grande. Elle rencontrera donc très vite la cible. Les mathématiques proposent ainsi une formule permettant de déterminer la vitesse d'un objet à un instant bien précis : la vitesse à un instant *x* bien précis est définie comme la valeur limite de la vitesse moyenne de cet objet sur des intervalles de temps tendant vers 0.

➡Page 77

AVIS DE RECHERCHE

Le grand savant qui disait ne rien savoir

Socrate (469-399 av. J.-C.)

➡Page 78

TEST DE LOGIQUE

Le bipède sans plumes

La faiblesse de la définition platonicienne de l'homme réside à coup sûr dans le fait qu'elle se cantonne à des traits caractéristiques extérieurs, renonçant à prendre en compte ces qualités humaines spécifiques que sont le langage et la raison.

Du reste, Platon évoque tout au plus une condition nécessaire, mais en rien suffisante, de l'« être-homme ».

Diogène, en bon cynique, préfère la vie concrète, le fait concret, à la discussion théorique. De fait, sa manière de s'opposer à la définition proposée par Platon n'a rien de théorique : elle est très concrètement pratique.

La réaction de Platon est plus que remarquable dans la mesure où il réagit à la critique en améliorant sa proposition. Cela en dit long sur la compréhension de la philosophie qui était celle des Grecs : ceux-ci, en effet, l'envisageaient comme un processus de discussion critique dans le cadre duquel ils s'emparaient des idées développées par leurs prédécesseurs et des critiques qui leur étaient faites dans le but de les assimiler et de les nourrir avec leurs propres réflexions.

➡Page 79

POUR OU CONTRE

De quoi l'homme a-t-il besoin ?

Automobile, réfrigérateur, ordinateur, livres, relations sociales ? La question de savoir quels besoins et quels biens sont ou non nécessaires pour mener une vie heureuse se voit très probablement apporter une réponse différente selon les époques, les sociétés et, sans aucun doute, les individus. Depuis la fin du XXe siècle, personne ou quasiment ne songerait à se priver d'un ordinateur.

Cette question était centrale dans l'éthique de l'Antiquité. Une opinion y faisait alors l'unanimité, ou presque : le nécessaire, c'était le strict minimum – produits alimentaires, logement, habillement, ainsi que les moyens de se les procurer. La catégorie du non-nécessaire accueillait tout ce qui allait au-delà et que l'on devait envisager, pour cette raison, comme du superflu, du « luxe ». Suivant cette distinction, un frigidaire (et même un ordinateur) peut être rangé dans la catégorie des besoins et des biens nécessaires, mais pas une automobile.

La question, naturellement, est toujours : nécessaire pour quoi ? La philosophie de la vie classique répond : pour mener une vie heureuse – un objectif atteignable à la condition de mener une vie « conforme à la nature », une vie « naturelle », renonçant au superflu. Dans l'Antiquité, mener une vie « naturelle », c'était donner la priorité à l'exercice de sa raison et aux biens spirituels et intellectuels, au motif que l'homme est par nature un être de raison. Pour être libre de s'y consacrer, il fallait être en mesure de le faire sur le plan matériel. Il fallait donc posséder des biens matériels le permettant, mais, là encore, pas plus que de nécessaire. L'amitié, le soin qu'il fallait y apporter, comptaient aussi au nombre de ces biens spirituels. Les livres et les relations sociales n'étaient pas rangés, à strictement parler, dans la catégorie des biens nécessaires : ils étaient plutôt considérés comme des biens enviables, gages de bonheur.

Lorsqu'on ne partage pas les postulats fondamentaux de la doctrine antique du bonheur, et que l'on définit tout autrement le « nécessaire », on estime naturellement tout autrement les biens énumérés plus haut.

Ce qui est important en philosophie, c'est de réfléchir aux critères de nos jugements (en l'occurrence ici nécessaire ou non-nécessaire), sur lesquels fonder ensuite une opinion que l'on sera en mesure de justifier.

➨Page 80
AVIS DE RECHERCHE
Le philosophe dans son tonneau
Diogène de Sinope (v. 412-323 av. J.-C.)

➨Page 84
AVIS DE RECHERCHE
L'étranger venu de Macédoine
Aristote (384-322 av. J.-C.)

➨Page 85
POUR OU CONTRE
À chacun son dû ?
« À chacun son dû » est une exigence ambiguë, ce qui invite à en abuser. Elle peut aussi bien être formulée en lien avec un principe d'égalité qu'avec un principe d'inégalité. Platon lui-même partait du principe qu'il y a une inégalité naturelle entre les hommes et justifiait ainsi la différence des droits et des devoirs entre les citoyens : « À chacun son dû. » Cette façon d'expliquer l'inégalité, nous la trouvons dans tous les États où des groupes de population différents (et parfois aussi la majorité) se voient conférer des droits différents – et où se constatent donc des discriminations juridiques. L'Afrique du Sud au temps de l'apartheid, où les Noirs étaient des citoyens de second ordre, ou encore l'Allemagne nazie, où les Juifs étaient systématiquement discriminés, en sont des exemples connus. Les nazis avaient même fixé à la porte du camp de concentration de Buchenwald l'inscription : « À chacun son dû » (*Jedem das Seine*).

L'énoncé « À chacun son dû » a donc besoin d'être accolé et subordonné à un principe supérieur du type : « Tous les hommes ont les mêmes droits. » Il perd dès lors de son ambiguïté, en vient à revêtir une valeur juridique, signifiant très clairement : chacun peut prétendre à ce que les droits qui lui sont conférés soient respectés.

➡Page 87

POUR OU CONTRE

Substance ou non ?

Les exemples donnés ici contribuent à clarifier le problème qui se pose dès lors que l'on s'appuie sur le concept aristotélicien de substance. Lorsqu'il s'agit de choses spatialement délimitables, d'objets réels, la réponse est simple : ce sont des modèles de « substance ». En revanche, dans les exemples donnés, il s'agit de formations processuelles qui ne sont pas clairement délimitables comme le sont des « objets », que ce soit dans la nature ou dans l'histoire. Cela nous interdit de les désigner comme des « substances ». C'est une des raisons pour lesquelles le concept de substance ne joue plus aucun rôle notable dans l'explication de l'évolution physique du monde.

Tout laisse penser qu'au niveau du langage, on peut les circonscrire et les décrire comme des processus, et leur conférer des qualités, et donc des « accidents » : on retrouve alors la distinction « sujet/prédicat ». Un courant, par exemple, a certaines qualités physiques ; l'industrialisation, certaines qualités économiques et sociales ; le changement climatique, des qualités physiques, écologiques et sociales.

➡Page 90

TEST DE LOGIQUE

Juste ou faux ?

« Tous les hommes sont mortels. Socrate est mortel. → Socrate est un homme. » Lorsqu'on envisage la catégorie des êtres mortels comme un ensemble, on voit bien qu'elle ne comprend pas seulement les hommes (mais aussi, par exemple, les animaux). La finitude, la mortalité, n'est en rien une caractéristique spécifique à l'homme. Un oiseau ou un renard aussi sont mortels. Pour cette raison même, nous avons là une fausse déduction.

Dans le premier exemple, en revanche : « Tous les hommes sont mortels. Socrate est un homme. → Socrate est mortel. » C'est bien le cas, du fait même que Socrate appartient au sous-ensemble des « hommes », qui est partie intégrante de l'ensemble des « êtres mortels » qui l'englobe. La déduction est donc valide.

➡Page 90

POUR OU CONTRE

Le juste milieu : toujours « juste » ?

Pour répondre à cette question, il importe de distinguer l'agir moral de l'agir judicieux. En matière de morale, le milieu n'est pas toujours juste, tant s'en faut. Dans les deux exemples proposés, la modération est certes possible (par exemple, prendre en compte le contexte, faire preuve d'une empathie mesurée), mais elle peut sembler alors contrevenir à l'idéal moral absolu d'« amour de la vérité » ou de « pitié ».

C'est qu'en réalité, la doctrine du juste milieu ne relève pas de la morale mais de la prudence, qui est censée me guider, guider mon action dans la vie sociale. Par exemple, l'exigence d'être généreux, c'est-à-dire ni avare ni gaspilleur, a quelque chose à voir avec un rapport à l'argent approprié, avisé. La morale, en l'espèce, n'est pas concernée. En revanche, l'exigence de ne pas gagner ma vie en exploitant autrui relève bien de la morale. Le problème trouve son origine dans le fait qu'Aristote, comme presque tous les philosophes de l'Antiquité, n'opère pas de distinction claire et nette entre doctrine de la prudence et doctrine morale.

CHAPITRE 3

Logique, langage, argumentation
La boîte à outils de la philosophie

AUX YEUX DE BEAUCOUP, la logique est l'âme de la philosophie. Les lois de la pensée juste sont fixées en elle, comme le pensent aussi les philosophes depuis des siècles. D'autres considèrent qu'elle est un terrain d'aventures pour passionnés de gymnastique intellectuelle, pour ceux qui ont des talents cachés, mathématiciens, *geeks* et autres fanatiques de l'informatique – un terrain d'aventures qui se situerait à la périphérie de la philosophie et qui n'aurait rien à voir avec ses questions et problèmes importants.

Les uns comme les autres, en raisonnant ainsi, passent quelque peu à côté de la vérité. Le fait est que la logique a accompagné la philosophie depuis ses débuts. Les fondements de notre conception actuelle de la logique furent posés en Grèce dans l'Antiquité, comme ce fut le cas de tant d'autres domaines de la philosophie. Au XIXe siècle, la logique fut l'objet d'un renouvellement considérable et elle est depuis devenue, au sein de la philosophie, une discipline complexe et qui s'est au fil du temps extrêmement différenciée des autres. Elle doit notamment ce statut éminent à l'importance nouvellement reconnue du langage. Tous nos concepts, toutes nos questions, tous nos énoncés et toutes nos théories sont en effet élaborés au moyen du langage. Pourtant, on a mis du temps à reconnaître les liens étroits existant entre les contenus philosophiques et la forme langagière dans laquelle on les exprime. Le type de langage que j'emploie n'est en rien neutre. Voilà pourquoi de nombreux philosophes ont fait du langage un objet d'études à part entière.

Certains considèrent que c'est aller un peu loin. Une chose est indubitable : lorsque nous prenons le temps de nous pencher sur les chausse-trappes, sur les contradictions et les ambiguïtés du langage, cela nous permet de régler au préalable de nombreux problèmes superflus. Et c'est précisément ici que la logique peut nous venir en aide.

Notre langage courant ne se préoccupe pas toujours d'elle. La philosophie du langage nous a notamment appris que la structure grammaticale du langage et les exigences de la logique ne se rejoignent pas toujours. Pourtant, afin d'atteindre à une plus grande clarté, le langage philosophique devrait s'évertuer à la netteté logique et éviter les ambiguïtés. En effet, il mobilise de nombreux concepts, en partie insolites, et il élabore des argumentations prétendant formuler quelque chose de juste sur nous-mêmes et sur le monde. Pour cette raison, l'utilisation des concepts en philosophie ne devrait pas être seulement compréhensible mais aussi claire et cohérente en logique. Les argumentations philosophiques sont d'autant plus convaincantes, et les problèmes et énoncés contradictoires qu'elles contiennent d'autant moins nombreux, que les concepts utilisés par leurs auteurs sont précis.

Cette question-là est primordiale. En effet, la philosophie n'est rien d'autre qu'un effort rationnel de connaissance s'exprimant sous la forme d'argumentations. Dès lors que celles-ci atteignent une certaine ampleur et qu'un rapport systématique peut se constater entre elles, on parle de théorie. C'est le test de logique qui décide de la valeur de cette dernière. La logique est ce critère au moyen duquel nous vérifions dans quelle mesure la théorie philosophique est « concluante » et « consistante ». Pour être considérée comme absolument vraie, il faut que ses énoncés constituent un ensemble cohérent exempt de contradictions.

Pourtant, il est impossible de soigneusement séparer d'un côté l'instrument de la logique et, de l'autre, celui du langage et de l'argumentation. En effet, la logique ne peut s'exprimer qu'au moyen du langage, au sein duquel elle a développé des formes d'expression qui lui sont propres, avec ses lois et ses symboles.

L'étude du rapport étroit entre la logique, le langage et l'argumentation relève du métier de philosophe ; elle doit l'aider à aborder de façon plus efficiente les grandes questions de la philosophie. Bien sûr, ce dont traite en définitive la philosophie, c'est de grandes questions et non de problèmes logiques ultra-spécifiques. La logique n'est pas tout – mais, en philosophie, sans logique, tout devient rien.

Concepts, propositions et arguments

La philosophie élabore des arguments ou un système d'arguments afin d'étayer de façon rationnelle une thèse ou une théorie. Les arguments sont composés de propositions, et les propositions sont, pour leur part, composées de concepts. Pour cette raison même, il est important de connaître quelques distinctions relevant de la logique langagière, qui sont liées à ces trois éléments constitutifs.

Concepts. On distingue tout d'abord le « mot-concept » (donc le « nom » du concept) de sa « signification ». D'un côté, deux mots-concepts concordants comme « porte » peuvent revêtir une signification différente; d'un autre côté, deux mots-concepts différents comme « chaise » et « siège » peuvent revêtir la même signification. Mais deux choses différentes peuvent également être entendues au moyen du même mot-concept, par exemple le mot-concept « signification »: d'une part, le « sens », simplement (comme l'appelait le logicien Gottlob Frege), ou plutôt la signification « intentionnelle »; et d'autre part, la signification « extensionnelle », qui est parfois aussi simplement appelée « signification » ou « référence ».

La signification intentionnelle est comparable à la définition du concept – ainsi de « président de la République », quand on désigne de façon générale la fonction de chef d'État, sans renvoyer à l'un de ceux qui l'ont occupée. La signification extensionnelle porte, elle, sur l'objet concret auquel s'applique le concept: l'homme ou l'ensemble des hommes titulaire(s) de la charge. La distinction est importante lorsqu'il s'agit, par exemple, de tracer une ligne de démarcation bien précise entre des fictions et des faits. Il existe en effet de nombreux concepts qui revêtent une signification intentionnelle mais qui n'ont aucune signification extensionnelle – par exemple: « la poule aux œufs d'or ». La signification intentionnelle de cette expression est connue: on évoque une source miraculeuse de richesse. Mais elle n'a en revanche aucune signification extensionnelle : la « poule aux œufs d'or » est une fiction tirée d'une fable de La Fontaine, elle n'existe pas dans la réalité.

TEST DE LOGIQUE

Significations intentionnelle et extensionnelle

Identifiez les significations intentionnelles et extensionnelles respectives des trois termes suivants : licorne – Dieu – parlementaire.

➨ *Pourquoi aboutit-on inévitablement à des conceptions différentes lorsqu'on tente de déterminer la signification de « Dieu » ?*

Propositions. Les propositions, en logique, sont souvent appelées aussi « jugements ». Exprimées simplement, elles se composent grammaticalement d'un sujet et d'un ou plusieurs prédicats.

La distinction entre « jugements analytiques » et « jugements synthétiques » a joué un grand rôle dans l'histoire de la philosophie. Les jugements analytiques sont toujours exacts, parce qu'ils énoncent quelque chose qui est déjà contenu dans la signification intentionnelle d'un concept. La proposition : « Un célibataire n'est pas marié », par exemple, est toujours vraie, parce qu'elle relève de la signification intentionnelle de « célibataire » : ne pas être marié. En revanche, la proposition : « Les célibataires ont des problèmes avec les femmes » est un jugement synthétique. Quelque chose est ici énoncé qui excède la signification intentionnelle de « célibataire », qui dit plus que ce qui est déjà contenu dans ce terme. Un tel énoncé doit être soit confirmé soit réfuté empiriquement, c'est-à-dire par l'expérience, par les faits. S'il est confirmé, alors les célibataires qui ont des problèmes avec les femmes relèveront de la signification extensionnelle du terme « célibataire ».

Il est également possible de distinguer des propositions en fonction de l'utilisation qu'elles font du mot « est ». Lorsqu'on dit « Paul est bête », le verbe est utilisé tout autrement que dans la proposition « Paul est en vérité Georges ». Dans le premier cas, il est utilisé comme « copule », c'est-à-dire comme un moyen de lier un prédicat à un sujet, le prédicat étant attribué au sujet. On appelle un tel énoncé une « prédication ». Dans le second cas, on ne prédique pas : c'est que le verbe remplit la même fonction qu'un signe d'égalité. Paul et Georges sont « identifiés » l'un à l'autre. Nous avons là un énoncé d'identité. À la différence de la prédication, il est possible d'inverser un « énoncé d'identité » : « Paul est en vérité Georges » équivaut à « Georges est en vérité Paul ». À côté de ces deux usages du verbe être, il en existe encore un troisième. Dans l'énoncé : « Depuis des siècles, on se querelle quant à savoir si Dieu est réel ou non », le « est » est l'exact synonyme d'« existe ». Nous avons donc ici un « énoncé d'existence ».

> *Les propositions de la logique sont des tautologies. Les propositions de la logique ne disent donc rien. (Ce sont les propositions analytiques.)*
>
> LUDWIG WITTGENSTEIN

Le verbe être est ainsi, lorsqu'il s'agit de construire des propositions, un méga-instrument susceptible d'être utilisé de très diverses façons. Voulez-vous attribuer une qualité à un objet ? Identifier deux objets l'un à l'autre ? Formuler un énoncé d'existence ? Alors, emparez-vous de ce verbe : il relie, associe, et instaure des rapports de toutes sortes.

Arguments. Les arguments sont des énoncés suffisamment articulés pour impliquer une conclusion logique. Nous les utilisons donc, pour le dire un peu grossièrement, afin de justifier ou prouver quelque chose. Débutant par deux « prémisses » ou plus, ils débouchent sur une « conclusion ».

Il existe deux types fondamentaux d'arguments : les « arguments déductifs » et les « arguments inductifs ». Un argument déductif permet de passer du général au particulier, et de conclure sur ce particulier : la conclusion reflète simplement ce qui est déjà contenu dans les prémisses. Par exemple :

Toutes les banques ont relevé les taux d'intérêt de leurs emprunts.
Or, le Crédit suisse est une banque.
→ Le Crédit suisse a relevé les taux d'intérêt de ses emprunts.

Dans un argument inductif, on tire au contraire de plusieurs cas particuliers une conclusion générale. Celle-ci va donc, dans son contenu, au-delà des prémisses. Par exemple :

Toute personne contaminée par le virus X en a jusqu'à présent guéri.
→ Le virus X n'est pas mortel.

Les conclusions inductives jouent un rôle important en science : de nombreuses observations particulières y permettent de conclure à l'existence d'une loi générale. Mais des conclusions inductives ne peuvent démontrer la vérité de la conclusion générale. Elles peuvent seulement se prévaloir d'un certain degré de probabilité. Il n'est en effet pas exclu qu'une personne contaminée par le virus X en meure un jour. La conclusion contient donc plus que ce qui est contenu dans les prémisses.

Quelques vices argumentatifs types

Il y a en philosophie, comme dans la vie de tous les jours, des arguments qui semblent être convaincants et valables alors qu'ils sont en vérité profondément viciés. En voici quelques-uns des plus importants.

– L'argument *ad hominem* (visant une personne) : nous rejetons une opinion au motif qu'elle est exprimée par quelqu'un qui nous déplaît. En politique, il n'est pas rare que des opinions soient ainsi combattues au seul motif qu'elles sont exprimées par des adversaires, y compris lorsqu'on éprouve soi-même de la sympathie pour leur contenu.

– L'argument d'autorité : nous acceptons un argument au motif qu'il est avancé par une personne ou un texte que nous sommes toujours prêts à croire, qui nous semblent faire autorité. Les croyants appuient volontiers leurs convictions en multipliant les références à la Bible, au Coran, ou aux écrits auxquels ils prêtent foi ; les marxistes, eux, se réfèrent volontiers à Marx, etc.

– L'argument *post hoc, ergo propter hoc* (« à la suite de cela, donc à cause de cela ») : parce qu'une chose se produit à la suite d'une autre (*post hoc*), on en conclut à tort qu'il existe entre les deux choses un rapport de cause à effet (*propter hoc*). Par exemple : chaque jour, au moment où M. K se met en chemin, Mme Y ferme les volets de sa fenêtre. → Mme Y ferme ses volets parce que M. K se met en chemin.

TEST DE LOGIQUE

Est-ce là un argument ? Si oui, lequel ?

Lorsqu'on lui demande pourquoi il n'autorise pas sa fille à sortir seule, M. X répond par deux arguments :
– « Dans notre culture, il n'est ni habituel ni permis qu'une femme non mariée sorte seule » ;
– « Après chaque soirée en boîte de nuit, on entend dire qu'une jeune femme est tombée enceinte à cette occasion. »

➡ *À quel type d'arguments avons-nous affaire dans ces deux réponses : à un argument* ad hominem, *à un argument d'autorité, ou à un argument* post hoc ergo propter hoc *?*

Deux types importants de logique

La logique ne consiste pas à décider de la véracité ou non du contenu de tel ou tel énoncé. Elle consiste plutôt à démontrer sous quelles conditions différentes associations de propositions ou différents types de déductions se révèlent vrais ou faux. De même que les lois mathématiques, les lois de la logique sont toujours valides pour la raison précise qu'elles n'énoncent rien au sujet du monde mais traitent de la forme adoptée par des associations de propositions, et donc de la forme des arguments. Les spécialistes parlent ainsi de la « forme logique » des propositions. C'est elle seule qui intéresse la logique. Elle est son grand sujet. Pour cette raison même, et à l'instar des mathématiques, la logique utilise un langage de signes : ses symboles représentent, comme pour les suppléer, les propositions ainsi que le type de leur association.

Les logiciens connaissent plusieurs sortes de logiques, et il importe de déterminer à laquelle d'entre elles appartiennent les propositions et énoncés auxquels nous nous intéressons. Deux types de logiques s'avèrent particulièrement importants : la « logique des propositions » et la « logique des prédicats », encore appelée « logique des concepts ».

Dans la logique des propositions, il est question de la relation qui lie des propositions élémentaires ou « nucléaires », relation qui aboutit à une proposition composite. Un tel assemblage est réalisé à l'aide d'éléments d'associations ou de « liaisons logiques », du type « et » (conjonction), « ou » (adjonction ou disjonction), ou encore « si, alors » (conditionnel). Tout aussi importante est la négation d'une proposition. Celle-ci montre une spécificité : elle n'associe pas entre elles deux propositions mais n'est employée qu'au sujet d'une seule d'entre elles.

Par souci de simplicité, nous nous cantonnerons à ces quatre types d'associations. On a recours à des symboles non seulement pour désigner les deux parties de la proposition, mais aussi pour désigner la nature de leur association. C'est ainsi qu'on formalise leur rapport logique. Hélas, les logiciens n'utilisent pas toujours les mêmes symboles. Nous utiliserons donc ici ceux ayant cours en France :

– les propositions y sont le plus souvent désignées au moyen d'un « p » et d'un « q » ;

– la conjonction (« et ») au moyen du signe $\wedge$;

– l'adjonction (« ou ») au moyen du signe ∨ ;
– le conditionnel (« si, alors ») au moyen de la flèche → ;
– la négation (« non ») au moyen du signe ¬.

La logique des propositions classique est « binaire », c'est-à-dire qu'il n'existe pour elle que ces deux valeurs de vérité que sont le « vrai » et le « faux ».

Élaborer ce que l'on appelle une « table de vérité » nous aidera à déterminer sous quelles conditions une association de propositions peut être tenue pour vraie ou fausse : on combinera tout simplement les valeurs de vérité respectives de chaque proposition (*v* pour « vrai », *f* pour « faux ») et on déterminera ensuite la valeur de vérité des énoncés rattachés l'un à l'autre. Une telle table de vérité ressemble, pour la conjonction, à ceci :

p	**q**	**p ∧ q**
v	*v*	*v*
v	*f*	*f*
f	*v*	*f*
f	*f*	*f*

En ce cas, on peut interpréter la table de vérité au moyen d'une proposition : une conjonction n'est vraie qu'à la condition que les deux parties de l'énoncé soient vraies – sinon elle est toujours fausse. La table de vérité permet de définir exactement le « et » logique, et donc la conjonction. Mais ce « et » ne coïncide pas toujours avec le « et » de notre langage quotidien. Il signifie ici une coexistence, une simultanéité, mais il lui arrive aussi parfois de désigner un ordre séquentiel temporel tel que formulé dans la proposition : « Il a passé son baccalauréat et puis il est parti faire son service militaire. » Dans le premier cas, le « et » logique englobe aussi d'autres opérateurs relevant du langage de tous les jours, par exemple « tandis que », comme dans la proposition : « Il pleut à Nantes tandis que la sécheresse s'abat sur Pau. »

TEST DE LOGIQUE

Table de vérité

Établissez la table de vérité correspondant à l'adjonction $p \vee q$ *(« p ou q ») et à la négation* $\neg p$ *(« pas p »)!*

La logique des prédicats, qui fut à l'origine fondée par Aristote puis déployée et formalisée par des logiciens modernes comme Gottlob Frege, a uniquement trait aux propositions dans lesquelles un prédicat est attribué à de nombreux individus différents. Lorsque nous formalisons les propositions, nous utilisons fréquemment pour les individus la variable x, et pour le prédicat la variable y.

« A un nez » est un exemple de prédicat. Le nombre des individus ainsi désignables est fourni par ce que l'on appelle de s « quantificateurs ». Les plus importants d'entre eux sont les « quantificateurs universels » – au moyen desquels je peux constituer des propositions universelles du type : « Tous les hommes ont des nez » – et les « quantificateurs d'existence » – qu'il est possible d'employer dans des énoncés d'existence du type : « Il existe au moins un homme à propos duquel il est possible de dire : "Il a un nez". » À leurs côtés, il existe encore des quantificateurs numéraux, tels que « quelques » ou « peu ».

La syllogistique, la théorie des conclusions logiques, s'est développée dans le cadre de la logique des prédicats, que nous devons à Aristote. Elle permet de vérifier le champ d'application des prédicats. Un syllogisme consiste en trois propositions : deux prémisses (une majeure et une mineure) et une conclusion (déduction). Dans un syllogisme « valide », la conclusion découle nécessairement des deux prémisses. Les logiciens ont élaboré une typologie entière de syllogismes en fonction de laquelle seront utilisés les différents types de propositions. Seul ce pan de la logique des prédicats prête à l'élaboration d'une science à part entière.

Cantonnons-nous à quelques exemples seulement. L'un des plus célèbres est le suivant :

Prémisse majeure : Tous les Grecs sont des hommes.
Prémisse mineure : Socrate est un Grec.
Déduction : → Socrate est un homme.

On peut réfléchir à la validité d'une telle conclusion à l'aide d'un diagramme d'Euler. On trace un grand cercle – le domaine des hommes. Le cercle des Grecs se situe à l'intérieur de celui des hommes. Si Socrate est un Grec, et fait donc partie du petit cercle, il fait automatiquement partie aussi du cercle plus grand, celui des hommes.

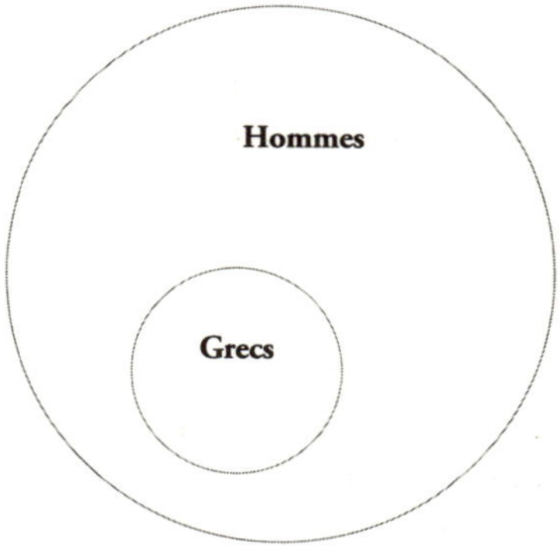

TEST DE LOGIQUE

Tautologie

« Quand le coq chante sur le fumier, le temps change ou reste inchangé. »

➡ *Transcrivez cette proposition en une formule grâce aux symboles logiques et vérifiez, à l'aide de l'analyse des valeurs de vérité, s'il s'agit ou non d'une tautologie.*

TEST DE LOGIQUE

Syllogismes

Vérifiez la validité des deux syllogismes suivants :

1. Tous les Nasua ont des nez.
Tous les hommes ont des nez.
→ Tous les hommes sont des Nasua.

*

2. Plus il y a de fromages, plus il y a de trous.
Plus il y a de trous, moins il y a de fromage.
→ Plus il y a de fromages, moins il y a de fromage.

Donnez, à partir des prémisses suivantes, la juste conclusion à ces deux syllogismes incomplets :

3. Aucun philosophe célèbre n'a d'enfant.
Les personnes sans enfant atteignent toutes un âge avancé.
→ …

*

4. Tout joueur de l'équipe porte un tatouage.
Jean ne porte aucun tatouage.
→ …

À côté de la logique binaire classique, les logiciens modernes tentent d'élaborer une logique « ternaire », dans la mesure où ils estiment qu'existent des propositions qui ne sont ni « vraies » ni « fausses ». Celles-ci contiennent des préconditions (des « présuppositions ») fausses ou irréelles, par exemple la proposition : « Les oiseaux migrateurs retirent leurs nageoires dans les sites d'hivernage. » Dans la mesure où la présupposition : « Les oiseaux migrateurs ont des nageoires » est fausse, il n'y a pas de sens à questionner la vérité ou la fausseté de la proposition entière. On a donc proposé d'introduire, en plus des deux valeurs de vérité « vrai » et « faux », une troisième valeur de vérité, dont on pourrait dire qu'elle est « indéterminée », « non prouvée » ou « non réfutée ».

TEST DE LOGIQUE

Logique binaire

Parmi les propositions suivantes, lesquelles peuvent être comprises à l'aide d'une logique binaire ? Lesquelles ne le peuvent pas ?

– « L'Église anglicane a rompu avec le pape » ;
– « Le pape s'est détourné de l'Église anglicane » ;
– « Le monde disparaîtra au cours des cent prochaines années » ;
– « Toutes les prophéties de fin du monde se sont révélées fausses. »

MÉTALANGAGE ET LANGAGE-OBJET

Notre langage est un système de signes : nous « désignons » quelque chose au moyen de concepts et d'énoncés, ou, comme on le dit aussi, nous renvoyons à quelque chose. Lorsque je dis : « Hier, il a plu », je fais référence à un événement qui s'est produit un jour auparavant. Que je parle de « la table bleue de la cuisine », et chacun comprendra que je désigne ainsi un objet bien précis, un objet peint en bleu destiné à prendre place dans une cuisine, un objet pourvu de quatre pieds et d'une desserte. Les signes langagiers me permettent de faire référence à tout objet réel, possible ou imaginable, mais aussi à des « objets » abstraits comme les idées ou les théories.

Jusque-là, tout va bien. Pourtant, c'est très exactement à ce stade que nous tombons sur une embûche logique, un piège que nous tend le langage. Car celui-ci peut aussi renvoyer à lui-même, il peut renvoyer à des signes langagiers. Lorsque quelqu'un dit, par exemple : « L'expression "table bleue" assemble un nom et un adjectif féminin singulier », il n'est manifestement plus question de l'objet pourvu de quatre pieds mais de grammaire et des signes langagiers « table bleue » – raison pour laquelle ils sont entre guillemets. On parle alors de *métalangage*, d'un langage parlant « au sujet de » (*meta* est ce préfixe venant du grec et signifiant, entre autres, « à propos de », « au sujet de ») signes langagiers, qui ne sont donc pas « utilisés » pour se référer à un objet mais « mentionnés » en tant que signes. En revanche, dès lors que l'on renvoie à des objets au moyen de ces signes, et donc qu'on les « utilise », on parle de « langage-objet ».

Naturellement, on peut aussi étudier ce métalangage, et donc former un méta-métalangage, un métalangage à double niveau, voire à triple ou quadruple niveau, etc. Le langage peut donc toujours s'élever au-dessus de lui-même et faire de lui-même son propre objet.

Des problèmes et paradoxes logiques surgissent lorsque, dans une phrase, des signes langagiers sont dans le même temps utilisés pour se référer à un objet et mentionnés en tant que signes – donc lorsqu'une phrase se prend elle-même pour objet ou constitue un énoncé incluant l'énonciateur. De telles propositions autoréférentielles mêlent alors les deux niveaux, celui du langage-objet et celui du métalangage.

La distinction entre langage-objet et métalangage a été introduite en philosophie par trois grands classiques de la logique moderne (voir dans ce chapitre « Grands logiciens et philosophes du langage », p. 123) : Gottlob Frege (1848-1925), Bertrand Russell (1872-1970) et Rudolf Carnap (1891-1970). Cette distinction a contribué à l'élucidation de nombreux malentendus et paradoxes langagiers.

ÉNIGME PHILOSOPHIQUE

Des énoncés autoréférentiels

Examinez l'énoncé suivant : « Cete frase a quatre faute. »

➡ *Quelles sont les quatre fautes de cette phrase ?*

➡ *L'une de ces fautes se distingue des trois autres. En quoi ?*

AVIS DE RECHERCHE

On recherche l'aristocrate radical, réformateur de la logique

Son existence offre une matière de choix pour plusieurs romans captivants : issu de la noblesse anglaise la plus prestigieuse, il fut incarcéré six mois durant au cours de la Première Guerre mondiale pour ses prises de position pacifistes ; il se maria quatre fois et survécut, à l'âge de 76 ans, à un accident aérien. Il intervint toujours dans l'espace public en défendant des positions radicales et controversées : il provoqua l'opinion publique avec ses conceptions sur l'amour libre, prit fait et cause pour les droits des homosexuels et irrita l'Église anglicane avec son rejet du christianisme. À plus de 90 ans, il s'engageait encore contre la guerre du Vietnam et contre les armes nucléaires.

À sa mort, à l'âge de 98 ans, il laissait une œuvre d'une ampleur considérable, qui explore de façon décisive un large spectre de thèmes philosophiques. Mais il est surtout considéré comme l'un des pères de la philosophie analytique du langage au xxe siècle. L'une de ses plus grandes contributions est une œuvre en trois volumes qu'il écrivit en collaboration avec un collègue lui aussi célèbre, et dans laquelle il donnait aux mathématiques des fondements purement logiques. Ce faisant, il est devenu l'un des cofondateurs de la logique moderne.

➡ *De qui s'agit-il ?*

ÉNIGME PHILOSOPHIQUE

Le paradoxe du menteur

Le Nouveau Testament fait allusion, dans une épître de Paul (Tite 1, 12), à ce que l'on appelle le paradoxe du menteur. Attribué à un philosophe adversaire d'Aristote, il consiste en cette phrase : « Le Crétois Épiménide dit : "Tous les Crétois sont des menteurs." »

➡ *Quel est le paradoxe de cet énoncé ?*

➡ *Comment le résoudre à l'aide de la distinction entre métalangage et langage-objet ?*

TEST DE LOGIQUE

Langage-objet ou métalangage ?

Soit les deux propositions suivantes :

– « L'étoile du berger est aussi appelée "étoile du matin", et l'étoile du matin est pour sa part fréquemment désignée sous le nom d'"étoile du berger". "Étoile du matin" et "étoile du berger" désignent la même étoile. L'étoile du matin est identique à l'étoile du berger » ;

– « 29 consiste en deux chiffres et est un nombre premier. La proposition "29 est un nombre premier" est vraie lorsque 29 est un nombre premier. »

➡ *Distinguez dans ces propositions le recours au langage-objet et celui au métalangage.*

➡ *À quels endroits les deux niveaux se mêlent-ils l'un à l'autre ?*

Le « néant », un concept problématique

Le concept de « néant » (utilisé comme substantif) est très controversé. D'un côté, nous avons là un concept tout à fait fondamental, semblable de par son importance au concept d'« être », avec lequel il est souvent mis en relation. Mais, d'un autre côté, il n'est pas toujours simple de déterminer s'il revêt une signification, et si tel est le cas, laquelle. De nombreux philosophes se détournent de lui, surtout lorsque le pronom indéfini « rien » laisse la place au substantif « néant ».

Dans sa *Science de la logique*, Georg Wilhelm Friedrich Hegel (1770-1831) définit la signification du « rien » en l'opposant au « quelque chose ». Le « rien » (Hegel alterne, lui, entre écriture majuscule et écriture minuscule), qu'il envisage comme l'exact contraire conceptuel de l'« être », était à ses yeux synonyme de « vide parfait », d'« absence de définition » et d'« absence de teneur ». Plus tard, le substantif « néant » en vint à revêtir une importance considérable dans la philosophie de l'existence, principalement chez Martin Heidegger (1889-1976) et Jean-Paul Sartre (1905-1980), dont *L'Être et le Néant* est l'œuvre majeure. Chez Heidegger, le néant est une qualité de la réalité bien précise, que les hommes perçoivent, et qui se fait plus particulièrement sentir dans cet état de l'âme qu'est l'angoisse. Heidegger a forgé le verbe allemand *nichten*, « néantir », ou « réduire à rien ». Pour Sartre, la conscience du néant est chez l'homme au fondement de la liberté et de l'autodétermination : elle est ce qui lui permet de dire « non ». Le philosophe Ludger Lütkehaus (né en 1943) s'est, pour sa part, lancé sur la piste d'une « ontologie négative » dans son œuvre majeure au titre frappant : *Nichts* (c'est-à-dire « Rien », ou « Néant »). Il y retrace toutes les visions du monde les plus radicalement pessimistes de l'histoire de la philosophie.

En revanche, pour un logicien et critique de la métaphysique comme Rudolf Carnap (1891-1970), « néant » ne saurait en aucun cas être un substantif ni donner lieu à un verbe : il ne peut être qu'une négation, comme cela est le cas dans la logique formelle, et ne peut donc être utilisé que comme réponse négative. Toute autre utilisation est selon lui dépourvue de sens.

POUR OU CONTRE

De l'utilisation du concept de « néant »

- *Cherchez des arguments plaidant en faveur de l'idée qu'il peut être parfois sensé d'utiliser des concepts comme le « néant » dans la vie quotidienne, ou encore en philosophie, et cherchez des arguments plaidant contre cette idée.*
- *Est-il possible de déterminer la signification intentionnelle et extensionnelle de ce concept ?*

Condition nécessaire et condition suffisante

Condition nécessaire. Une condition nécessaire est une condition indispensable mais qui ne saurait suffire à elle seule. Par exemple : « Bastien veut participer aux Jeux olympiques en tant que coureur de demi-fond. Sans entraînement intensif, il n'y parviendra pas. » L'entraînement intensif est bien une condition nécessaire pour qu'il participe aux Jeux, mais il n'est pas à lui seul suffisant. Bastien doit en effet se montrer à la hauteur des normes olympiques, et donc courir le temps de qualification exigé.

Condition suffisante. Une condition suffisante est une condition dont la satisfaction suffit à elle seule. Si Bastien satisfait aux normes olympiques, sa participation aux Jeux est certaine – peu importe qu'il se soit entraîné ou non.

Il peut aussi arriver que plusieurs conditions nécessaires fassent ensemble une condition suffisante. Par exemple : pour pouvoir s'inscrire à un examen, Bertrand doit soutenir quatre examens partiels dans différentes disciplines. Chaque examen réussi est une condition nécessaire, mais ils constituent ensemble, à eux quatre, une condition suffisante.

D'un autre côté, il peut exister plusieurs conditions suffisantes sans qu'une seule soit nécessaire. Par exemple : « Pour être admissible à un examen, Sandra doit réussir un partiel en histoire de la langue, en histoire de la littérature ou bien en littérature comparée. » Chacun de ces partiels, s'il est réussi, conduit à l'admissibilité à l'examen, et est donc à lui seul une condition suffisante – mais aucun d'entre eux n'est une simple condition nécessaire.

TEST DE LOGIQUE

À quelle condition ?

Soit trois exemples :

1. Celui qui vit cinq années en Allemagne a le droit de devenir citoyen du pays.

2. Un détenu, après avoir purgé les deux tiers de sa peine, peut se voir dispensé du dernier tiers. Une telle dispense est conditionnée par une bonne conduite et la conscience de la gravité du délit commis.

3. Est en droit d'étudier celui qui a son baccalauréat ou qui a obtenu une maîtrise dans une branche professionnelle.

➡ *Distinguez, dans les exemples 1, 2 et 3, les conditions nécessaires des conditions suffisantes.*

Le paralogisme naturaliste

Avec le concept de « paralogisme naturaliste », la logique a montré qu'elle pouvait aussi faire bénéficier l'éthique d'apports importants en matière de connaissance. Ce concept fut forgé par le philosophe anglais George Edward Moore (1873-1958), un spécialiste des questions morales qui était en étroit contact avec ses collègues de Cambridge, les grands logiciens Alfred North Whitehead (1861-1947) et Bertrand Russell (1872-1970). Mais l'idée même avait déjà été formulée au XVIIIe siècle par David Hume (1711-1776). L'erreur du paralogisme naturaliste est d'automatiquement inférer d'un fait naturel, une norme, une loi ou une règle : du constat que « quelque chose *est* », on conclut que ce « quelque chose *doit* être ». Un « devoir » ou une règle, quels qu'ils soient, ne sont pas « donnés » mais doivent être tout d'abord l'objet d'un accord avant d'entrer en vigueur. Pour le dire de façon concise : inférer du fait d'« être » un « devoir être », c'est aboutir à une conclusion erronée. Pour rester dans le langage de la logique, c'est faire une conclusion déductive non correcte. Par exemple : « Dans la nature, le plus fort s'impose toujours. La société humaine est aussi partie intégrante de la nature. En conséquence, le plus fort *devrait* aussi, dans la société humaine, dominer. » De façon très classique, nous passons d'un « est » (l'état de nature) à un « devrait » (l'idée que le plus fort peut revendiquer un droit à la domination).

TEST DE LOGIQUE

Conclusions biaisées

1. Soit la phrase suivante : « Dans la nature, le plus fort s'impose toujours. La société humaine fait elle aussi partie intégrante de la nature. En conséquence... »

➡ *Nous avons vu quelle conclusion fausse certains apportent à ce raisonnement. Quelle devrait être la bonne ?*

2. Soit les deux propositions suivantes :
– « Le code de la route exige une conduite adaptée à la météo. Je devrais donc conduire plus lentement lorsqu'il fait sombre et qu'il pleut » ;
– « Toutes les personnes qui ont ton âge portent des tatouages. Tu devrais donc t'en faire un, toi aussi. »

➡ *L'une de ces deux propositions recèle un paralogisme naturaliste. Laquelle ?*

Grands logiciens et philosophes du langage

Aristote (384-322 av. J.-C.) est considéré comme le fondateur véritable de la logique. Des siècles durant, celle-ci fut enseignée dans la forme exacte qu'il avait élaborée. Dans son recueil intitulé *Organon*, Aristote n'élabora pas une « logique des propositions » mais une « logique des concepts » (voir dans ce chapitre « Deux types importants de logique », p. 109). Cela signifie que les concepts sont mis en rapport les uns avec les autres, et que leurs rôles dans les énoncés et les conclusions sont examinés. C'est tout particulièrement sa théorie des justes conclusions, dite « syllogistique », qui devint célèbre. Tout en l'élaborant, Aristote conçut également une théorie de la juste argumentation. Nous lui devons ainsi la « théorie de la vérité comme correspondance » (voir dans ce chapitre « Le concept de "vérité" », p. 128).

Les stoïciens et leur école de l'Antiquité tardive furent les premiers à concevoir une « logique des propositions » permettant de déterminer, selon les conditions, le degré de vérité d'associations bien déterminées entre énoncés. De telles associations d'énoncés sont par exemple instaurées au moyen du « et » ou de « quand/ensuite ».

Aux yeux de Gottfried Wilhelm Leibniz (1646-1716), la logique était une science fondamentale, non seulement pour les mathématiques mais aussi pour les sciences empiriques. Il fut le premier à la comprendre comme un système de signes, supposant que les relations existant entre toutes les choses se reflétaient en elle. Il est considéré, aux côtés d'Isaac Newton (1643-1727), comme l'inventeur du calcul infinitésimal.

Le mathématicien allemand Gottlob Frege (1848-1925) compte non seulement au nombre des pionniers d'une logique renouvelée mais aussi de ceux qui fondèrent la philosophie du langage moderne. Il perfectionna la logique des concepts et créa un système de symboles pour la logique des propositions. Il s'attacha également à distinguer conceptuellement le « sens » de la « signification », du « jugement », etc., permettant ainsi d'analyser les ambiguïtés que recèle le langage.

Bertrand Russell (1872-1970) poursuivit la pensée de Frege. En collaboration avec Alfred North Whitehead (1861-1947), il rédigea les *Principia Mathematica* (1910-1913), une œuvre qui s'attache à définir les fondements des mathématiques – en l'occurrence, la logique et la théorie des ensembles. Les symboles relevant de la logique des propositions qu'ils utilisèrent finirent par s'imposer. Russell en appelait à l'élaboration d'un langage logique idéal et devint en même temps l'un des pères de la philosophie analytique.

Ludwig Wittgenstein (1889-1951) s'appuya non seulement sur les apports de Frege, mais aussi sur ceux de Russell et Whitehead. Dans une œuvre de jeunesse, le *Tractatus logico-philosophicus* (1921), il en appelait lui aussi à l'élaboration d'un langage logique idéal. Un langage n'est sensé que lorsqu'il est construit en logique et constitue la réalité. Pourtant, dans une œuvre tardive, ses *Recherches philosophiques* (1953), Wittgenstein emprunta une tout autre voie, acceptant désormais le recours à un langage normal, quotidien, avec ses ambiguïtés. Les deux œuvres incarnent respectivement deux formes différentes de philosophie du langage : la philosophie du langage idéal et la philosophie du langage ordinaire (*ordinary language philosophy*).

Le Cercle de Vienne, fondé aux alentours de 1907, loin d'être un petit salon de thé, fut un cercle de discussion informel mais très créatif, réunissant des philosophes et des scientifiques. Malgré quelques interruptions, ceux-ci se retrouvaient à intervalles réguliers autour du philosophe

AVIS DE RECHERCHE

On recherche le logico-philosophus

Ce fils d'industriel viennois, qui partit à Manchester étudier l'ingénierie mécanique, s'est confronté très tôt à la thématique « Logique, langage, argumentation » avec une ténacité dont n'a fait preuve aucun autre philosophe.

Deux œuvres l'ont rendu célèbre, la deuxième réfutant presque intégralement ce qu'il avait écrit dans la première. Ces deux œuvres sont néanmoins restées des classiques, encore aujourd'hui, et ont exercé une influence considérable sur la philosophie, lui faisant emprunter des directions tout à fait différentes. Dans la première œuvre, il affirme catégoriquement que le langage, afin de représenter le monde, devrait obéir aux lois de la logique. Dans la seconde, il avance qu'un langage structuré par la logique seule ne saurait exister : il n'existerait que des « jeux de langage », extrêmement nombreux, transmis par la culture, reflétant tous une vision différente du monde.

Au fond, s'il ne s'intéressa qu'à la logique, il fit comprendre maintes choses à ses lecteurs, les aidant à mesurer les limites qui sont posées aux hommes avec le langage. Mais il attacha une importance considérable à une tout autre question : il voulut réconcilier son existence avec son idéal moral. Il stupéfia ainsi ses amis et collègues lorsqu'il décida de renoncer à toute carrière académique pour mener une vie simple en prenant Tolstoï pour modèle. Il devint instituteur dans un village et travailla un certain temps comme jardinier dans un couvent rattaché à l'ordre des Frères de la Miséricorde.

➡ *De qui s'agit-il?*

Moritz Schlick (1882-1936), le plus souvent dans une salle de l'université de Vienne. Influencés par Ludwig Wittgenstein, comme eux d'origine viennoise, ils partageaient tous une même intention : prenant en considération les apports nouveaux de la logique, des mathématiques et des sciences de la nature, ils se montraient tous bien décidés à mettre au panier la vieille métaphysique. C'est au Cercle de Vienne que nous devons le « positivisme logique » (également appelé « empirisme logique »), qui a marqué de façon déterminante la philosophie analytique du langage au XXe siècle.

Rudolf Carnap (1891-1970) fut, de tous les membres de ce Cercle, le philosophe le plus influent et le théoricien de la logique le plus connu. À l'instar du jeune Wittgenstein, il défendit l'idée qu'il importait plus que tout de remplacer le langage ordinaire par un langage formel, incontestable en logique. Carnap a lui-même entrepris une telle tentative dans son œuvre *La Construction logique du monde* (1928).

Alfred Tarski (1901-1983) était un logicien polonais, et fut également en contact avec le Cercle de Vienne. Il a avant tout contribué à élucider le concept de « vérité », un concept qui est utilisé en philosophie de très diverses manières et souvent non sans ambiguïtés. Tarski défendait une théorie « sémantique » de la vérité (la « sémantique » est la théorie des signes et de leur signification). Selon cette théorie, la « vérité » est une propriété des propositions qui entretient un rapport bien déterminé à la réalité. Un énoncé est un signe, et il n'est vrai que lorsque ce qu'il désigne existe aussi. La proposition : « La neige est blanche » n'est donc vraie que lorsque la neige est blanche.

Élève américain de Carnap, Willard Van Orman Quine (1908-2000) s'est lui aussi consacré au rapport entre le langage et la logique. Un langage, selon lui, accède à l'intelligibilité tout d'abord à travers des observations et ensuite seulement à travers une analyse logique. L'une de ses questions directrices était : quels mots utiliser selon les situations ? La réponse peut varier d'une langue à l'autre, raison pour laquelle aucune traduction ne saurait prétendre à la fidélité absolue.

AVIS DE RECHERCHE

On recherche le cerveau universel

Parmi les philosophes, certains, à coup sûr, ont pu prétendre au titre de « génie », mais aucun n'en eut autant le droit que l'homme qui crut fermement à la rationalité du monde, un monde qu'il présenta comme « le meilleur de tous les mondes possibles ». Dans tous les domaines, il partit en quête de solutions « rationnelles » raisonnables, convaincu qu'il était de leur existence. Il n'est donc pas étonnant que la logique et les mathématiques l'aient tout particulièrement fasciné. « J'ai reconnu, écrit-il, que la vraie métaphysique n'est guère différente de la vraie logique. »

Dès l'âge de 26 ans, il inventa une machine à calculer qui lui ouvrit les portes de la Royal Society of London. Il élabora la numération binaire, ce qui fait de lui l'un des pères de l'âge digital. Il est également considéré comme l'un des inventeurs du calcul infinitésimal, du calcul intégral et du calcul différentiel. Son grand projet inachevé, il l'appela *Characteristica Universalis*: il s'agissait d'un système de signes formalisé dont l'objectif était de permettre de construire un langage indiscutable en logique – bien avant qu'un tel langage fasse l'objet d'un programme parmi les logiciens modernes.

Il ne se consacra pas seulement à la science mais aussi à la politique; il fut, sa vie durant, un homme de réseaux et un grand voyageur. Il élabora des plans pour une réforme du droit, pour une réforme du commerce et pour une réforme de la monnaie, et fonda en outre trois académies scientifiques. Par ailleurs, il écrivait aussi bien en latin qu'en français et en allemand.

➡ *De qui s'agit-il?*

Tertium non datur
Le principe de non-contradiction

Les logiciens se collettent avec tous les types de logiques possibles, mais la logique classique, dont il est la plupart du temps question, est la logique « binaire » – qui ne reconnaît que deux valeurs, le « vrai » et le « faux ». L'expression latine *tertium non datur*, c'est-à-dire « le troisième n'est pas donné », signifie exactement cela : il n'y a pas de place pour un troisième terme. Le principe *tertium non datur* est aussi appelé « principe de non-contradiction » ou encore « principe du tiers exclu » : deux énoncés se contredisant l'un l'autre ne peuvent être vrais en même temps.

Le concept de « vérité »

La vérité est un concept clé non seulement de la logique, mais aussi de la philosophie dans son ensemble ; en effet, celle-ci consiste en définitive à partir en quête de la vérité.

On peut distinguer deux conceptions différentes de la vérité : avec la première, on entend une qualité des choses ou plutôt une qualité de la réalité et de l'être dans leur ensemble. On la trouve fréquemment dans la religion ou dans la métaphysique traditionnelle, lorsqu'il est question de l'« être vrai » ou de Dieu en tant qu'incarnation ou fondement de la vérité. C'est en ce sens que nous disons aussi que l'homme s'évertue au bien, au vrai et au beau. On trouve encore cette notion de vérité chez des philosophes de l'époque moderne, par exemple Martin Heidegger (1889-1976). Pour ce dernier, la vérité, en référence à l'*alètheia* grecque, est « dévoilement, décèlement de l'être ».

Pour la plupart des représentants de la philosophie moderne, la « vérité » n'est pourtant en rien une qualité des choses mais une qualité des énoncés (souvent également appelés « jugements ») et des théories. Les énoncés et les théories ne sont vrais qu'à condition que leur teneur entre en adéquation avec la réalité, que ce qui est énoncé par eux

« corresponde » à celle-ci. Cette théorie, appelée « théorie de la vérité comme correspondance », remonte à Aristote et fut profondément renouvelée au XXe siècle, à l'aide de la logique, par le logicien polonais Alfred Tarski (1901-1981).

La logique renoue également avec cette notion de vérité. Dans la logique des propositions (voir dans ce chapitre « Deux types importants de logique », p. 109), les énoncés ont des « valeurs de vérité », c'est-à-dire qu'ils sont soit vrais soit faux. Mais la logique des propositions ne vérifie pas la vérité ou la fausseté des énoncés : elle examine, entre autres, le rapport existant entre les valeurs de vérité de propositions élémentaires associées les unes aux autres. Il est donc question avec elle du rapport formel existant entre des énoncés. Pour cette raison, la logique des propositions travaille aussi avec des symboles.

Lorsqu'un énoncé ou une combinaison d'énoncés revêt une forme qui se révèle vraie, quelle que soit sa teneur, on parle de « vérité logique ». Toutes les propositions qui sont « vraies en logique » sont des propositions analytiques (voir dans ce chapitre « Concepts, propositions et arguments », p. 105) ; c'est dire qu'elles ne sont rien d'autre qu'une « analyse » des significations et rapports qu'elles recèlent.

La « tautologie » constitue un exemple célèbre d'une combinaison de propositions étant « vraie en logique ». Une tautologie est toujours vraie, quelles que soient les valeurs de vérité des énoncés élémentaires qui la composent. Par exemple : il pleut ou il ne pleut pas. Dans le langage symbolique de la logique des propositions, la tautologie adopte la forme suivante : $p \vee \neg p$.

POUR OU CONTRE

Signification des propositions vraies

Commentez le passage suivant de *Par-delà bien et mal* de Friedrich Nietzsche (1844-1900) : « Nous ne voyons pas dans la fausseté d'un jugement une objection contre ce jugement. [...] La question est de savoir dans quelle mesure un jugement est apte à promouvoir la vie, à la conserver, à conserver l'espèce, voire à l'améliorer. »

➡ *Qu'implique la conception nietzschéenne du rôle de la vérité en philosophie ?*

➡ *Qu'implique-t-elle pour ce qui est du rôle de la logique ?*

➡ *Argumentez en faveur de la thèse selon laquelle les arguments et les théories, en philosophie, doivent être vrais, puis argumentez contre elle.*

À VOUS DE JOUER !

Carnet d'adresses

Vous avez intégré dans votre carnet d'adresses des noms et leurs adresses e-mail respectives. Chaque affectation est soit vraie soit fausse, selon que la personne mentionnée peut ou non être jointe au moyen de l'adresse e-mail ajoutée en face de son nom.

➡ *Établissez un carnet d'adresses où les affectations aux noms des adresses e-mail ne sont ni vraies ni fausses.*

TEST DE LOGIQUE

Le paradoxe du tas

➡ *Avons-nous ou non, avec les propositions suivantes, un syllogisme valide ?*
Une pile de dix mille grains est un tas.
Il existe un nombre *n* supérieur à 1 tel que, si une pile de *n* grains est un tas, alors une pile de *n* moins un grain est également un tas.
→ Un grain est donc un tas.

CONTRADICTIONS, OPPOSITIONS

Des contradictions dans les argumentations se produisent dès lors que sont formulées deux propositions qui ne peuvent être vraies en même temps. En voici trois types, parmi les plus importants.

Les propositions contradictoires. Deux propositions sont contradictoires lorsque l'une est vraie et l'autre fausse. Par exemple : « Toutes les blondes sont bêtes. Certaines blondes sont extrêmement intelligentes. » Si certaines blondes sont extrêmement intelligentes, toutes les blondes ne peuvent être bêtes – et inversement.

Les propositions contraires. Deux propositions sont contraires lorsqu'elles ne peuvent être vraies en même temps. Par exemple : « La voiture de fonction d'Yvonne est rouge. La voiture de fonction d'Yvonne est bleue. » Elles peuvent en revanche être fausses l'une et l'autre dans le même temps – si, par exemple, il devait s'avérer que la voiture de fonction d'Yvonne est blanche.

Les antinomies. Ce sont des contradictions dont on considère qu'elles ne peuvent être résolues. C'est précisément en philosophie qu'elles jouent un rôle important. Emmanuel Kant, l'un des philosophes qui ont le plus révolutionné leur discipline, a par exemple présenté comme une « antinomie de la raison pure » le problème consistant à savoir si l'agir humain est déterminé, et donc fixé, par les lois de la nature, ou si l'homme peut se prévaloir d'un libre arbitre. Les deux thèses entrent en contradiction mais aucune solution universellement acceptée n'a jusqu'à présent été apportée à ce problème.

Les paradoxes. En règle générale, un paradoxe est un énoncé contenant une contradiction. Une définition très largement répandue, et que soutient le philosophe anglais R. Mark Sainsbury (né en 1943), consiste à dire qu'un paradoxe est une conclusion résultant par déduction de prémisses acceptables mais qui, pour ce qui la concerne, ne l'est pas.

TEST DE LOGIQUE

Contraire ou contradictoire ?

Vérifiez dans les trois paires de propositions suivantes s'il est question d'énoncés contraires ou d'énoncés contradictoires :

– « Ce matin, la température était en dessous de zéro. Ce matin, la canicule régnait » ;

– « Le concierge a fermé la porte. Le concierge n'a pas fermé la porte » ;

– « Notre conscience agit indépendamment du corps. Notre conscience est guidée par les fonctions corporelles. »

Solutions, arguments et idées

Logique, langage, argumentation

➡ Page 106

TEST DE LOGIQUE

Significations intentionnelle et extensionnelle

Licorne. Signification intentionnelle : un animal fabuleux, en bien des points proche du cheval, et pourvu d'une fine et longue corne sur son front ; signification extensionnelle : aucune.

Dieu. Signification intentionnelle : un être surnaturel, qui a créé le monde ; signification extensionnelle : les athées disent qu'il n'existe pas ; les fidèles des religions monothéistes disent qu'il en existe un, et un seul ; pour les adeptes des religions polythéistes (par exemple, les Grecs dans l'Antiquité), il en existe plusieurs.

Parlementaire. Signification intentionnelle : représentant du peuple élu et membre de l'assemblée parlementaire ; signification extensionnelle : l'ensemble des 577 députés et 348 sénateurs de la XIVe législature de la Ve République française.

➡ Page 109

TEST DE LOGIQUE

Est-ce là un argument ? Si oui, lequel ?

– « Dans notre culture… » : argument d'autorité.

– « À chaque soirée… » : argument *post hoc ergo propter hoc*.

➡ Page 112

TEST DE LOGIQUE

Table de vérité

Adjonction (« ou ») :

p	**q**	**p ∨ q**
v	*v*	*v*
v	*f*	*v*
f	*v*	*v*
f	*f*	*f*

Négation (« pas ») :

p	**¬ p**
v	*f*
f	*v*

➡ Page 113

TEST DE LOGIQUE

Tautologie

La forme logique d'une tautologie classique est : q ∨ ¬ q (« q ou non q ») à laquelle correspond apparemment l'énoncé : « Soit le temps change, soit il ne change pas » (soit il demeure tel qu'il est). Mais une tautologie se distingue en ceci qu'elle est toujours juste, quelle que soit la vérité de l'énoncé « q ».

La forme logique de l'énoncé entier est : p → (q ∨ ¬ q) (« Si p, alors q ou bien non q »). Nous avons donc là un conditionnel. La table de vérité pour un conditionnel est la suivante :

p	**q**	**p → q**
v	*v*	*v*
v	*f*	*f*
f	*v*	*v*
f	*f*	*v*

Le conditionnel, en tant qu'association d'énoncés, n'est donc faux que dans un seul cas : lorsque p est vrai et que q est faux. Mais, dans la mesure où les deux segments de l'association d'énoncés donnent $q \vee \neg q$, soit une tautologie, c'est-à-dire une association qui se révèle toujours vraie, ce conditionnel se montre également toujours vrai. Ce conditionnel est donc aussi une tautologie.

➡ Page 114

TEST DE LOGIQUE

Syllogismes

1. Le syllogisme : « Tous les Nasua ont des nez… » n'est pas valable parce que les êtres humains pourvus d'un nez sont infiniment plus nombreux que les Nasua. En conséquence, tous les êtres humains pourvus d'un nez ne sont pas forcément, loin de là, des Nasua.

2. Le syllogisme : « Plus il y a de fromages, plus il y a de trous… », déjà en vogue au XVIIIe siècle, conduit à une conclusion paradoxale, qui n'est pas non plus valable. Cela est dû à son équivocité. C'est que le terme « trou » renvoie ici à deux faits différents : dans le premier énoncé, les fromages sont envisagés comme une masse globale – les fromages en général ; dans le second énoncé, en revanche, il n'est question que d'un seul morceau de fromage.

Les conclusions correctes des deux derniers syllogismes sont les suivantes :

3. « Aucun philosophe célèbre n'a d'enfant. Les personnes sans enfant atteignent toutes un âge avancé. → Tous les philosophes célèbres atteignent un âge avancé » ;

4. « Tout joueur de l'équipe porte un tatouage. Jean ne porte aucun tatouage. → Jean n'est pas un joueur de l'équipe. »

➡ Page 115

TEST DE LOGIQUE

Logique binaire

Seules les propositions « L'Église anglicane a rompu avec le pape » et « Toutes les prophéties de fin du monde se sont révélées fausses » peuvent être l'objet d'un examen de véracité, et peuvent donc être abordées à l'aide d'une logique binaire.

L'énoncé « Le pape s'est détourné de l'Église anglicane » ne peut être ni vrai ni faux car le pape, par définition, est le dignitaire suprême de l'Église catholique romaine et ne saurait être membre de l'Église anglicane.

La proposition « Le monde disparaîtra au cours des cent prochaines années » évoque des événements à venir et ne peut donc, en tant que telle, être l'objet d'un examen de véracité.

➡ Page 116

ÉNIGME PHILOSOPHIQUE

Des énoncés autoréférentiels

Les énoncés autoréférentiels expriment quelque chose à leur propre sujet, et mêlent donc métalangage et langage-objet. Nous trouvons, dans « Cete frase a quatre faute », trois fautes « classiques » : « cete » à la place de « cette » ; « frase » à la place de « phrase » ; « faute » à la place de « fautes ».

Mais la phrase évoque « quatre fautes », d'où une faute supplémentaire qui, à la différence des trois autres, résulte du caractère autoréférentiel de l'énoncé métalangagier. La phrase est fausse sur le plan du langage-objet et vraie sur le plan métalangagier. Il importe donc de bien distinguer les deux dimensions – par exemple, de la manière suivante : « La phrase "Cette phrase a quatre fautes" a quatre fautes. On voit alors tout de suite qu'elle n'est pas paradoxale mais fausse. »

➡ Page 117

AVIS DE RECHERCHE

L'aristocrate radical, réformateur de la logique

Bertrand Russell (1872-1970)

➨ Page 118

ÉNIGME PHILOSOPHIQUE

Le paradoxe du menteur

Nous avons là à nouveau un énoncé autoréférentiel, relevant en partie du langage-objet et en partie du métalangage. Le paradoxe trouve sa solution lorsqu'on voit que les deux dimensions se situent à des niveaux langagiers différents. Le caractère vrai ou faux de l'énoncé au niveau du langage-objet (« Tous les Crétois sont des menteurs ») est donc indépendant de la vérité ou de la fausseté de l'énoncé au niveau métalangagier (« Le Crétois Epiménide dit: "Tous les Crétois sont des menteurs" »). Dans un cas, il s'agira de décider si tous les Crétois passent réellement leur temps à mentir, et dans l'autre de déterminer si Épiménide dit ou non cela. Le paradoxe résulte de la confusion entre ces deux niveaux.

➨ Page 118

TEST DE LOGIQUE

Langage-objet ou métalangage?

– « L'étoile du berger [langage-objet] est aussi appelée "étoile du matin" [métalangage], et l'étoile du matin [langage-objet] est pour sa part fréquemment désignée sous le nom d'"étoile du berger" [métalangage]. "Étoile du matin" [métalangage] et "étoile du berger" [métalangage] désignent la même étoile. L'étoile du matin [langage-objet] est identique à l'étoile du berger [langage-objet]. »

– « 29 consiste en deux chiffres et est un nombre premier [ici sont mêlés les deux niveaux: "'29' consiste en deux chiffres" est un énoncé métalangagier et le nombre devrait être mis entre guillemets, tandis que "29 est un nombre premier" est un énoncé relevant du langage-objet]. La proposition "29 est un nombre premier" est vraie [énoncé métalangagier] lorsque 29 est un nombre premier [langage-objet]. »

➡ Page 120

POUR OU CONTRE

De l'utilisation du concept de « néant »

Signification intentionnelle : en philosophie, on entend le plus fréquemment par le substantif « néant » une réalité vide ou négative – l'exact contraire de l'« être ». Telle est la signification intentionnelle de « néant ». Le terme peut aussi, comme chez Sartre, désigner un espace de possibilités non encore réalisées.

Signification extensionnelle : il est infiniment plus difficile de répondre à la question de savoir si le « néant » revêt une signification extensionnelle. Dans la mesure où l'extension désigne toujours des choses réellement existantes, auxquelles renvoie un concept, il semble bien difficile, avec le concept de « néant », de supposer la moindre extension ; tout au plus pourrait-on supposer une extension « négative ».

Arguments en faveur de l'utilisation de ce terme : il est légitime de se demander s'il est sensé d'utiliser un concept qui désigne le contraire logique de l'« être » mais qui ne revêt aucune signification extensionnelle (susceptible d'être décrite). D'un autre côté, les philosophes ont toujours forgé à nouveaux frais de nouveaux concepts afin de désigner des faits auxquels ils ne pouvaient donner formulation au moyen de concepts traditionnels. Lorsqu'un philosophe est en mesure de définir le concept de façon suffisamment claire et de le mettre avec cohérence au service de ses objectifs, rien ne plaide contre son utilisation.

➡ Page 121

TEST DE LOGIQUE

À quelle condition ?

1. « Celui qui vit cinq années… » : condition suffisante ;

2. « Un détenu… » : une bonne conduite et la conscience de la gravité des faits commis sont nécessaires, mais ne constituent en rien des conditions suffisantes.

3. « Est en droit d'étudier… » : le baccalauréat ou une maîtrise dans une branche professionnelle sont des conditions suffisantes.

➡ Page 122
TEST DE LOGIQUE
Conclusions biaisées
1. La conclusion correcte dans l'exemple est la suivante : « Dans la nature, le plus fort s'impose toujours. La société humaine fait elle aussi partie intégrante de la nature. → Le plus fort s'impose aussi dans la société humaine [et non pas : *devrait* s'imposer]. »
2. La seconde proposition (« Toutes les personnes qui ont ton âge... ») présente un paralogisme naturaliste. Ce n'est pas le cas de la première (« Le code de la route... »), car il s'agit dans son cas de répondre à un impératif, d'obéir à un ordre.

➡ Page 125
AVIS DE RECHERCHE
Le logico-philosophus
Ludwig Wittgenstein (1889-1951)

➡ Page 127
AVIS DE RECHERCHE
Le cerveau universel
Gottfried Wilhelm Leibniz (1646-1716)

➡ Page 130
POUR OU CONTRE
Signification des propositions vraies
La thèse de Nietzsche est que la vérité entendue comme vérité énonciative est une valeur secondaire par rapport à ce qui, à ses yeux, vient « encourager la vie » et garantir la « conservation de l'espèce ». Nietzsche déprécie ainsi l'histoire entière de la philosophie, qui est quête de la vérité et se considère comme telle. Avec lui, celle-ci se détourne de toute prétention à la vérité, et renonce à sa fonction, qui consistait à guider l'homme dans le monde et à l'aider à approfondir la compréhension qu'il se fait de lui-même. Mais ce

faisant, sa philosophie court le risque de se voir placée au service de programmes politiques qui n'hésitent pas à s'emparer de certains de ses concepts suggestifs, du type « élevage de l'espèce » (c'est ce que firent les nazis, par exemple). La thèse de Nietzsche décapite pour ainsi dire la philosophie en révoquant l'ensemble de ses prétentions rationnelles.

Un certain nombre d'arguments peuvent également être avancés en faveur de cette thèse nietzschéenne, lorsqu'on fait tomber la philosophie de son piédestal au profit d'un programme pédagogique visant une « anthropotechnique », et donc un « élevage humain », pour citer un terme utilisé par le philosophe Peter Sloterdijk (né en 1947) dans son essai *Règles pour le parc humain* (1999).

➡ Page 130

À VOUS DE JOUER!

Carnet d'adresses

Le carnet d'adresses pourrait contenir, par exemple, les noms de personnes n'ayant absolument aucune adresse e-mail ou encore des noms fictifs. Seul le classement par noms de personnes réellement existantes et possédant une adresse e-mail pourrait être vrai ou faux.

➡ Page 131

TEST DE LOGIQUE

Le paradoxe du tas

La formalisation proposée n'est qu'une possibilité de représenter le célèbre « paradoxe du tas », qui nous vient de l'Antiquité. Il s'agit tout d'abord de la question : quand un tas est-il un tas, et quand cesse-t-il d'en être un ? À un niveau plus général, il s'agit de traiter de quantités n'ayant pas à être définies exactement.

Ce qui est clair, c'est que la première prémisse est vraie : 10 000 grains constituent bien un tas (on aurait pu aussi bien choisir n'importe quel autre grand chiffre). Il est tout aussi clair que la déduction est fausse : un grain isolé n'est *pas* un tas. L'erreur doit donc se nicher dans la prémisse 2.

Il existe en l'occurrence plusieurs modes d'approche pour identifier cette erreur. Nous choisissons celui du « degré de vérité ». Un « tas » n'est pas précisément quantifiable en soi. Il existe bien néanmoins des amoncellements de grains que l'on peut, plus que d'autres, présenter comme des tas. 10 000 grains moins 1 constituent, en tout cas, encore un tas. De même, 9 999 grains moins 1 100 pourraient sans doute encore en être un. Cinquante grains ? On doute déjà. Mais dix grains ne peuvent plus l'être. Ce qui signifie ceci : plus nous enlevons de grains, moins il peut s'agir d'un tas, et moins s'avère convaincante la prémisse 2, dont le degré de vérité va en s'amenuisant considérablement. La prémisse 2 ne peut donc toujours se prévaloir du même degré de vérité, jusqu'à se révéler à un moment définitivement fausse. Pour cette raison même, le syllogisme a aussi une conclusion erronée.

➡ Page 132

TEST DE LOGIQUE

Contraires ou contradictoires ?

– « Ce matin… » : proposition contraire ;
– « Le concierge… » : proposition contradictoire ;
– « Notre conscience… » : proposition contraire.

CHAPITRE 4

Dieu

Aujourd'hui, lorsqu'on interroge les Occidentaux au sujet de Dieu, on obtient très souvent des réponses soulignant le caractère très personnel qu'il revêt pour chacun. Des réponses typiques débutent souvent par la tournure : « Pour moi, Dieu signifie... », et elles mettent par ailleurs l'accent sur des expériences psychologiques ou des besoins du même ordre. La foi est donc envisagée aujourd'hui comme un moyen de résoudre des problèmes que l'on pense insolubles pour la raison.

Que la croyance en Dieu soit l'expression d'expériences bien précises et qu'elle aide à surmonter les difficultés de la vie, des philosophes de renom l'ont aussi affirmé – ainsi l'Américain William James (1842-1910) au début du XXe siècle. Il y en eut même quelques-uns pour tenter de « démontrer » l'existence de Dieu – des tentatives qui aboutirent à la conscience morale et psychologique de l'homme.

Mais on ne devrait pas oublier que Dieu, non seulement pour les religions monothéistes (qui ne vénèrent qu'un seul et unique dieu), mais aussi pour un grand nombre de philosophes classiques, est autre chose qu'une expérience personnelle et singulière : un être pouvant se prévaloir d'une existence objective, un être pourvu de qualités bien déterminées, et qui entretient un rapport tout à fait spécifique à notre monde. Dieu est la pierre de soutènement de doctrines religieuses, mais aussi de nombreuses conceptions du monde philosophiques.

La philosophie – qui se caractérise par le recours aux explications et aux arguments rationnels – doit donc se poser les questions suivantes : en quoi l'idée de Dieu est-elle, à proprement parler, logique ? Les qualités de ce Dieu-là sont-elles compatibles avec ce que nous savons du monde ? Si nous pouvons justifier l'existence du Dieu chrétien, ne pouvons-nous pas alors justifier aussi l'existence d'autres dieux, ou êtres supranaturels, auxquels seraient attachées des qualités similaires ?

La Grèce antique, où naquit et se développa la philosophie occidentale, ne connaissait pas un seul dieu mais plusieurs, ou plutôt un très grand nombre, rassemblés, comme nous l'apprend la mythologie, sur l'Olympe. Les Grecs étaient donc polythéistes. Leurs dieux ressemblaient beaucoup aux hommes de par leur manière de se comporter, à la différence près qu'ils étaient plus puissants et vivaient éternellement. La croyance en un Dieu unique – le monothéisme – existait déjà dans le judaïsme, mais ce ne fut qu'avec le christianisme qu'elle s'imposa en Europe.

Depuis que la pensée grecque et la pensée chrétienne se sont combinées, tout au long des premiers siècles après Jésus-Christ, le Dieu un et indivisible est devenu un thème dominant de la philosophie occidentale. Cependant, le Dieu chrétien, qui, de l'avis des croyants, a le caractère d'une « personne », d'une « personne » toute-puissante et à la bienveillance universelle, a revêtu une forme toujours plus rationnelle au fil de l'histoire de la philosophie. Le Dieu vindicatif de l'Ancien Testament, le Dieu d'amour et de pardon du Nouveau Testament, le Christ mort sur la croix ont tous progressivement coexisté avec un concept de Dieu abstrait, qui a fini par endosser le rôle d'un principe philosophique fondamental. Y contribua le fait que ce concept, qui s'écartait à l'évidence des croyances populaires, avait été forgé par certains des philosophes grecs les plus renommés. Le Dieu des philosophes se présente différemment selon les penseurs. Aujourd'hui, Dieu ne joue plus guère de rôle notable en philosophie. Demeure-t-il de Dieu, en philosophie, autre chose qu'un nom ?

Les philosophes et leur Dieu

Aristote (384-322 av. J.-C.) parlait déjà d'un dieu comme « premier moteur immobile ». Dieu, à ses yeux, est le point de départ et l'objectif de tous les événements qui se produisent dans le monde, mais il se cantonne de lui-même à l'immobilité – à cet état de calme contemplatif en lequel, pour la philosophie grecque classique, se réalise la sagesse.

Pour Plotin (205-270), qui resta imperméable à toute influence chrétienne, tout ce qui s'avère élevé et divin est d'une nature spirituelle, tandis que tout ce qui s'avère bas et mauvais est d'une nature matérielle. Dieu est le « un », la cause éternelle, purement spirituelle du monde, d'où « s'écoule » continuellement la réalité, comme d'une fontaine à jamais débordante. Le monde est donc l'« écoulement », l'« émanation » de Dieu. Plus il se manifeste matériellement, plus il s'éloigne de celui-ci.

Anselme de Cantorbéry (1033-1109) est de ces philosophes dont le soubassement de la pensée est chrétien. Aux yeux de cet abbé et futur évêque, Dieu est l'être parfait à tous égards, au-delà duquel rien de plus parfait ne saurait être envisageable. Relève aussi de cette perfection l'existence même de Dieu. Anselme devint le père de ce que l'on appelle la « preuve ontologique de l'existence de Dieu » (voir dans ce chapitre « La preuve de l'existence de Dieu », p. 151).

Pour Thomas d'Aquin (1225-1274), qui était membre de l'ordre des dominicains, on ne pouvait atteindre Dieu en empruntant seulement le chemin de la croyance ; il fallait aussi emprunter celui de la raison. Il mentionna cinq voies conduisant à Dieu. Les arguments les plus importants qu'il avança pour démontrer l'existence de Dieu peuvent être résumés à deux preuves : la preuve « cosmologique » et la preuve « téléologique », selon lesquelles Dieu est en même temps le commencement et l'objectif de toute réalité (voir dans ce chapitre « La preuve de l'existence de Dieu », p. 151).

Le cardinal Nicolas de Cues (1401-1464) ouvrit, avec son concept de Dieu, une époque nouvelle. À l'instar de nombreux penseurs des

Temps modernes qui lui succédèrent, il était fasciné par les apports en connaissance des mathématiques et il les utilisa dans le but de donner une définition de Dieu : Dieu, pour lui, est l'infini absolu, qui ne se laisse plus approcher rationnellement. Tous les contraires coïncident en lui – par exemple, l'infiniment grand et l'infiniment petit.

René Descartes (1596-1650) était à l'origine mathématicien. D'après lui, le fini n'est pensable dans sa totalité qu'à condition de présupposer dans le même temps un infini. L'idée d'un être infini, absolument parfait est, selon lui, ancrée dans notre conscience : Dieu est une idée innée. Mais, comme Anselme de Cantorbéry, il croit aussi que l'existence de Dieu résulte de l'idée de perfection : son existence relève aussi d'une essence parfaite.

Lorsqu'on y regarde de près, Dieu n'apparaît jamais dans l'œuvre de Baruch Spinoza (1632-1677), alors même qu'il en est constamment question. Pour ce penseur, le monde est de toute éternité, tout événement y étant déterminé par la loi de la cause et de l'effet. L'enjeu consiste à ses yeux à identifier exactement, à l'aide de Dieu, ce monde et les lois qui le régissent. La philosophie de Spinoza atteint son apogée dans la proposition : *Deus sive natura*, c'est-à-dire « Dieu ou la nature » ; autrement dit, Dieu *est* la nature. Une telle vision est appelée « panthéisme ». Les chrétiens et les juifs, exercés les uns comme les autres à flairer les traces d'hérésie, devinèrent qu'il y avait là tromperie sur la marchandise. Ils condamnèrent Spinoza, l'accusant d'athéisme.

Avec Gottfried Wilhelm Leibniz (1646-1716), le célèbre « problème de la théodicée » – c'est-à-dire le problème de la compatibilité d'un Dieu bon avec le mal et la souffrance à l'œuvre dans le monde – intègre la liste des problèmes philosophiques. Pour lui, Dieu est le sommet de la logique et de la rationalité. Après maints calculs mûrement réfléchis, cet être tout-puissant, omniscient et à la bienveillance universelle, a créé le meilleur des mondes possibles. L'état du monde est un état d'« harmonie préétablie ». Le mal que nous constatons à l'œuvre dans le monde est, selon Leibniz, inévitable, car l'homme n'est qu'un être fini. Le mal est soit l'expression de l'imperfection humaine, soit un moyen de détourner l'homme du mauvais chemin et de le conduire à Dieu.

Emmanuel Kant (1724-1804) fut le premier grand philosophe à certes croire en Dieu mais à être par ailleurs convaincu du caractère erroné de toutes les preuves de son existence jusqu'alors avancées. Il alla plus loin encore : à ses yeux, il était rigoureusement impossible de la démontrer. L'« existence » n'est pas pour lui une qualité normale susceptible d'être contenue dans l'idée d'un être parfait. Dieu est plutôt une « idée régulatrice », une sorte d'idée directrice particulièrement importante pour notre agir moral. La conscience qu'a l'homme de pouvoir agir librement et de pouvoir se montrer à la hauteur de ses devoirs moraux, y compris à rebours de ses besoins naturels, laisse augurer l'existence d'un ordre du monde d'origine divine en lequel coïncident bonheur et devoir.

Le philosophe américain William James (1842-1910) fait de la réponse au problème de l'existence de Dieu une décision psychologique et pragmatique reposant sur des réflexions semblables à celles du pari de Pascal (voir dans ce chapitre « Le pari de Pascal », p. 153). Dieu devient, pour la vie de chacun, une force d'impulsion dispensatrice d'énergie. Lorsqu'on se décide à croire, c'est tout un rapport positif au monde et à ses semblables qui en vient à s'ouvrir. Toutefois, le Dieu de William James n'est plus un Dieu omniscient et tout-puissant : il est un être fini, étroitement lié à l'histoire humaine.

Alfred North Whitehead (1861-1947) élabora une vision du monde fortement influencée par les sciences de la nature modernes, mais aussi par les pensées respectives de Spinoza et Leibniz, une vision du monde dans laquelle Dieu trouve à nouveau une place. Dieu est au fondement de la rationalité et de la réalité, qu'il conçoit comme un processus créateur.

AVIS DE RECHERCHE

On recherche le philosophe qui cachait Dieu dans le monde

Son œuvre réserve à Dieu une place éminente. Il y est un et toutes choses à la fois. Mais, curieusement, les deux grandes religions auxquelles il eut affaire – le judaïsme, dans lequel il avait grandi, et le christianisme, qui allait s'opposer à lui – réagirent à son œuvre de façon épidermique. La communauté juive d'Amsterdam l'exclut de ses rangs et le frappa d'anathème ; quant aux chrétiens, ils le présentaient encore, des siècles plus tard, comme un athée. Il vécut retiré, exerçant le métier de tailleur de lentilles optiques et se choisit pour devise *Caute !* (« Prends garde ! »).

Les deux grands auteurs classiques que sont Lessing (1729-1781) et Goethe (1749-1832) furent au nombre de ses admirateurs ; pourtant, la seule évocation de son nom continua à faire voir rouge à beaucoup et déclencha à la fin du XVIIIe siècle une âpre controverse. Pourquoi ?

L'une de ses affirmations les plus importantes est la suivante : *Deus sive natura*, soit « Dieu ou la nature » – le « ou » ne signifiant pas qu'il faudrait choisir entre l'un ou l'autre mais que l'un et l'autre sont identiques. Lorsque nous partons en quête de Dieu, il ne nous faut pas passer dans un au-delà du monde mais bien rester dans celui-ci. Dieu et ses manifestations sont là, sous nos yeux, avec évidence, pour peu que nous considérions les lois éternelles régissant le monde, le rapport existant entre la cause et l'effet. Mais si Dieu est le monde, alors le monde est Dieu – pour les orthodoxes du monothéisme, c'était là la provocation ultime. En revanche, pour les hommes des Lumières du XVIIIe siècle, cette idée invitait à expliquer le monde sans recourir à Dieu.

➡ *De qui s'agit-il ?*

La preuve de l'existence de Dieu

Au haut Moyen Âge, et donc aux alentours du XIe siècle après Jésus-Christ, de nombreux théologiens chrétiens avaient la conviction que la foi et la raison n'étaient en rien opposées mais qu'elles se complétaient l'une l'autre. Nombre d'entre eux pensaient qu'il était possible de démontrer l'existence de Dieu à l'aide de la raison et de la logique. Les preuves qui furent avancées à cette époque ont depuis été sévèrement critiquées, mais nombre d'entre elles sont encore aujourd'hui l'objet de discussions très sérieuses. En voici certaines des plus importantes.

La preuve ontologique. Le terme « ontologique » découle du grec *ôn*, qui signifie « étant ». L'argument ontologique fut avancé pour la première fois au XIe siècle par Anselme (1033-1109), futur évêque de Cantorbéry. Celui-ci part de l'« être », de notre compréhension de l'idée de Dieu pour en conclure à son existence. L'idée de Dieu signifie que celui-ci est la forme la plus universelle et la plus haute qui soit de réalité. Cette conception implique par elle-même que Dieu possède la qualité d'existence. Il faut donc que Dieu existe.

La preuve cosmologique. L'argument « cosmologique » fut exposé, entre autres, par Thomas d'Aquin (1225-1275). Il a plusieurs variantes, toutes ayant un point commun : lorsque nous remontons le cours de la création et la série entière des causes et des effets ayant conduit à l'état du monde actuel, nous parvenons à la toute première cause, à la cause originelle, qui n'est en rien l'effet d'une autre cause, puisque la série entière des causes et des effets ne saurait être infinie. Cette cause, qui se situe tout au début de cette chaîne, n'est pas conditionnelle mais bien absolue, première, nécessaire à notre explication du monde. Or, cette cause, qui doit exister, qui est à l'origine de l'évolution du cosmos et qui met en branle la série entière des causes et des effets, c'est ce que l'on appelle Dieu.

La preuve téléologique. En grec, *telos* signifie aussi bien « fin » que « but ». L'argument « téléologique » fut lui aussi avancé par Thomas d'Aquin. Toutefois, ce dernier emprunta beaucoup à Aristote, dont

> *Ce n'est pas un argument intellectuel qui pousse les hommes à croire en Dieu. Si la plupart croient en Dieu, c'est parce qu'on leur a appris à le faire dès le plus jeune âge.*
>
> BERTRAND RUSSELL

la vision du monde « téléologique » l'inspira profondément. Se fondant sur l'observation que tout, dans la nature, est ordonné jusque dans le moindre détail, comme si tout avait été pensé de manière à revêtir une signification et à remplir une fin, et donc sur l'observation que toute chose remplit une fin bien déterminée, cet argument en conclut que notre monde a été créé par un grand architecte qui a attribué à chaque chose sa signification et sa fin propre. Ce grand architecte est Dieu. L'argument téléologique en faveur de l'existence de Dieu est encore aujourd'hui défendu par les tenants de l'*intelligent design*, du « dessein intelligent » (voir dans ce chapitre « Critiques et défenseurs modernes de la théorie de la création », p. 156).

La preuve morale et psychologique. Emmanuel Kant (1724-1804), qui critiqua les arguments ontologique, cosmologique et téléologique était néanmoins convaincu de l'existence de Dieu. Il attachait une importance fondamentale à la conscience qu'a chacun de faire non seulement partie d'un ordre de la nature déterminé par la loi de la cause et de l'effet, mais d'un ordre moral universel régi par les lois morales. Et cette conscience est en quelque sorte garantie par l'existence de Dieu. L'argument psychologique en faveur de l'existence de Dieu est articulé de la même façon que cet argument moral. L'idée de Dieu, qui est ancrée dans la conscience humaine, présuppose l'existence de Dieu, car la conscience ne peut avoir développé cette idée à elle seule.

Le déisme

Le déisme se distingue du théisme du fait même qu'il suppose un Dieu impersonnel qui, une fois le monde créé, cesse d'intervenir dans sa destinée. L'image la plus fréquemment employée est celle de l'horloger : Dieu est le mécanicien de précision qui crée et met en branle cette formation complexe que l'on appelle le « monde » et qui, ensuite, n'intervient plus dans le mécanisme. Des miracles, tels que les raconte la Bible, sont de ce fait même exclus. Le déisme est le compromis que de nombreux hommes des Lumières ont trouvé avec la foi chrétienne en Dieu : un Dieu rationnel, qui vient confirmer les lois de la nature, mais qui ne les bouleverse pas. L'Anglais John Toland (1670-1722) est considéré comme le fondateur du déisme, qui compta aussi parmi ses adeptes Voltaire (1694-1778) et Gotthold Ephraim Lessing (1729-1781).

ÉNIGME PHILOSOPHIQUE

Le pari de Pascal

Le philosophe français Blaise Pascal (1623-1662) était certes d'avis que le Dieu chrétien se dérobe à tout savoir rationnel, pourtant il voulut tendre une perche aux sceptiques de son temps, souhaitant les décider en faveur de l'existence de Dieu en s'appuyant sur un calcul. C'est pourquoi il leur présenta le pari suivant.

Puisque nous estimons ne pas pouvoir démontrer que Dieu existe ou non, nous nous trouvons dans le rôle de joueurs contraints de miser sur la réponse à apporter à ce problème. Il s'agit donc d'estimer les gains et pertes potentiels respectivement induits par chaque choix. La mise est la vie de chacun. Il existe maintenant quatre possibilités :

– Je mise sur l'existence de Dieu et Dieu existe. Je gagne alors le bonheur éternel.

– Je mise sur l'existence de Dieu et Dieu n'existe pas. Je ne gagne alors rien, mais je ne perds rien non plus.

– Je mise sur la non-existence de Dieu et Dieu n'existe pas. Je ne perds rien, mais je ne gagne rien non plus.
– Je mise sur la non-existence de Dieu et Dieu existe. Je perds alors tout et sombre dans la damnation éternelle.

➡ *L'argumentation de Pascal est-elle imparable, ou existe-t-il un hic dans ce pari tel qu'il le conçut ?*

ÉNIGME PHILOSOPHIQUE

La théodicée en question

De tous les problèmes philosophiques liés à l'hypothèse de l'existence de Dieu, généralement envisagé comme omniscient, infiniment bon et tout-puissant, celui de la théodicée est le plus classique. Le mot « théodicée » a des racines grecques et peut être présenté comme synonyme de « justification de Dieu ».

Ce problème pose les questions suivantes : comment l'idée d'un Dieu omniscient, tout-puissant et à la bienveillance universelle peut-elle être conciliée avec le fait que tant d'innocents aient à souffrir en ce monde, que ce soit du fait de crimes, de guerres, d'épidémies ou de catastrophes ? Comment comprendre, par exemple, que des exploiteurs et des dictateurs se prélassent leur vie durant dans le luxe tandis que des enfants innocents meurent de mauvais traitements ou de maladie ? Cela ne saurait être autrement : le Dieu omniscient, sachant toutes choses, ne pouvait que savoir, dès le début, la souffrance qui attendait les hommes. Pourquoi, alors, n'a-t-il pas créé un autre monde ? Un Dieu tout-puissant pouvait empêcher la souffrance. Or, il ne l'a pas fait. Comment, dans ces conditions, lui attribuer une bienveillance universelle ?

➡ *Existe-t-il des arguments pouvant justifier, au regard de l'état du monde, l'hypothèse de l'existence d'un tel Dieu ?*

TEST DE LOGIQUE

Le problème de la toute-puissance

Si Dieu était tout-puissant, alors il pourrait créer un être plus puissant que lui-même. Mais ensuite il ne serait plus tout-puissant.

➡ *L'idée de « toute-puissance » divine recèle-t-elle une contradiction ? Ce paradoxe peut-il être résolu ?*

POUR OU CONTRE

Le meilleur des mondes possibles ?

Aujourd'hui encore, il y a des scientifiques de renom pour soutenir que seule l'existence d'un Dieu – ayant créé l'univers selon un « dessein intelligent » – est à même d'expliquer notre monde, son organisation si sophistiquée et subtile, ainsi que sa complexité si admirable, jusque dans le moindre détail. Ces scientifiques se placent dans la droite ligne de Leibniz (1646-1716) qui, il y a trois cents ans, tenait déjà notre monde pour « le meilleur de tous les mondes possibles ».

Dans *Candide* (1759), sa satire écrite suite au tremblement de terre dévastateur de Lisbonne, Voltaire (1694-1778), homme des Lumières, s'est moqué d'une telle vision, attirant l'attention de son lecteur sur les nombreuses imperfections et catastrophes de ce monde. Le philosophe français d'origine roumaine Emil Cioran (1911-1995) parle même d'une « création bâclée ». Pour lui, à n'en pas douter, il a fallu que se trouve aux côtés du « bon » Dieu un « mauvais » dieu, corrompu et malveillant.

➡ *Nous avons ici deux camps qui s'opposent. Quels sont leurs arguments respectifs ?*

Critiques et défenseurs modernes de la théorie de la création

La théorie de l'évolution. La théorie du naturaliste anglais Charles Darwin (1809-1882) a contribué, bien plus que toutes les autres, à ébranler la doctrine chrétienne de la création divine du monde et du statut d'élu de l'homme. Darwin n'en avait pas eu forcément l'intention – n'avait-il pas lui-même assidûment étudié la théologie ? – mais les expériences qu'il fit à l'occasion des voyages prolongés que motivaient ses recherches le conduisirent à conclure que la Terre et la vie organique qu'elle accueille devaient être bien plus anciennes que ce que l'on en disait dans la Bible, et n'avaient pu être le fruit direct d'un acte de création de six jours. Elles étaient bien plutôt, d'après lui, le résultat d'un long processus d'évolution. Dans *L'Origine des espèces* (1859), il démontra que les espèces animales et végétales, telles que nous les connaissons, sont le produit de leur adaptation perpétuelle à l'environnement et de leur lutte pour la survie – un processus qui débute avec des organismes tout à fait simples et peu nombreux, mais qui, ensuite, aboutit à une différenciation sans cesse plus importante, les espèces les plus adaptées parvenant seules à survivre : c'est ce qu'il appelle *the survival of the fittest*, « la survie des plus aptes ». Dans *La Filiation de l'homme* (1871), Darwin défendit une thèse extrêmement provocante pour les chrétiens de son temps : l'homme, avançait-il, serait lui aussi le résultat d'une telle sélection naturelle et aurait avec le singe des ancêtres communs.

Richard Swinburne (né en 1934), un oxfordien qui a fait de la religion son grand sujet, est l'un des quelques philosophes contemporains qui défendent un théisme, c'est-à-dire l'idée qu'il existerait un Dieu personnel, tout-puissant, omniscient et parfaitement libre. À ses yeux, l'existence de Dieu n'entre pas en contradiction avec la théorie de l'évolution puisque Dieu est l'auteur des lois qui ont mis en branle ce processus.

Le créationnisme. Le créationnisme, qui existait déjà au XIXe siècle, rejette la théorie de l'évolution de Darwin. S'appuyant sur la Bible, il avance que le monde n'est pas apparu il y a des millions d'années au cours d'un processus d'évolution universel, mais qu'il est le résultat de l'intervention d'un Dieu créateur. Diverses religions fondamentalistes se prononcent en faveur du créationnisme et, pour ce faire, développent fréquemment une interprétation littérale de leurs textes sacrés.

La théorie du « dessein intelligent ». Cette théorie, qui s'est propagée dans les rangs des scientifiques modernes, est apparentée au créationnisme. C'est aux États-Unis qu'elle a fait son apparition, et c'est avant tout sur le continent américain qu'elle rencontre le succès depuis les années 1990. Selon elle, la nature présente des traits caractéristiques que seule peut expliquer l'existence d'un créateur, d'un « planificateur intelligent ». Celui-ci est, en règle générale, identifié au Dieu chrétien. L'un des tenants les plus connus du « dessein intelligent » est le philosophe et théologien américain William Dembski (né en 1960).

POUR OU CONTRE

Le monstre en spaghetti volant

Le pastafarisme est une parodie de religion qui vise directement, entre autres, la théorie du « dessein intelligent » ainsi que l'idée de Dieu qu'elle défend. C'est le physicien américain Bobby Henderson (né en 1980) qui, en 2005, a imaginé sa divinité, le « monstre en spaghetti volant ». Henderson entendait montrer qu'il est parfaitement possible de défendre une idée absurde comme celle-ci en avançant précisément les arguments des tenants de l'existence d'un Dieu créateur. Les points principaux de cette « nouvelle théorie » sont les suivants : le monstre en spaghetti volant, qui est invisible, a créé en état d'ivresse le monde – raison pour laquelle celui-ci comporte tant de tares. Il a mis en branle l'évolution afin de tester la fidélité de tous ceux qui croient en lui. Il s'immisce dans les recherches scientifiques et les mesures géologiques dans le but de tester la validité de leurs résultats. Les pirates sont des êtres divins, et le fait qu'ils soient de moins en moins nombreux a directement à voir avec le réchauffement de la planète et la multiplication des catastrophes naturelles.

- *Dans quelle mesure la construction intellectuelle du monstre en spaghetti volant démasque-t-elle les faiblesses des arguments des tenants d'un Dieu créateur ?*
- *Quels sont les arguments rationnels plaidant, selon ces derniers, en faveur de l'hypothèse d'un Dieu créateur ? Et quels sont les arguments rationnels plaidant contre une telle hypothèse ?*

TEST DE LOGIQUE

La preuve ontologique

L'argument ontologique en faveur de l'existence de Dieu consiste à avancer que Dieu doit exister du fait même qu'il est par excellence l'être parfait. En effet, si la qualité de l'« existence » lui faisait défaut, il ne serait pas parfait.

- *Vérifiez la validité de cette argumentation en vous aidant de la distinction logique entre signification intentionnelle et signification extensionnelle (voir le chap. 3, « Concepts », p. 105). Appliquez l'argument de la preuve ontologique de Dieu au monstre en spaghetti volant.*

AVIS DE RECHERCHE

On recherche l'homme-orchestre

Il fut à la fois – chose extrêmement rare – un scientifique créatif, un philosophe plus qu'inspiré et un chrétien convaincu. Il y eut et il y a, dans les rangs des philosophes, de nombreux hommes de science, mais il fut le seul, de tous, à allier à ce point philosophie, religion et science, jusqu'à incarner leur fusion. Il débuta sa carrière en étudiant avec ferveur les sciences de la nature et les mathématiques. Il se pencha sur l'effet de la pression atmosphérique sur les liquides ; il s'intéressa de très près au calcul des probabilités, et il devint l'un des pères du « triangle arithmétique », qui porte aujourd'hui son nom.

Dans la dernière décennie de son existence, il fut un partisan convaincu des jansénistes – un courant de l'Église catholique qui, à l'instar des protestants, mettait l'accent sur la doctrine de la grâce ainsi que sur celle de la providence. Dès lors, il vécut et écrivit dans l'orbe du monastère janséniste de Port-Royal, à Paris. Mais, parce qu'il était un esprit logique acéré, il ne cessa de se préoccuper de tout ce qu'impliquait sa position, qui n'allait pas de soi. Ses notes philosophiques les plus importantes furent publiées après sa mort et devinrent un *best-seller* de l'histoire de la philosophie. On y trouve notamment le célèbre pari sur l'existence de Dieu, qui devait susciter le très vif intérêt d'intellectuels athées ou agnostiques. Au XXe siècle, cet homme-orchestre fut même présenté comme un précurseur de l'existentialisme.

➡ *De qui s'agit-il ?*

À VOUS DE JOUER !

Imaginez une religion

Imaginez une religion et un Dieu compatibles avec les apports en connaissance des sciences et susceptibles d'être défendus au moyen d'arguments non contradictoires. Quelles pourraient être les qualités de ce Dieu ? Quelle serait son influence sur les lois de la nature ? Quel serait son rapport aux hommes ?

➨ *Parmi les conceptions de Dieu suivantes, laquelle serait compatible avec cette vision du monde ? Et quelle est celle qui ne le serait pas ?*

– Un Dieu tout-puissant, qui crée le monde, met en branle son évolution, pour ensuite se retirer et ne plus y intervenir ;

– Un Dieu tout-puissant, omniscient, et à la bienveillance universelle, qui a créé le monde, qui peut y intervenir à tout moment, et le fait parfois ;

– Deux dieux œuvrant l'un contre l'autre : un dieu bienveillant, qui a créé le monde et qui peut intervenir en lui, mais qui n'est pas tout-puissant ; un dieu mauvais, qui, lui non plus, n'est pas tout-puissant, et qui combat la création du Dieu bon en instillant le mal en elle.

➨ *Quelles autres conceptions de Dieu seraient possibles ?*

L'athéisme, des Lumières à nos jours

Les Lumières du XVIIIe siècle marquent une rupture dans l'histoire des rapports entre religion et philosophie. Jusqu'à cette date, il était plus que périlleux de se présenter comme un athée. Même des philosophes des Lumières comme John Locke (1632-1704), partisans de la tolérance religieuse, la refusaient aux athées. Qui ne croyait pas en Dieu était tenu pour immoral, car on considérait de très longue date que les règles morales n'étaient fondées qu'en référence à Dieu et à son existence. Mais c'est à cette époque qu'un certain nombre de philosophes commencèrent à formuler, au nom de la raison, une critique publique de l'Église et de l'idée de Dieu personnel. Dès lors, l'influence de l'Église sur la politique, sur la société et la culture déclina tandis que les philosophes défendant ouvertement un athéisme devenaient de plus en plus nombreux. Aujourd'hui, seule une minorité de philosophes se prononce encore en faveur de la croyance en Dieu traditionnelle.

Pour Paul Henri Thiry d'Holbach (1723-1789), un Allemand né dans le Palatinat sous le nom de Paul Heinrich Dietrich von Holbach et qui s'installa à Paris pour devenir l'un des penseurs les plus radicaux des Lumières françaises, Dieu n'est rien d'autre qu'une invention de l'esprit. Tous les processus de la nature sont, selon lui, de nature matérielle et déterminés par la loi de la cause et de l'effet. Il n'y a plus aucune place, dans cette vision du monde, pour le supranaturel, le parapsychique.

Aux yeux d'Arthur Schopenhauer (1788-1860), aucun Dieu ne se dissimule derrière les phénomènes de la nature; tout au plus peut-on déceler derrière eux une force, une énergie impersonnelle, d'ampleur universelle et dans le même temps autodestructrice, qu'il nomme volonté. Le monothéisme et son idée d'un Dieu bon créant un monde parfaitement ordonné relèvent pour lui des péchés originels de la pensée occidentale. Néanmoins, il ne dévalorise pas entièrement la religion : elle est, d'après lui, une expression du besoin métaphysique fondamental qu'a l'homme d'expliquer ce qui meut le monde et ses phénomènes.

Pour Karl Marx (1818-1883), la culture, la religion et la philosophie relèvent de la « superstructure » d'une société dont les véritables forces motrices sont à trouver dans l'« infrastructure » économique, les rapports matériels de production. Dans ce cadre, la « religion » est, pour l'essentiel, l'expression d'une « fausse conscience » en laquelle se reflètent les rapports sociaux – des rapports dominés par la misère et l'oppression. Elle est l'« opium du peuple » – mais ce serait une erreur de croire qu'il l'envisage seulement de façon négative : elle est, d'un côté, un moyen de faire oublier cet état de servitude, en nous en distrayant;

mais, d'un autre côté, elle permet aussi, et de façon légitime, de donner expression au désir naturel qu'a l'homme de s'affranchir de lui-même dans certaines circonstances.

Bien qu'il ne croie pas en lui, Dieu est l'un des grands sujets de Ludwig Feuerbach (1804-1872). Le Dieu de Feuerbach n'a pas un visage divin mais humain. En vérité, nous dit-il, Dieu n'est pas le créateur des hommes : c'est l'homme qui est le créateur de Dieu. Celui-ci n'est en rien un être transcendant, mais une projection humaine : c'est qu'il incarne tout ce que l'homme aurait voulu avoir mais n'a pas – entre autres, la puissance, la bonté et le savoir infinis.

C'est à Friedrich Nietzsche (1844-1900) que nous devons la célèbre exclamation : « Dieu est mort ! » Celui-ci réfute ce qu'il appelle l'« arrière-monde de la métaphysique », soit l'idée qu'il existe derrière notre monde un autre monde, un monde « vrai ». Nietzsche se considérait comme un « esprit libre », comme le prophète d'une vie accomplie ici-bas.

Pour Bertrand Russell (1872-1970), qui fut l'un des grands pionniers de la logique moderne, toutes les tentatives de démontrer l'existence de Dieu à l'aide de la raison, de la science et de la logique, sont destinées à échouer. Dans cette optique, la croyance en Dieu repose avant tout sur la peur de l'inconnu et de la mort, ainsi que sur le désir de se savoir protégé par une autorité supérieure, à laquelle on peut en appeler dans les épreuves de la vie.

À VOUS DE JOUER !

Démiurge

Chacun de nous a déjà joué, au moins une fois, à Dieu, et s'est mis en situation de créer un monde à partir de zéro, ou du moins de corriger le monde existant. Dans le vingtième voyage narré dans son livre *Les Voyages électriques d'Ijon Tichy* (1976), Stanisław Lem (1921-2006), le célèbre auteur de science-fiction polonais, a fait de ce thème une expérience littéraire à part entière. Ijon Tichy, qui voyage à travers l'espace, se voit catapulté en plein XXVIIe siècle – une époque où la science est en mesure de manipuler le temps, c'est-à-dire de modifier son écoulement de façon rétroactive et donc son évolution. Tichy se voit confier la direction d'un projet visant à « réparer » l'évolution du monde et l'histoire de l'humanité.

➡ *Mettez-vous à la place de Tichy, endossez son rôle. Quelles propositions d'amélioration feriez-vous ?*

➡ *Quelles sont les évolutions de l'histoire que vous changeriez après coup ?*

➡ *Quelles transformations réaliseriez-vous dans la nature en général et dans la nature des hommes en particulier ?*

Solutions, arguments et idées

Dieu

➡Page 150

AVIS DE RECHERCHE

Le philosophe qui cachait Dieu dans le monde

Baruch Spinoza (1632-1677)

➡Page 153

ÉNIGME PHILOSOPHIQUE

Le pari de Pascal

Deux arguments sont susceptibles d'être opposés au pari de Pascal. S'il est certes exact que Dieu ou bien existe ou bien n'existe pas, et si la répartition des chances de son existence dans le cadre d'un pari est bien telle que Pascal l'a décrite, la thèse selon laquelle nous nous retrouverions dans la situation de joueurs contraints de miser n'est pas exacte. Nous ne sommes pas obligés de jouer et pouvons nous en abstenir, comme le font ceux que l'on appelle les « agnostiques ». Le point de vue d'un agnostique est le suivant : je ne sais pas si Dieu existe ou non et je ne me décide pas non plus pour l'une ou l'autre option. Un second argument peut être soulevé contre le pari de Pascal, et plus précisément contre cette idée d'un Dieu envoyant les hommes en enfer, au motif qu'ils auraient perdu leur pari et choisi le mauvais cheval : l'idée même selon laquelle la vie éternelle devrait dépendre d'un pari n'est guère convaincante.

➡Page 154

ÉNIGME PHILOSOPHIQUE

La théodicée en question

Cette énigme est au fond insoluble et représente un authentique dilemme pour tous ceux qui croient en un Dieu bon et dans le même temps tout-puissant. Le mal et la souffrance dans le monde sont des faits indéniables. La question : « Pourquoi un Dieu prétendument bon et tout-puissant a-t-il créé un tel monde et continué à le tolérer ? » ne saurait se voir apporter une réponse au moyen de la logique humaine. Le philosophe qui s'appuie sur une argumentation rationnelle peut seulement dire au théologien : tu as là un sacré problème !

➡Page 155

TEST DE LOGIQUE

Le problème de la toute-puissance

Il est possible de s'attaquer à ce paradoxe sous différents angles. Choisissons l'angle logique. On peut définir la toute-puissance comme « une puissance au-delà laquelle ne saurait exister aucune puissance supérieure ». Mais « une puissance au-delà de laquelle ne saurait exister aucune puissance supérieure » ne peut donner naissance à une puissance qui serait plus puissante qu'elle ; en effet, une telle chose conduirait à une contradiction logique évidente. Il est donc possible de retourner l'argument : c'est précisément *parce que* Dieu est tout-puissant qu'il ne peut créer une entité plus puissante que lui.

➡Page 155

POUR OU CONTRE

Le meilleur des mondes possibles ?

Les réfutations de cette idée s'appuient sur le fait que l'évolution a toujours connu de nombreux essais manqués, et que des espèces ne cessent de s'éteindre faute d'être capables de survivre. Ces faits-là montrent bien que notre monde n'est pas le meilleur de tous les mondes possibles, mais qu'il est un monde en mesure de s'améliorer, et qui le mérite.

Un contre-argument à cette objection existe, qui se passe de l'hypothèse de Dieu et du « dessein intelligent » : on pourrait avancer que ce monde en apparence imparfait est précisément, pour cette raison même, le meilleur de tous les mondes possibles, au motif que la meilleure forme de vie, la forme de vie la plus appropriée, finit toujours par s'imposer dans la nature.

Le cadre argumentatif change du tout au tout lorsqu'on ne prend plus seulement en compte la nature mais aussi l'histoire humaine. Le seul fait des guerres et de la rage destructrice de l'homme rend plus que délicat tout plaidoyer en faveur de l'hypothèse du meilleur de tous les mondes possibles.

➡Page 157

POUR OU CONTRE

Le monstre en spaghetti volant

L'idée du monstre en spaghetti volant n'est pas tout à fait dépourvue de sens, puisqu'elle vient démontrer que l'on peut isoler et immuniser une idée et une vision du monde contre des arguments empiriques. Nous avons là, comme dans de nombreuses visions du monde religieuses, un système de pensée cohérent par lui-même, ayant des réponses toutes prêtes pour toutes les objections pouvant lui être faites. Si l'on demande, par exemple, comment concilier la théorie de l'évolution avec l'idée d'un monstre en spaghetti, il sera répondu : « Le monstre en spaghetti a mis en branle l'évolution afin de tester la solidité de la foi de ses fidèles » – un argument que l'on ne peut réfuter puisqu'il se dérobe à toute possibilité de vérification.

➡Page 158

TEST DE LOGIQUE

La preuve ontologique

L'argument ontologique en faveur de l'existence de Dieu peut être réfuté au motif qu'il fait de l'« être » un « prédicat réel », c'est-à-dire qu'il confond la signification intentionnelle de « Dieu » (Dieu *est* un être tout-puissant qui a créé le monde) avec sa signification extensionnelle (il *existe* un être tout-puissant qui a créé le monde). Cela est irrecevable en termes de logique langagière. En résumé : ce n'est pas parce qu'existe l'idée de « Dieu », à qui l'on attribue certaines qualités, qu'un Dieu existe effectivement.

➡Page 159
AVIS DE RECHERCHE
L'homme-orchestre
Blaise Pascal (1623-1662)

➡Page 160
À VOUS DE JOUER !
Imaginez une religion
Seule la première variante – c'est-à-dire un Dieu qui s'est retiré entièrement du monde et qui n'intervient en rien dans les lois de la nature – s'avère compatible avec la vision du monde scientifique.

➡Page 162
À VOUS DE JOUER !
Démiurge
Dans l'ouvrage de Lem, Tichy essaie de faire rétroactivement emprunter à l'histoire de l'humanité de meilleures voies, mais sa tentative se solde par un échec. Lem, dans un renversement satirique, présente même l'histoire réelle de l'humanité comme une conséquence de la tentative d'amélioration menée sans succès par Tichy. Le problème majeur est que chaque modification prise isolément a d'innombrables suites et conséquences parfaitement imprévisibles. Lorsque, par exemple, on transforme la nature humaine de façon à ce qu'il n'y ait plus ni guerre ni agression, on ne peut savoir si l'homme, au fil de l'évolution, pourra s'imposer face à d'autres êtres agressifs – et donc si une civilisation humaine pourra se développer au sens où nous l'entendons.

Seul Dieu (s'il existe) peut embrasser du regard la totalité des conséquences de son action. Pour cette raison même, nous ne pouvons nous imaginer que de façon imparfaite le rôle de Dieu.

On peut néanmoins envisager le raisonnement « Qu'en aurait-il été si… ». En voici deux exemples :

Qu'en aurait-il été si la Révolution française n'avait pas eu lieu ?

Au XIXe siècle, les régimes absolutistes seraient restés partout au pouvoir. L'Angleterre exceptée, l'Europe n'aurait accordé aucune espèce d'importance à la liberté de la presse, au parlementarisme et aux libertés civiles, et ce, pendant longtemps. Les mouvements de libération nationale (comme, par exemple, en Italie) ne se seraient pas développés. Peut-être y aurait-il eu aussi moins de nationalisme et moins de guerres… L'Europe du XIXe siècle aurait sans doute été plus pacifique mais elle aurait probablement aussi connu beaucoup moins de progrès.

Qu'en aurait-il été si Hitler ne s'était pas emparé du pouvoir en Allemagne ?

Il n'y aurait pas eu d'holocauste et peut-être la Seconde Guerre mondiale n'aurait-elle pas eu lieu. L'Angleterre et la France auraient conservé leurs colonies des décennies durant et les États-Unis ne seraient pas devenus une puissance mondiale. Il n'y aurait pas eu d'État d'Israël, et pas non plus d'Union européenne, mais des rivalités entre grandes puissances européennes. Peut-être la bombe atomique aurait-elle été élaborée en Allemagne. L'Europe jouerait un rôle plus significatif encore dans les affaires du monde mais serait aussi plus querelleuse…

CHAPITRE 5

Espace et temps, cosmos et histoire

L'HOMME SE VOIT JETÉ DANS UN UNIVERS qu'il ne comprend pas ou dont il ne comprend que certains aspects. La physique moderne en a éclairé quelques-uns mais c'est loin d'être le cas de tous. De nombreuses énigmes demeurent. Il ne faut donc pas s'étonner que la philosophie ait débuté par l'étonnement : étonnement face à l'incommensurabilité de l'espace, étonnement face à l'existence de ce que nous nommons le ciel et la terre, étonnement face à la complexité des cycles de la nature, interrogation quant à l'objectif et l'origine de l'évolution. Les disciplines que nous distinguons aujourd'hui – la métaphysique, la physique, l'épistémologie, la cosmologie, la *Naturphilosophie*, c'est-à-dire la philosophie naturelle, et la philosophie de l'histoire – ont toutes une source commune. Cette source commune, ce sont les questions que se posèrent les philosophes grecs dès les débuts de la philosophie : quelle est l'origine de ce monde, sa signification, son objectif ? En ce temps-là, on baptise de nombreux écrits *De la nature* ; et, de fait, tous traitent de ce que nous désignerions aujourd'hui sous le nom de « cosmos » ou d'« univers ».

Les problèmes débutent par le simple fait que nous ignorons quelle est l'étendue exacte de ce cosmos. Nous avons certes appris que la Terre n'est pas le centre de l'univers. Mais cet univers a-t-il seulement un centre ? Ne faudrait-il pas parler plutôt, aujourd'hui, d'un « multivers », d'un amoncellement de nombreux mondes ? Ces nombreux mondes feraient-ils tous partie d'un monde commun soumis à des lois communes ? Existe-t-il ainsi une sorte de « formule du monde » permettant de l'expliquer ?

La philosophie ne craint pas de remettre en question les fausses évidences. L'espace et le temps, par exemple, sont au nombre de celles-ci.

Certes, nous percevons le monde sous une forme spatio-temporelle, mais le monde est-il réellement tridimensionnel? L'« espace » est-il absolument une réalité, ou n'est-il qu'un concept qui serait le fruit de notre interprétation du monde? Existe-t-il un « vrai » monde derrière le monde spatio-temporel?

Des questions similaires se posent au sujet du temps: se pourrait-il que notre perception du passé, du présent et du futur soit spécifiquement humaine, et qu'en vérité ce soit la simultanéité qui règne? Tout mouvement ne serait-il que relatif? Tous les mondes possibles existeraient-ils dans le même temps? Si l'homme vit « dans le temps » et en a une sensation qui lui est propre, ce temps ressenti est-il identique à ce que nous appelons le temps « objectif », et que nous mesurerons au moyen de nos horloges? Les physiciens n'ont pas été les seuls à s'intéresser à ces questions: les philosophes se sont eux aussi penchés sur elles. Le temps de l'humanité – de l'humanité envisagée comme une totalité –, son évolution, soulèvent eux aussi de nombreuses questions: notre histoire n'est-elle qu'une succession confuse d'événements? De la même façon qu'ils l'ont fait pour les lois de la nature, les philosophes ont souvent tenté d'identifier des lois de l'histoire, les « grandes connexions ».

> *La grande tâche*
> *des sciences naturelles*
> *et de la Naturphilosophie,*
> *la philosophie naturelle, consiste à*
> *créer une image cohérente*
> *et compréhensible de l'univers.*
> *Toute science est cosmologie.*
> Karl Popper

De telles questions fondamentales sur « ce qui assure, en son cœur même, la cohésion du monde » invitent bien évidemment à spéculer. La littérature de science-fiction s'inspire non sans raison de telles spéculations, que nous devrions nous garder de dénigrer d'emblée. Ni la science (de la nature) ni la philosophie ne pourront probablement jamais parvenir à la certitude absolue au sujet du monde. Celui-ci conservera toujours de son mystère. Voilà pourquoi notre réflexion à son sujet dépend de spéculations avisées, rationnelles et fondées. Et il arrive parfois en ce domaine que la philosophie et la science-fiction intelligente ne soient pas si éloignées. Ce qui débute comme « idée » pure, spéculation, est fréquemment confirmé, plus tard, par la science. La spéculation, la théorie philosophique et la science peuvent se féconder mutuellement. Les réflexions sur l'origine et l'objectif de notre monde, le passé et l'avenir de celui-ci constituent un ensemble assez fascinant, en constante évolution et qui ne se referme jamais sur lui-même.

La théorie des deux mondes

La théorie des deux mondes postule qu'il existe deux types différents de réalité, mais qui ne sont pas forcément semblablement « réels ». L'histoire de la philosophie a vu se former différentes versions de cette théorie.

L'une d'elle, bien connue, postule qu'il existe, d'un côté, le monde dans lequel nous vivons, que nous percevons et où sont en vigueur des lois de la nature bien précises, et que par ailleurs, « derrière » ce monde-là, il en existe un autre, le vrai monde, où ces lois ne s'appliquent pas et qui ne nous est accessible que sur un mode tout à fait particulier.

Monde des idées, monde de la perception. Le père de la théorie des deux mondes est Platon (427-347 av. J.-C.). Notre monde fait de choses éphémères et instables n'est, à ses yeux, qu'un reflet du monde des formes éternelles et intangibles. Il existe de nombreux chevaux différents, mais il n'existe qu'une seule idée du cheval. Nous faisons l'expérience de diverses sortes de bravoure, mais il n'existe qu'une seule idée de la bravoure.

Cité de Dieu, cité des hommes. Augustin (354-430), le premier philosophe chrétien considérable, a réinterprété la théorie des deux mondes sur un mode religieux et moral au moyen d'une philosophie de l'histoire : l'histoire, chez lui, est celle d'une opposition entre la cité de Dieu, régie par les valeurs chrétiennes et représentée par l'Église, et le royaume du monde, ici-bas, marqué par le péché et représenté par le pouvoir mondain.

Monde phénoménal, chose en soi; royaume de la liberté, royaume de la nécessité. Emmanuel Kant (1724-1804) a proposé deux théories des deux mondes. La première relève de l'épistémologie: derrière le monde dont nous faisons l'expérience et que nous percevons (le monde des « phénomènes ») se tient le vrai monde, le monde de la « chose en soi », un monde qui, pour nous, ne peut être connu. La seconde théorie relève de l'éthique: alors que dans la nature tout se produit selon le principe de la causalité (c'est-à-dire selon le rapport entre la cause et l'effet), l'homme, lui, relève pour partie du royaume de la liberté, dans la mesure où il peut orienter son action à l'aune d'une loi morale rationnelle. Mais, chez Kant, ces deux théories ont à voir l'une avec l'autre: c'est que le royaume de la liberté est identifié par lui au monde de la chose en soi.

Monde de la volonté et de l'inconscient, monde de la représentation et de la conscience. Arthur Schopenhauer (1788-1860) discerne derrière le monde dont nous faisons l'expérience (le monde des « représentations ») une force universelle, inconsciente et irrationnelle, qu'il nomme « volonté ». Celle-ci guide notre conscience. De façon tout à fait similaire, Sigmund Freud (1856-1939) en viendra, au fil de l'élaboration de sa pensée psychanalytique, à la conclusion que notre monde conscient est dirigé par le monde de l'inconscient et de ses pulsions.

Réalité physique et réalité perceptive. La physique moderne se fait une vision du monde tout autre que celle de notre perception quotidienne, où nous observons des corps visibles se déplaçant dans l'espace et le temps. En effet, la physique permet une « vision en profondeur » du monde – un monde que, dès lors, nous cessons d'observer et que nous mesurons seulement: la matière est composée d'atomes qui sont eux-mêmes faits de protons et de neutrons, eux-mêmes composés de particules élémentaires encore plus petites, les « quarks », qui adoptent pour forme différents états physiques. Les particules élémentaires ne se comportent pas seulement comme des particules normales, mais aussi comme des ondes (voir dans ce chapitre « Le monde selon la philosophie et la physique », p. 178).

TEST DE LOGIQUE

Un regard logique sur les idées de Platon

L'« idée » de Platon, l'*eidos* grecque, c'est-à-dire la « forme idéale », désigne ce qui est commun à des ensembles bien déterminés de choses et qui leur sert de modèle : l'idée du cheval est la « forme idéale » de tous les chevaux ; l'idée de bravoure est le modèle de toutes les actions dictées par la bravoure.

➡ *Comment expliquer la différence entre l'idée et la chose à l'aide des différents types de signification d'un concept* (voir chap. 3, « Concepts », p. 105) ?

Atome et atomisme

« Atome » vient du grec et signifie l'« indivisible ». L'atomisme est une théorie de la matière dont l'idée-force est que notre cosmos est composé d'atomes, c'est-à-dire de minuscules éléments indivisibles se déplaçant dans un espace vide. Cette vision des choses fut tout d'abord défendue par les philosophes grecs Leucippe (v. 460-370 av. J.-C.), Démocrite (v. 460-370 av. J.-C.), Épicure (341-271 av. J.-C.) et Lucrèce (98/94-55 av. J.-C.). Parce qu'Aristote s'était exprimé contre lui, et que son influence était considérable, l'atomisme resta un courant de pensée minoritaire en philosophie. Avec l'entrée dans les Temps modernes, il fut réanimé par des savants comme Galilée (1564-1642), Pierre Gassendi (1592-1655) et Isaac Newton (1643-1727). L'atomisme s'est définitivement imposé dans la physique moderne lorsque le physicien Niels Bohr (1885-1962) proposa son modèle d'atome. Toutefois, ajoute-t-il, cet atome n'est pas le plus petit composant déterminant du monde, car des électrons plus petits tournent tout autour de lui. Depuis, nous avons appris qu'il en existe d'autres plus petits encore (voir ci-dessous).

Le monde selon la philosophie et la physique

Cosmos est un mot d'origine grecque. Et c'est aussi du monde grec que nous viennent les premières cosmologies, les premières interprétations et théories de la création du cosmos. Il est impossible d'y distinguer la philosophie de la science. Jusqu'aux débuts des Temps modernes, au XVIIe siècle environ, tous les chercheurs en sciences naturelles étaient appelés des « philosophes de la nature » (en allemand : *Naturphilosophen*). La physique comme champ de connaissances à part entière ne conquit son autonomie par rapport à la philosophie que lorsqu'on se mit à faire de la recherche empirique le fondement des théories.

Pourtant, l'explication du monde proposée par la philosophie et celle donnée par la physique sont restées jusqu'à aujourd'hui en rapport étroit. Des théories philosophiques ont inspiré les physiciens, tandis que des spéculations philosophiques étaient fondées sur des théories scientifiques. De part et d'autre, il est toujours question des mêmes thèmes fondamentaux : l'éternité ou la finitude du monde, la nature de l'univers, ou encore le caractère objectif ou non de l'espace et du temps.

Au commencement de la philosophie grecque. Les tout premiers philosophes grecs avaient déjà proposé un certain nombre de réflexions géniales sur le monde et la nature qui – alors même que ne sont parvenus jusqu'à nous que de minces fragments de leurs écrits – ouvrent aujourd'hui encore des pistes fructueuses à la science. Selon Parménide (v. 540-460/455 av. J.-C.) et pour l'école éléatique qu'il a fondée, il n'existe pas d'espace vide. Les mouvements et changements temporels reposent, nous disent-ils, sur une illusion. L'être véritable est immuable. Pour Anaximandre de Milet (v. 610-540 av. J.-C.), ce qui est à l'origine du monde et le régit est l'*apeiron*, l'« indéfini » et l'« indéterminé », qui est éternel et à partir duquel se constitue nécessairement toute chose. Héraclite (v. 540-480 av. J.-C.), en soulignant notamment que « tout s'écoule », soutenait que le monde n'est pas statique mais est un processus. Pour les matérialistes antiques que furent Leucippe (v. 460-370 av. J.-C.), Démocrite

(v. 460-370 av. J.-C.), et plus tard Épicure (341-271 av. J.-C.) et le Latin Lucrèce (98/94-55 av. J.-C.), le monde est composé de petites particules indivisibles, d'« atomes », qui se déplacent dans l'espace vide et entrent en collision les uns les autres.

La philosophie grecque classique et tardive. Platon (427-347 av. J.-C.) reprit de Parménide la thèse selon laquelle l'être véritable est intangible. Les choses du monde que nous percevons comme variables trouvent leur modèle et leur origine dans le monde véritable des idées, qui, elles, sont immuables. Pour Platon, la Terre est le centre de l'univers, et les corps célestes ont un caractère divin. Le mathématicien Euclide (v. 300 av. J.-C.) était un partisan de Platon. Il posa les fondements de la géométrie de l'espace tridimensionnel, qui est encore aujourd'hui enseignée dans les écoles. Pour lui, les figures géométriques comme les triangles, les droites, les angles, etc., étaient des « idées », au sens platonicien du terme. Aristote (384-322 av. J.-C.) fut le *Naturphilosoph*, le « philosophe de la nature » le plus influent de l'Antiquité. À ses yeux, le cosmos est sphérique et éternel. Tous les éléments sublunaires se situent au centre de la Terre. Celle-ci est le centre de l'univers, et tous les corps célestes tournent concentriquement autour d'elle. La nature est composée de « substances ». Toutes les substances sont déterminées par leurs fins respectives dans la mesure où elles aspirent à développer la forme qui leur est assignée. Dans l'ensemble, la nature est aux yeux d'Aristote un ordre cohérent de fins. La fin la plus élevée de l'évolution entière est un Dieu impersonnel, le « premier moteur immobile », à l'origine de tout mouvement et vers lequel convergent aussi le mouvement et l'évolution de toutes les choses. Pour Aristote, la fin – le « ce vers quoi et ce sur quoi » – était

> *Ce monde-ci, le même pour tous, aucun des dieux ni aucun des hommes ne l'a fait, mais il était toujours et il est et il sera feu toujours vivant, s'allumant avec mesure et s'éteignant avec mesure.*
>
> HÉRACLITE

en cela bien plus importante que l'origine – le « d'où ». Cette manière d'envisager la nature, de considérer qu'elle est orientée vers des fins, est qualifiée de « téléologique » (du grec *telos*, « fin », « objectif »). Aristote ignorait encore la gravitation. Pour lui, tout corps a un poids « absolu » naturel et, en conséquence, un lieu « naturel » dans la nature.

Dans l'Antiquité déjà, on trouvait des partisans d'une vision du monde héliocentrique, convaincus qu'au centre de l'univers se trouvait non pas la Terre mais le Soleil. Toutefois, la *Naturphilosophie*, la philosophie naturelle d'Aristote, défendait une vision du monde « géocentrique ». Pour cette raison même, la thèse qui s'imposa des siècles durant, et qui s'appuyait sur les calculs du mathématicien, astronome et astrologue Ptolémée (v. 100-168), situait la Terre en plein centre de l'univers. Cette vision du monde « ptoléméenne » ne fut écartée qu'au XVIe siècle par Nicolas Copernic (1473-1543) et ses défenseurs.

La philosophie chrétienne du Moyen Âge. À cette époque, la théologie chrétienne dominait la philosophie. La recherche empirique dans le domaine des sciences de la nature n'était pas particulièrement considérée. On se fiait alors bien plus à l'autorité des Saintes Écritures. La théologie chrétienne fut à cette époque combinée à la vision du monde d'Aristote et de Ptolémée : la Terre restait au centre du cosmos et la nature demeurait un ordre hiérarchisé de fins. Mais le « premier moteur immobile » fut identifié à cette époque au Dieu créateur chrétien, tandis que le cosmos éternel devint le monde périssable, créé par Dieu.

Les pionniers de la conception moderne du monde. Le moine dominicain Giordano Bruno (1548-1600) fut de ceux qui initièrent une transformation de la conception du monde propre au Moyen Âge. Il affirma que la Terre n'était pas au centre de l'univers, que celui-ci était infini et que l'existence de nombreux univers infinis était une réelle possibilité. Il fut brûlé en place publique pour hérésie par l'Église. Nicolas Copernic (1473-1543), après avoir étudié de près les orbites des planètes, en arriva à la conclusion que c'était bien le Soleil, et non la Terre, qui se situait au centre de l'univers ; c'est ainsi qu'il remit en question la vision du monde géocentrique que Ptolémée avait formulée. Cette nouvelle vision du monde, dite « héliocentrique », fut confirmée par les calculs de Johannes Kepler (1571-1630) et Galilée (1564-1642).

La mécanique classique, qui prit le relais des conceptions aristotélicienne et chrétienne du monde et qui, jusqu'à la fin du XIXe siècle, caractérisa la conception scientifique du monde, est le résultat de l'évolution des sciences de la nature et des mathématiques. On cessa de considérer que la nature était dominée par des forces cachées et qu'elle s'efforçait de réaliser des fins. Désormais, elle était mesurable et pouvait être décrite à l'aide de lois formulées mathématiquement. Les mathématiques en vinrent ainsi à jouer un rôle décisif dans la description du cosmos. La « formalisation » mathématique de l'observation de la nature et de la physique, la « mathématisation » de la description que nous donnons du monde, est l'une des grandes révolutions de l'histoire de l'esprit : c'est elle qui donna naissance à la conception du monde moderne.

Les philosophes gardèrent de la mécanique classique la théorie héliocentrique et prirent définitivement congé de la *Naturphilosophie*, de la philosophie naturelle d'Aristote, qui, on l'a vu, était fondée sur l'idée de destination finale. René Descartes (1596-1650) entreprit de défendre une conception dualiste du monde, postulant l'existence de deux substances différentes : la substance « pensante » (*res cogitans* – c'est-à-dire l'esprit) et la substance « étendue » (*res extensa* – c'est-à-dire la matière). Les processus à l'œuvre dans la nature, et donc le mouvement des corps matériels, ne pouvaient selon lui être expliqués par des objectifs, mais par la pression et la poussée. Descartes rejetait l'idée d'un espace vide. La nature – hommes compris – était à ses yeux une machine, un mécanisme complexe de particules. Contrairement à Descartes, Pierre Gassendi (1592-1655) refusait de considérer l'esprit comme une substance autonome. Il était un disciple d'Épicure et, à l'instar des matérialistes antiques, il soutenait que le monde était composé de minuscules particules, les atomes, qui se rencontraient dans un espace vide.

C'est Isaac Newton (1643-1727) qui paracheva la mécanique classique : avec sa grande œuvre intitulée *Principes mathématiques de la philosophie naturelle* (1687), il donna à la mécanique classique sa forme définitive en déduisant de trois axiomes ses lois fondamentales. Newton parvint à établir l'existence, aux côtés de la pression et de la poussée, de la gravitation (ou pesanteur), une force d'attraction entre les corps qui ne dépend que de leur masse. La gravitation agit à distance mais perd de sa force à mesure que les masses s'éloignent les unes des autres. C'est ainsi qu'il devint possible de calculer exactement l'orbite des planètes. Toutes les lois de Newton se rapportent à l'espace euclidien tridimensionnel, que le physicien tenait pour absolu.

Comme Newton, Gottfried Wilhelm Leibniz (1646-1716) fut un génie scientifique universel. S'ils sont tous deux considérés comme les inventeurs du calcul infinitésimal, leurs apports respectifs à notre connaissance du cosmos sont très différents. Pour Leibniz, l'espace était relatif et n'existait que dans les rapports entre les éléments fondamentaux du cosmos, qu'il appelait « monades ». Les monades sont des moteurs revêtant la forme de points sans extension. Comme les atomes, elles ne sont pas divisibles ; mais, contrairement à eux, elles sont des substances spirituelles et non matérielles, qui produisent continuellement des effets. Toute monade constitue un monde clos, « sans fenêtre ». Les rapports entre les monades ont, selon Leibniz, été instaurés par Dieu.

La conception du monde de la modernité. Le début du XXe siècle a vu apparaître deux théories physicalistes révolutionnaires : celles de la relativité et de la mécanique quantique. Elles ont révolutionné la conception du monde fondée sur la mécanique classique de Newton, et les interprétations du monde philosophiques s'en sont également inspirées. Ces théories remettent en cause non seulement notre compréhension normale de l'espace et du temps mais aussi l'idée que nous nous faisons de la « matière ». Certes, elles sont confirmées par les mesures de la physique, mais elles se dérobent à l'observation concrète. Aucun moyen n'a encore été trouvé de les concilier. Si l'on y parvenait, alors on obtiendrait en quelque sorte une « théorie du tout ».

Avec la théorie de la relativité formulée par Albert Einstein (1879-1955), la mécanique classique de Newton n'est pas entièrement rejetée mais plutôt envisagée comme un cas-limite. Pour ce qui est de l'univers dans son ensemble, la relativité élargit considérablement l'idée que nous nous faisons de l'espace et du temps ainsi que notre compréhension de la gravitation. Les lois euclidiennes de l'espace ne sont plus considérées comme ayant une validité absolue, l'espace et le temps n'ont plus une valeur fixe et universelle : ils dépendent de l'état de mouvement de l'observateur. La distinction de l'espace et du temps perd elle aussi de sa validité : Einstein l'écarte au profit de l'idée d'un « espace-temps » unitaire quadridimensionnel. Celui-ci peut être présenté comme un système de coordonnées flexible des processus à l'œuvre dans l'univers, et il adopte également la forme d'une courbure. Dans la théorie de la relativité, la gravitation dépend d'une telle courbure. Elle n'est plus une force d'attraction mais une qualité de l'espace-temps.

Jusqu'au XIXe siècle, on croyait encore que la matière était composée de minuscules particules « discontinues », et la lumière d'ondes « continues ». La mécanique quantique, telle qu'élaborée par des physiciens comme Max Planck (1858-1947), Max Born (1882-1970), Erwin Schrödinger (1887-1961) et Werner Heisenberg (1901-1976), postule, elle, l'existence d'un « dualisme ondes-particules ». Cela signifie que les ondes et les particules sont les deux faces de la même médaille. Même les « électrons », les particules les plus minuscules, ont un caractère d'ondes, tandis qu'il est possible de déceler des particules dans la lumière, sous la forme de « photons ». Nous pouvons en conséquence tirer un trait définitif sur toute idée de matière « fixe » ou de « substances » fixes. La physique quantique a démontré – et il s'agit là de l'un de ses apports les plus considérables – qu'il est impossible de définir exactement et simultanément deux propriétés physiques complémentaires d'une particule, ces deux variables complémentaires que peuvent être sa position et sa quantité de mouvement. Ce que l'on appelle le « principe

> *Ce qui m'intéresse vraiment,*
> *c'est de savoir si Dieu avait*
> *un quelconque choix*
> *en créant le monde.*
> ALBERT EINSTEIN

AVIS DE RECHERCHE

On recherche l'homme qui médita sur la chute d'une pomme

Il a donné un nouveau visage à notre conception du monde pour des siècles. Pourtant, il n'était pas un philosophe au sens classique du terme, mais plutôt un scientifique aux innombrables talents. Dans tous les domaines qu'il explora, ses apports furent considérables : en optique, mathématiques, métallurgie, chimie, et tout particulièrement en physique…

Il devint professeur à l'âge de 26 ans. Lui aussi eut affaire à l'opinion publique. La critique, il ne pouvait la supporter qu'avec peine ; quant à la confrontation scientifique avec ses collègues, il lui donna constamment un tour personnel. Il voulut à plusieurs reprises quitter l'association scientifique la plus prestigieuse de son pays. Il se vit toujours reprocher de voler les idées des autres. Un fort sentiment de frustration le poussa à se retirer des années durant dans son cabinet de travail. À la fin de sa vie, il se vit confier une charge importante, maître de la monnaie, qui lui procura des revenus considérables.

Il est surtout connu pour avoir posé le fondement théorique des sciences de la nature modernes. Et, s'il put effectivement s'en prévaloir, c'est parce qu'il médita devant une pomme qui venait de tomber d'un arbre.

➡ *De qui s'agit-il ?*

d'incertitude » instille un élément d'indétermination, d'imprévisibilité, dans la conception scientifique moderne du monde.

Alfred North Whitehead (1861-1947) était vivant lorsque firent irruption la théorie de la relativité et la mécanique quantique. Il est de ces quelques philosophes qui élaborèrent une métaphysique et une cosmologie en se fondant sur la nouvelle vision du monde scientifique. Dans son grand œuvre *Procès et réalité* (1929), il affirme qu'il n'existe pas de substances, ni de particules fixes. Les « choses » se voient remplacées par des procès élémentaires, que Whitehead appelle « événements », et qui interagissent entre eux.

À VOUS DE JOUER !

Théories anciennes

➡ *Quelles sont les idées et théories nées dans la Grèce ancienne qui jouent encore aujourd'hui un rôle dans les sciences ? Citez quelques exemples !*

Le Big Bang

À la très ancienne question de l'origine de toutes choses posée par la philosophie, la physique apporte aujourd'hui une réponse : le Big Bang. De nombreux éléments semblent la confirmer (par exemple, l'inflation cosmique, c'est-à-dire l'expansion de l'espace, qu'il est possible d'observer, ou encore ce que l'on appelle le fond diffus cosmologique). Toutefois, ce terme ne vient pas désigner une explosion qui se serait produite dans un espace préexistant, mais la formation simultanée de la matière, de l'espace et du temps, il y a environ quatorze milliards d'années. Reste toutefois à expliquer de quelle manière l'univers a pu naître du « rien », et pour quelles raisons.

ÉNIGME PHILOSOPHIQUE

À quelle heure débuta le monde ?

« Y eut-il un début au monde, et si oui, à quelle heure ? », pourrait-on demander de façon un peu provocante. Mais peut-on véritablement raisonner ainsi alors que n'existait aucune horloge, et même aucune idée du temps ? La plupart des scientifiques répondent aujourd'hui de façon affirmative à la question de savoir si le monde eut un début. Mais ils ne renvoient plus à un Dieu créateur : ils évoquent désormais le Big Bang. Avec lui, disent-ils, ce n'est pas seulement l'univers qui débuta, mais aussi l'espace et le temps. Mais ne fallut-il pas au Big Bang se produire à un instant bien précis ? Et un tel instant ne présuppose-t-il pas l'existence du temps ? Pour qu'il y ait instant, il faut bien qu'il y ait temps. Il faut donc en conclure que le temps préexistait au Big Bang.

➡ *Quelle réponse apportez-vous à cette question ?*

POUR OU CONTRE

Dieu a-t-il survécu au Big Bang ?

➡ *La théorie du Big Bang est-elle ou non conciliable avec l'idée d'un Dieu créateur du monde ? Réfléchissez aux arguments favorables à cette possibilité, mais aussi aux arguments plaidant contre ! Sur quels points la théorie du Big Bang et la théorie de la création se rencontrent-elles ?*

À VOUS DE JOUER !

Voyage dans le futur !

La courbure de l'espace-temps supposée par la théorie de la relativité permet d'expliquer le ralentissement du cours du temps à mesure que l'on s'éloigne de la Terre, et elle explique aussi que se renforce alors d'autant plus l'emprise du champ de gravitation dans lequel on se trouve. Un vaisseau spatial s'éloignant de la Terre à 80 % de la vitesse de la lumière durant vingt années terrestres traverse ainsi un espace temporel de douze années. Ce qui signifie ceci : un astronaute de retour sur Terre après un tel voyage y revient moins âgé que s'il ne l'avait pas entrepris ! Considérez les scénarios suivants :

> *Le temps n'est plus*
>
> *ce qu'il fut jadis.*
>
> RÜDIGER VAAS

– Un astronaute de retour chez lui retrouve son fils après un long voyage intergalactique ;
– Un astronaute de retour chez lui après un tel voyage retrouve son frère jumeau.

➡ *Après un voyage intergalactique, quel peut bien être le rapport à l'âge de chacun des protagonistes ? Quels cas-limites sont ici pensables ?*

À VOUS DE JOUER !

À rebours

Sorti en 2008, le film *L'Étrange Histoire de Benjamin Button* raconte la vie d'un homme qui naît très vieux et rajeunit au fil des années, jusqu'à adopter l'apparence d'un bébé à l'âge de 85 ans.

Essayez de décrire votre propre existence à rebours du temps, et ce sans que le reste du monde soit affecté par le même phénomène. Il faut donc vous propulser, tel que vous êtes aujourd'hui, dans l'année qui vous a vu naître et débuter votre existence.

➡ *Quels problèmes en résulte-t-il ?*

MULTIVERS, MONDES PARALLÈLES

Nous avons appris que notre Terre mais aussi notre système solaire ne sont pas au centre de l'univers, et qu'il existe des milliards et des milliards de galaxies. Malgré tout, notre vision du monde a été longtemps déterminée par l'idée qu'un seul et même univers englobait toutes choses. Entre-temps, des physiciens ont affirmé, en se fondant sur les apports de la physique quantique, que d'innombrables mondes parallèles pouvaient exister. Notre univers ferait donc partie d'un « multivers » se composant de nombreux univers – et le Big Bang (voir dans ce chapitre « Le Big Bang », p. 185) à l'origine de notre monde n'en serait qu'un parmi tant d'autres.

À VOUS DE JOUER !

Mondes parallèles

Imaginez deux mondes parallèles simultanés, mais aussi deux mondes parallèles décalés dans le temps – par exemple, notre univers avec un univers identique au nôtre en tout point, à une nuance près : un décalage d'un an en moins.

➡ *Laquelle des deux constructions parallèles vous semble la plus logique, et pourquoi ?*

Les conceptions cyclique et linéaire de l'histoire

Il a fallu beaucoup de temps pour que les hommes conçoivent leur propre passé comme une « histoire », c'est-à-dire comme un processus de grande ampleur suivant une direction précise. Dans le monde occidental, la philosophie de l'histoire n'a pris véritablement forme qu'avec la pénétration du christianisme. Depuis, le sens et la fin de l'histoire sont aussi des sujets de réflexion pour la philosophie. Mais comment décrire le « sens » de l'histoire? Deux modèles ont régné jusqu'à aujourd'hui : le modèle du cycle, et donc la conception « cyclique » de l'histoire, et le modèle de la ligne, et donc la conception « linéaire » de l'histoire, qui postule l'existence d'un objectif final vers lequel elle tendrait.

La philosophie antique. Les Grecs et les Romains considéraient l'histoire humaine comme partie intégrante du cosmos, qui, à leurs yeux, englobait toutes choses. L'histoire humaine était alors incluse dans le mouvement cyclique qui caractérisait aussi la nature, ainsi qu'en témoignait l'éternel retour des saisons. Mais la conception linéaire de l'histoire trouve aussi l'une de ses racines dans l'Antiquité : dans la pensée d'Aristote (384-322 av. J.-C.), et plus précisément dans l'idée selon laquelle toutes les choses se développent en vertu de la réalisation d'un *telos*, d'une fin qui leur est propre.

La philosophie chrétienne de l'histoire au Moyen Âge. Le christianisme imposa l'idée que l'ordre de la nature n'était pas seul à avoir un *telos*, une fin lui appartenant en propre : c'était aussi le cas de l'histoire. La réalisation de cette fin fut dès lors interprétée comme un processus temporellement linéaire, dirigé vers un objectif. Augustin (354-430), évêque d'Hippone, est le premier grand philosophe chrétien et, dans le même temps, le fondateur de la philosophie de l'histoire. Chez lui, celle-ci devient une « histoire céleste », un processus adoptant la forme d'un combat perpétuel entre la cité de Dieu et le royaume mondain, d'un combat dont l'enjeu serait le « jour du Jugement dernier », c'est-à-dire la fin du monde décidée par Dieu, et déterminée par la providence divine.

Joachim de Flore (v. 1130-1202), moine cistercien originaire du sud de l'Italie, fut le premier à diviser l'évolution de l'humanité en trois grandes phases : l'âge de l'Ancien Testament (l'âge du Père), l'âge du Nouveau Testament (l'âge du Fils), et enfin l'âge contemporain (l'âge de l'Esprit Saint), autrement nommé « troisième royaume », synonyme de fin et de réalisation de l'histoire. La tripartition de l'histoire opérée par Joachim exerça une grande influence sur la philosophie de l'histoire.

La philosophie de l'histoire depuis les Lumières. Giambattista Vico (1688-1744) reprit à son compte la conception cyclique de l'histoire qui avait eu cours dans l'Antiquité. Pour lui, toute culture humaine traverse des phases d'ascension et d'apogée, suivies de phases de déclin – se conformant en cela au modèle de la croissance et de la mort à l'œuvre dans la nature. De nouvelles phases d'ascension succèdent ensuite à nouveau à chaque déclin.

Chez Nicolas de Condorcet (1743-1794), comme chez d'autres penseurs des Lumières, la très linéaire histoire céleste chrétienne devint une histoire du progrès. Pour lui, l'histoire est un processus certes linéaire mais qui, à travers différentes phases, conduit au perfectionnement de l'humanité et de la civilisation.

Georg Wilhelm Friedrich Hegel (1770-1831), à l'instar des hommes des Lumières, était convaincu que l'histoire est synonyme de progrès ; toutefois, il ne l'envisageait pas selon un schéma strictement linéaire : il considérait plutôt qu'un mouvement « dialectique » est à l'œuvre en elle. C'est à travers un dépassement constant des contradictions que le processus historique parvient toujours et encore à un stade supérieur – le stade ultime étant celui où la raison finira par se réaliser, dans sa forme pure, absolument rationnelle, en « savoir absolu ».

Auguste Comte (1798-1857) combine la théorie des trois stades de Joachim de Flore à la réflexion sur le progrès entamée par les Lumières. Dans sa conception, l'histoire évolue conformément à la « loi des trois états » : de l'état théologique à l'état métaphysique, et de celui-ci à l'état « positif », déterminé par la science, où l'homme est en mesure de comprendre et façonner le monde, loin de tout préjugé religieux et métaphysique.

Karl Marx (1818-1883) reprend de Hegel la pensée d'un progrès dialectique. Mais, avec lui, ce n'est pas l'évolution spirituelle ou culturelle qui est au fondement de ce progrès, mais bien l'évolution des rapports de production économiques. Selon Marx, l'histoire tend à une société sans classes où l'exploitation n'aura plus lieu d'être.

Friedrich Nietzsche (1844-1900), comme les Grecs, défendait l'idée d'un « éternel retour du même », le monde étant à ses yeux éternel, et toutes les choses s'y répétant un nombre incalculable de fois. Autant dire que Nietzsche rejetait aussi bien l'idée de progrès que celle de providence.

L'Époque moderne. Pour la conception scientifique moderne du monde (voir dans ce chapitre « Le monde selon la philosophie et la physique », p. 178), qui a abandonné l'idée d'un temps à la validité universelle, un tel éternel retour du même est tenu pour parfaitement possible.

POUR OU CONTRE

Histoire et progrès

- *Plaidez en faveur de l'idée selon laquelle l'histoire pourrait, dans l'ensemble, être comprise comme un processus caractérisé par le progrès – c'est-à-dire qu'elle conduirait à un monde plus juste et plus prospère.*
- *Quels événements plaident, à vos yeux, en faveur de la thèse contraire, selon laquelle elle ne serait, comme put l'affirmer le philosophe Arthur Schopenhauer, qu'une accumulation perpétuelle de guerres et d'atrocités ?*
- *D'autres arguments peuvent-ils être avancés en faveur de la thèse d'un « éternel retour du même » ?*

À VOUS DE JOUER !

Un extraterrestre en visite

➡ *Imaginez un extraterrestre ayant une longévité de plusieurs milliers d'années et qui, à deux reprises dans sa vie, viendrait résider sur terre : au temps de l'Empire romain et aujourd'hui. Quelle serait d'après vous sa vision de l'évolution de l'histoire humaine ?*

TEST DE LOGIQUE

Un voyage dans le passé

Dans les « voyages dans le temps » tels que les décrivent de nombreux romans de science-fiction, le temps est envisagé comme la quatrième dimension, par analogie aux trois dimensions de l'espace. En découle l'idée qu'il serait possible de se déplacer dans le futur ou dans le passé comme à travers un espace. Examinez le cas suivant :

A. est né en 1970, son père en 1940. A. ne se sent pas à l'aise dans son siècle et fait, en l'an 2000, un voyage dans le temps, dans le passé : il se propulse en l'an 1900, où il poursuit son existence.

➡ *Quel problème logique en résulte-t-il – par exemple, par rapport à la durée de vie de son père ? Comment un tel problème logique pourrait-il, éventuellement, être résolu ?*

AVIS DE RECHERCHE

On recherche l'évêque qui inventa la philosophie de l'histoire

Rien ne le prédestinait à ce que l'Église, un jour, fasse de lui un saint. Il fut tout d'abord un jeune intellectuel ambitieux, né en Afrique du Nord, un séducteur, bien décidé à faire carrière au cœur de l'Empire. Il goûta ainsi à diverses visions du monde et croyances religieuses. Jusqu'au moment où, sous le coup d'une révélation, il abandonna ses anciennes convictions pour se rallier à une religion récente, en plein essor. Cette religion-là fit de lui, en peu de temps, un évêque. Armé d'une très solide formation philosophique, il entreprit dès lors de refonder théoriquement la doctrine de sa nouvelle Église. Ce n'est pas sans raison qu'il est considéré comme l'un des pères de la théologie. Mais il laissa aussi sa marque – considérable – en philosophie : il devint en effet le père de la philosophie de l'histoire, concevant celle-ci comme un processus synonyme de progrès devant conduire à la réalisation de la cité de Dieu. Il fut aussi le témoin direct d'une grande phase de déclin politique. Le grand empire dont il était un citoyen se décomposa en effet sous ses yeux. À sa mort, les Vandales se trouvaient déjà aux portes de la ville dont il était évêque.

➡ *De qui s'agit-il?*

En quoi le temps est-il subjectif ?

Certains des plus importants philosophes affirment que le temps est quelque chose d'objectif et d'absolu. Platon (427-347 av. J.-C.), l'un des grands classiques de la philosophie grecque, soutenait que le temps n'est rien d'autre que le reflet en mouvement de l'éternité. Isaac Newton (1643-1727), le pionnier de la mécanique classique, considérait, lui aussi, que le temps est quelque chose d'absolu et d'objectivement mesurable. Mais l'idée selon laquelle le « temps » n'est pas seulement enregistré et mesuré par l'homme « de l'extérieur », mais aussi vécu par lui « de l'intérieur », d'une manière tout à fait spécifique, et s'avère par là essentiel à la compréhension que cet homme se fait de lui-même, cette idée-là, donc, fut très tôt l'un des grands thèmes de la philosophie.

Déjà, pour Augustin (354-430), l'un des Pères de l'Église des premiers siècles chrétiens, le temps n'était plus synonyme de mouvement « objectif » des corps : il était mesuré par l'« âme ».

Selon Emmanuel Kant (1724-1804), le temps était, avec l'espace, une « forme phénoménale » du sujet connaissant. Ce qui signifie que, sans les lunettes du temps, il nous est impossible de connaître le moindre objet.

Pour Henri Bergson (1859-1941), le véritable rapport au temps ne passe plus du tout par sa mesure scientifique mais par la perception, par la conscience, de ce qu'il appelle la « durée ». Le temps est le mouvement vivant perçu dans la conscience.

La phénoménologie fondée par Edmund Husserl (1859-1938), qui affirmait se consacrer aux « choses mêmes », s'est aussi intéressée de très près à la manière par laquelle notre conscience se confronte au temps. Selon Husserl, notre « conscience intime du temps » attache ensemble, telle une pince ou une agrafe, les trois stades temporels que sont le passé, le présent et le futur : le passé est envisagé très consciemment comme un « encore-présent », et l'avenir est contenu dans le présent en tant qu'attente.

Martin Heidegger (1889-1976), un élève de Husserl, explique également le temps à partir de la conscience que l'homme en a. Le

> *Celui qui s'immobilise avance loin dans le temps.*
>
> HERMANN LENZ

temps mesurable par la science était à ses yeux parfaitement insignifiant. Seule l'expérience du temps – la façon dont les hommes s'orientent dans le temps – était pour lui importante. Dans *Être et temps* (1927), son œuvre majeure, il fait de la conscience du temps un trait caractéristique tout à fait essentiel de l'homme, un « existential » qui lui permet de concevoir dans sa conscience son passé – à partir de l'avenir qui se dessine pour lui –, et son avenir – à partir de son existence passée –, de les concevoir et, tout autant, de leur donner forme. Selon Heidegger, chacun vit son propre temps. Le temps n'est pas celui de la physique mais celui qui est propre à chaque individu.

POUR OU CONTRE

Le temps est-il subjectif ou objectif ?

➡ *Quels arguments plaident, selon vous, en faveur de l'idée selon laquelle le temps serait quelque chose d'objectif, de mesurable, auquel tout serait assujetti ? Lesquels plaident en faveur de l'idée inverse, selon laquelle il serait quelque chose de relatif, qui dépendrait de conditions bien déterminées, par exemple de sensations subjectives ?*

POUR OU CONTRE

Les rêves sont-ils plus réels que la réalité ?

Des philosophes comme Arthur Schopenhauer (1788-1860) ou encore le fondateur de la psychanalyse, Sigmund Freud (1856-1939), considèrent que, dans les rêves, une réalité vient bien à notre rencontre – une réalité qui, dans notre conscience « normale », nous reste cachée.

➡ *Qu'est-ce qui distingue selon vous ces deux états de conscience ? Comment l'espace et le temps sont-ils vécus en état de pleine conscience et comment le sont-ils en état de rêve ?*

➡ *Comment expliquer que, lorsque nous sommes dans un état de conscience normal, nous sommes plus proches de la réalité que lorsque nous rêvons ? Et en quoi le rêve est-il, selon vous, partie intégrante d'une « vraie » réalité plus profonde ?*

Accélération, décélération

Des recherches scientifiques consacrées à l'étude du temps sont actuellement menées ; elles portent notamment sur les phénomènes d'accélération, de compression et de raréfaction du temps dans les sociétés modernes. Sont ici soulevées d'un seul et même mouvement des questions relevant de l'épistémologie, de la sociologie et de la philosophie de l'art de vivre. L'un des théoriciens du temps les plus connus aujourd'hui est le sociologue Hartmut Rosa (né en 1965), qui envisage la modernité comme une « histoire de l'accélération ». Rosa décèle en elle une tendance de fond à l'œuvre : selon lui, il nous faut remplir des séquences temporelles bien déterminées par toujours plus d'actions différentes.

Le concept de décélération englobe tout ce qui va à l'encontre d'une telle tendance, et donc ces formes de « ralentissement », de

« temporisation », qui permettent à l'homme de trouver un juste rapport au temps, et de développer ainsi son propre rythme, son « temps propre ».

À VOUS DE JOUER !

L'îlot de décélération

Le sociologue Hartmut Rosa nous dit qu'il existe aussi, à notre époque d'accélération, des « îlots de décélération » – par exemple, un séjour dans un monastère.

➡ *Imaginez l'îlot de décélération qui vous conviendrait le mieux. Si vous aviez toute liberté pour ce faire, quelles mesures prendriez-vous afin d'affranchir votre propre existence de la pression du temps ?*

Solutions, arguments et idées

Espace et temps, cosmos et histoire

➡ Page 177

TEST DE LOGIQUE

Un regard logique sur les idées de Platon

Platon fut vraisemblablement inspiré par des figures géométriques comme le triangle, le cercle, etc. Lorsqu'en mathématiques il est question d'un triangle, ce n'est pas d'un quelconque triangle concret dont on parle mais d'une forme idéale du triangle. En logique langagière, la signification intentionnelle (voir chap. 3, « Concepts », p. 105) du concept « triangle » s'avère identique à la forme idéale du triangle dont il est question en mathématiques. Les « idées » de Platon, au sens de « formes idéales », sont des significations intentionnelles déclarées entités à part entière, objets à part entière, et qui en viennent ainsi à revêtir un caractère extensionnel. Que l'on fasse ainsi d'une signification intentionnelle un objet réel est irrecevable et peut avoir des conséquences considérables sur le plan philosophique – par exemple, déduire de n'importe quel concept formulé (mettons, une entité supranaturelle) l'existence de l'objet qu'il désigne.

➡ Page 184

AVIS DE RECHERCHE

L'homme qui médita sur la chute d'une pomme

Isaac Newton (1643-1727)

➡ Page 185

À VOUS DE JOUER !

Théories anciennes

Deux théories importantes relevant de la philosophie naturelle peuvent être citées : l'atomisme théorisé par Démocrite (v. 460-371 av. J.-C.) et d'autres matérialistes antiques, selon lequel l'univers se compose de particules élémentaires indivisibles, joue encore dans la physique d'aujourd'hui un rôle tout aussi important que la thèse échafaudée par Héraclite (v. 540-480 av. J.-C.), résumée par son « Tout s'écoule », et qui, quant à elle, met en valeur le caractère processuel de la réalité.

Naturellement, il est aussi permis de citer les lois de la logique telles que les formula Aristote (384-322 av. J.-C.), qui restent encore aujourd'hui au fondement de la logique traditionnelle.

➡ Page 186

ÉNIGME PHILOSOPHIQUE

À quelle heure débuta le monde ?

Voilà une vieille énigme philosophique, qui est toujours l'objet de vifs débats, et qui n'entretient pas seulement un rapport avec le temps (à quel moment tout débuta-t-il ?) mais aussi avec la causalité (la chaîne des causes a-t-elle un début ? Existe-t-il donc une cause première ?).

Une solution possible au dilemme consiste à avancer que le « temps » et la « causalité » sont des concepts qui nous permettent de percevoir la réalité (et peut-être aussi de ne faire que cela) sans devoir à être forcément des qualités « objectives » de la réalité. Cependant, nous ne pouvons concevoir un monde sans temps ni espace ni causalité. Pour cette raison, nous pouvons certes comprendre intellectuellement une théorie comme celle du Big Bang, qui suppose un début du monde et donc un début du temps, mais nous ne la saisissons pas clairement ; en effet, nous concevons toujours la création et le Big Bang *dans* un espace et *à* un instant bien précis. Il y a une contradiction à dire que le Big Bang s'est produit à un « instant » bien précis et à soutenir dans le même temps que le temps n'existait pas encore au moment où il se produisit. Cette contradiction est le produit d'un mode de perception de la réalité bien précis : le mode perspectiviste. C'est que notre cerveau n'est pas fait – et il s'agit bien là de l'œuvre de l'évolution – pour percevoir objectivement la réalité mais pour garantir notre capacité de survie.

➡ Page 186

POUR OU CONTRE

Dieu a-t-il survécu au Big Bang?

La théorie du Big Bang et l'idée d'un Dieu créateur du monde partagent certaines similitudes : toutes deux partent du principe que le monde est né d'un élan, d'une sorte d'acte de création (naturel ou divin). Il serait donc aussi possible d'envisager Dieu comme l'instigateur du Big Bang. Nous ignorons toutefois s'il y eut un élément déclencheur de ce dernier et, si tel est le cas, en quoi il a bien pu consister. Les scientifiques ne débattent guère de l'hypothèse selon laquelle une main omnipotente se dissimulerait derrière le Big Bang.

➡ Page 187

À VOUS DE JOUER !

Voyage dans le futur !

L'astronaute, de retour chez lui, retrouve son fils : celui-ci pourrait tout à fait, après un aussi long voyage spatial, avoir le même âge que lui – et même, dans un cas extrême, être plus âgé. Par exemple : un homme âgé de 20 ans au moment de son départ, et dont le fils a alors 4 ans, va séjourner quatre décennies dans l'espace. À son retour, il retrouve un fils désormais âgé de 44 ans. Lui-même a seulement vieilli de vingt-quatre années et est donc également âgé de 44 ans.

Un astronaute de retour chez lui retrouve son frère jumeau : ce dernier aura entre-temps beaucoup vieilli, il sera désormais bien plus âgé que l'astronaute – qui en sera vraisemblablement assez choqué.

➡Page 187

À VOUS DE JOUER!

À rebours

Le problème consiste pour l'essentiel à décrire une évolution temporelle à rebours et donc à renverser également le concept d'« évolution ». Normalement, la vie que l'on mène est déterminée par des causes qui provoquent un effet (rencontre amoureuse, déménagement à l'étranger, opportunité professionnelle, changement de métier, etc.), ou par des projets et intentions menés à bien ou finalement abandonnés. Dans un itinéraire de vie « à rebours », on se heurte fatalement à un grand problème : à la nécessité de faire de tous les effets des causes. Deux questions en découlent : celle de savoir si le monde environnant est également concerné par ce renversement ou, au contraire, s'il continue à suivre pleinement son cours « normal » ; et celle de savoir si les lois normales de la nature ont encore cours. Le personnage principal du film *L'Étrange Histoire de Benjamin Button* naît vieux et rajeunit au fil des années tandis que le monde qui l'entoure reste régi par une progression « normale » du temps : tout le monde, à l'exception de Button, y vieillit normalement.

➡Page 188

À VOUS DE JOUER!

Mondes parallèles

Il est plus facile de se représenter différents espaces dans un même temps que différentes temporalités dans un même espace – ce qui laisse penser que la perception temporelle du monde pourrait être plus fondamentale que celle de l'espace.

➡Page 191

POUR OU CONTRE

Histoire et progrès

Afin de répondre à cette question, il importe tout d'abord d'expliquer le concept de progrès. Le progrès, au sens de progrès technique, se constate sans grande difficulté dans l'histoire humaine, même si ce n'est pas dans les mêmes proportions partout dans le monde, et même si des régressions se produisent aussi (lorsque, par exemple, certains artisanats disparaissent et qu'il devient nécessaire de les faire revivre, eux et les compétences qu'ils supposent).

Il est par contre bien plus difficile de constater à l'échelle globale un progrès politique – entendu comme surcroît de liberté et de justice, tel qu'il a pu être défini, par exemple, dans la philosophie de l'histoire de Georg Wilhelm Friedrich Hegel (1770-1831). Ce progrès politique, on le constate à coup sûr en Europe et dans le monde occidental – bien qu'il soit aussi possible d'y constater des régressions –, mais pas partout. On peut peut-être, tout de même, parler de progrès général en ceci que l'idée de droits de l'homme est désormais reconnue dans la plupart des régions du monde, même si cette reconnaissance n'est pas toujours, tant s'en faut, traduite dans les faits.

➡Page 192

À VOUS DE JOUER !

Un extraterrestre en visite

Un extraterrestre serait probablement frappé par l'augmentation de la population, par les innovations techniques ainsi que par les transformations de la surface terrestre elle-même (les régions défrichées, la destruction de la nature). Pour ce qui est des évolutions historiques, l'extraterrestre constaterait vraisemblablement la transformation des superstructures administratives et politiques, mais il noterait aussi les nombreux conflits militaires et la pauvreté endémique. Il n'est en rien certain qu'il en retirerait, dans l'ensemble, l'impression d'une évolution « positive ».

➡Page 192

TEST DE LOGIQUE

Un voyage dans le passé

Le problème logique soulevé tient naturellement à ce que le fils vit à une époque où son père n'est pas encore né. Il est donc, tel que nous comprenons sa situation, plus âgé que son père – ce qui n'est pas possible.

Supposer un univers parallèle régi par une autre temporalité peut éventuellement résoudre cette contradiction. Le fils comme le père pourraient ainsi vivre tous deux « en même temps » à des époques différentes.

➡Page 193

AVIS DE RECHERCHE

L'évêque qui inventa la philosophie de l'histoire

Augustin (354-430)

➡Page 195

POUR OU CONTRE

Le temps est-il subjectif ou objectif?

Les arguments en faveur du caractère objectif du temps doivent, compte tenu de la théorie de la relativité (qui suppose un espace-temps et une relativité du temps), s'en tenir au cadre de notre perception – qui reste, elle, structurée spatio-temporellement et est dirigée par la conscience. Notre conscience enregistre les transformations régulières (par exemple, dans la nature), est orientée dans le temps (en avant vers le futur, en arrière vers le passé) et est susceptible de le mesurer mécaniquement, quoique de façon assez imprécise. De toute façon, nous ne pouvons plus parler d'une objectivité « absolue » du temps.

À l'inverse, un argument en faveur d'un « temps subjectif » peut notamment invoquer le fait qu'avec l'âge, l'écoulement du temps est vécu comme bien plus rapide qu'au cours des jeunes années ; ou encore la possibilité, dans certaines expériences limites, de franchir des frontières temporelles. On débat également beaucoup, dans ce que l'on appelle la « chronobiologie », du concept de « temps propre », de l'idée selon laquelle chaque être vivant aurait un « temps lui appartenant en propre », qu'il générerait lui-même, et qui orienterait sa sensation du temps.

➡Page 196

POUR OU CONTRE

Les rêves sont-ils plus réels que la réalité ?

Si nous distinguons nettement les rêves et la réalité, c'est avant tout parce que, dans la réalité que nous percevons habituellement, nous faisons l'expérience de toute chose dans le cadre d'un *continuum* spatio-temporel déterminé par les lois de la nature. Les rêves viennent abroger un tel *continuum*. Avec eux, nous pouvons traverser les murs ou sauter par les fenêtres sans que cela ait de conséquence. Nous y croisons aussi des personnes depuis longtemps disparues.

La question de savoir où se situe la « réalité vraie » (dans les rêves, dans ce que nous appelons la réalité ?) est, en philosophie, l'objet de réflexions extrêmement diverses. Pour ces philosophes qui, comme Arthur Schopenhauer (1788-1860), n'envisagent le monde spatio-temporel que comme une « représentation », et donc une réalité de surface, le rêve permet d'accéder au vrai monde qui se dissimule « derrière » et où se voit abolie toute différence entre passé, présent et futur. Mais l'opinion courante est que les rêves sont le produit des fonctions cérébrales, et donc de notre conscience ou de notre inconscient, où sont réinterprétées des données de la réalité.

CHAPITRE 6

Causalité, hasard, liberté

LA QUESTION ANCIENNE consistant à savoir ce qu'est le monde en essence, quelle est au juste sa nature, revêt plusieurs aspects : nous pouvons nous demander ce qui se passe derrière l'« écran » de l'espace et du temps, ou du moins tenter de nous faire une image du monde plus fiable que celle qu'en a notre perception quotidienne (voir chap. 5, p. 171). Mais, dans le même temps, nous tentons depuis toujours d'expliquer les événements qui se produisent sous nos yeux, dans l'espace et dans le temps, en essayant de déterminer les lois qui les régissent, dans le but de pouvoir nous orienter dans le monde et d'émettre au sujet de l'avenir des énoncés relativement dignes de foi.

Existerait-il donc un schéma, un programme, au moyen desquels nous pourrions expliquer tout ce qui se produit dans le monde ? Existerait-il une loi universelle qui nous permettrait à coup sûr de discerner s'il est question d'événements de la nature ou d'actions humaines ? Bon nombre répondraient : il est clair qu'une telle loi existe. Elle a pour nom « causalité » : tout ce qui se produit peut être compris comme l'effet d'une cause. Tout se produit selon le principe de la cause et de l'effet. Et les sciences de la nature analysent ce programme, ajouteraient-ils peut-être, quand elles expliquent les processus à l'œuvre dans le monde.

La science fournit donc des « explications causales ». C'est-à-dire qu'elle établit, à l'aide de lois qu'elle formule, un rapport entre des causes bien précises et des effets bien précis. Elle fait que notre monde est évaluable et que les événements qui se produisent en lui sont prévisibles. La philosophie a-t-elle encore quelque chose à ajouter ?

Oui, elle a bien quelque chose à ajouter. Entre autres raisons parce qu'elle ne se préoccupe pas de toutes les questions liées au problème de la causalité. Jusqu'au XVIIe siècle, la philosophie et la science étaient étroitement liées l'une à l'autre, parfois jusqu'à se confondre. Lorsque les sciences empiriques se séparèrent de la philosophie, il se produisit une sorte de division du travail : depuis, les sciences s'occupent pour ainsi dire des affaires courantes ; autrement dit, elles s'attachent à expliquer des phénomènes bien précis, tandis que la philosophie se préoccupe des questions fondamentales, auxquelles ne touchent pas les scientifiques.

En témoigne déjà un simple fait. Je pense ici à la pluralité de significations que peut revêtir la question : « Pourquoi – et selon quelle loi – quelque chose s'avère-t-il ainsi et pas autrement ? »

En matière de logique (voir le chap. 3, p. 101), il s'agit toujours de répondre à la question « Pourquoi ? », mais en s'interrogeant sur le rapport existant entre les diverses propositions qui composent une argumentation, et non sur des processus réels à l'œuvre dans le monde. Mais en histoire des sciences aussi, depuis bien longtemps, il n'est plus seulement question de « causalité ». D'autres types d'explications ou de raisons ont été identifiés et continuent de nourrir nos réflexions et nos conceptions du monde.

Pour la philosophie, tout un tas de questions attendent encore une réponse : qu'est-ce exactement que la causalité, à la différence d'autres types d'explication ? Quelle est la portée exacte des explications causales apportées par la science ? Comment élabore-t-elle au juste ses théories ? Tout y est-il véritablement logique ? Tout se produit-il en vertu d'une immuable nécessité ? Existe-t-il des failles dans le filet de la causalité ? Y a-t-il du hasard, et peut-être même du chaos, dans le déroulement des événements de la nature ? Tout ce qui est possible est-il aussi vraisemblable ou même nécessaire ?

La métaphysique, la logique, l'épistémologie, la philosophie des sciences, mais aussi l'éthique se sont toutes confrontées à ces questions. En effet, savoir si tout est soumis ou non à la loi de la causalité a des répercussions immédiates, selon les réponses apportées, sur la compréhension que l'homme se fait de lui-même. Est-il une marionnette prise dans les fils de fer de la loi causale, ou bien est-il « responsable de lui-même », c'est-à-dire libre et responsable de ses actes ?

Les quatre types de causes chez Aristote

Aristote (384-322 av. J.-C.), le philosophe de l'Antiquité qui se préoccupa peut-être le plus des sciences naturelles, ne connaissait pas seulement les « raisons causales », qu'il appelait « causes efficientes ». Il avait identifié, à leurs côtés, les « causes finales », les « causes formelles » et les « causes matérielles ». Ce classement, il l'explicita au moyen d'un exemple, celui de la statue : la cause efficiente de la statue est le sculpteur et son œuvre ; la matière dont la statue est faite (du marbre, par exemple) est sa cause matérielle ; la forme représentée donnée par le sculpteur à la statue est sa cause formelle ; enfin, la fonction que remplit la statue (sa visée) est sa cause finale.

Pour Aristote, la cause finale est la plus importante. Le philosophe était absolument convaincu que l'on ne parvient à atteindre l'essence d'un objet qu'à la condition de reconnaître en lui la fin qui lui est propre, intrinsèque ; et cette idée a profondément marqué, des siècles durant, non seulement la pensée philosophique mais aussi la recherche en sciences naturelles (voir dans ce chapitre « Explication du monde et pensée téléologique », p. 213). Ces quatre causes ont en philosophie leurs noms latins, qui sont respectivement les suivants : *causa efficiens* (« cause efficiente »), *causa finalis* (« cause finale »), *causa materialis* (« cause matérielle »), et *causa formalis* (« cause formelle »).

TEST DE LOGIQUE

Explication téléologique ou causale ?

➡ *Parmi les propositions suivantes, lesquelles contiennent une explication téléologique ? Lesquelles une explication causale ?*

– « Les fleurs sont formées de façon à ce que les abeilles puissent en tirer leur miel » ;

– « En raison du réchauffement climatique, les oiseaux migrateurs sont toujours plus nombreux à venir hiberner en France » ;

– « Les voitures ont des pots catalytiques parce que ceux-ci permettent de réduire leurs émissions polluantes » ;

– « Il a eu un accident parce que ses freins ont lâché. »

➡ *Dans quelles propositions l'explication téléologique est-elle sensée, et pourquoi ?*

À VOUS DE JOUER !

Une notice biographique

Supposons qu'il vous faille écrire une notice biographique d'une demi-page pour une encyclopédie, une notice consacrée à une personnalité célèbre, A. Les grandes dates de cette vie fictive sont les suivantes :

– Né en 1920 ;

– Scolarité en Allemagne de 1926 à 1933, et en Angleterre de 1933 à 1939 ;

– De 1939 à 1945, travaille pour les services secrets britanniques, avec pour mission de déchiffrer les messages militaires cryptés de l'ennemi ;

– De 1946 à 1948, étudie la médecine (des études interrompues) ;

– De 1948 à 1953, étudie les mathématiques et obtient son diplôme de fin d'études ;

– De 1953 à 1958, travaille dans une compagnie d'assurances;
– De 1958 à 1985, enseigne les mathématiques à la London School of Economics, avec le titre de professeur, tout en publiant de nombreux ouvrages sur la logique et les mathématiques – immédiatement considérés comme des ouvrages de référence;
– Meurt subitement en 1990 (les causes de son décès restant non élucidées : infarctus ? meurtre ? suicide ?).

➡ *Combiner ces dates jusqu'à ce que prenne forme un itinéraire biographique, en établissant entre elles des rapports. Identifiez après coup les passages où vous avez mis en relation explications causales (raisons réelles et logiques) et explications téléologiques.*

Explication du monde et pensée téléologique

La science, aujourd'hui, quand elle élabore ses théories, s'appuie exclusivement sur les explications causales : on expliquera un phénomène – le réchauffement de la planète – en attirant l'attention sur les *causes* qui l'ont provoqué – par exemple, l'émission élevée de CO_2. Les explications causales permettent ainsi de répondre à la question : « Qu'est-ce qui explique ? » Pourtant, de nombreux siècles durant, non seulement la philosophie mais aussi la science, influencées en cela par la philosophie naturelle d'Aristote, s'étaient appuyées sur les explications téléologiques : on expliquait un phénomène en attirant l'attention sur la *fin* qui était sienne, cette fin à laquelle il devait son existence, qu'il servait ou devait servir. On se demandait donc toujours : « À quoi ce phénomène sert-il ? », ou « À quelles fins ce phénomène ? » Une explication

> *Rien ne se produit vainement, mais tout se produit à partir d'une raison et en vertu d'une nécessité.*
>
> Leucippe

téléologique du réchauffement de la planète pourrait donc consister à avancer qu'il s'est produit afin d'inciter les hommes à réfléchir différemment à leur rapport à la nature.

Avec les explications téléologiques, tout se passe comme si les processus à l'œuvre dans le monde étaient dirigés par quelque chose ou par quelqu'un dans le but de remplir des fins bien déterminées. On expliquera ainsi l'accumulation d'eau dans les nuages en avançant que la pluie qui en résulte arrose les champs. Si l'on pense ainsi, la nature agit comme l'homme : elle remplit un objectif, répond à une fin. Avec elles, un processus A ne provoque pas un événement ultérieur B : au contraire, un événement A est provoqué par un objectif B, qui sera plus tard confondu avec A. A tend donc temporellement vers B. Les phénomènes ne sont pas expliqués en jetant un regard en arrière mais, bien au contraire, en jetant un regard en avant.

Nicolai Hartmann (1882-1950), l'un des philosophes les plus renommés de la première moitié du XXe siècle, a attiré l'attention, dans un ouvrage posthume publié en 1951 et consacré à la pensée téléologique, sur la domination qu'exerça celle-ci sur l'ensemble de la philosophie. Il estime que « l'histoire de la métaphysique constitue à peu de choses près une seule et unique série homogène de systèmes téléologiques » et que la pensée téléologique a subsisté jusqu'à aujourd'hui dans nos explications du monde.

Le principe de raison suffisante

Le principe de raison suffisante peut se résumer ainsi : rien ne se produit sans raison. Il est, pour le dire vite, au fondement de nos tentatives d'explication du monde.

Ce principe nous vient de la philosophie antique, mais c'est Gottfried Wilhelm Leibniz (1646-1716) qui, le considérant comme le « principe de toutes connaissances », lui a donné sa formulation décisive – formulation qui a exercé une grande influence sur la philosophie ultérieure. Leibniz écrit ceci, dans *La Monadologie* (1714) : « Nous considérons qu'aucun fait ne saurait se trouver vrai ou existant, aucune énonciation véritable, sans qu'il y ait une raison suffisante pourquoi il en soit ainsi et non pas autrement, quoique ces raisons, le plus souvent, ne puissent point nous être connues. »

Arthur Schopenhauer (1788-1860), pour ce qui le concerne, formula ce principe de la manière suivante : « Rien n'est sans raison qui fait que cela soit. » Mais dans un écrit de jeunesse, intitulé *De la quadruple racine du principe de raison suffisante* (1813), il attira l'attention de son lecteur sur une ambiguïté, le mot « raison » pouvant revêtir diverses significations. Les deux plus importantes sont les suivantes : la « raison réelle » (Schopenhauer parle de « cause »), c'est-à-dire ce que nous appelons aujourd'hui la « raison causale », et la « raison logique » ou « raison explicative » (qui, chez Schopenhauer, est le « principe de connaissance »), c'est-à-dire la raison comme « justification » logique. La première, la raison réelle, se situe au niveau de la réalité ; la seconde, la raison logique, au niveau de l'argumentation langagière. Par exemple : dehors, l'eau gèle parce que la température est inférieure à zéro (raison réelle) ; parce que l'eau existe, il ne peut y avoir que trois états physiques de la matière (raison logique).

Le principe de raison suffisante ne permet d'expliquer le monde et les événements de la nature que dans la première acception. Dans le second cas, seul sera expliqué ce que nous entendons par « eau » en logique.

TEST DE LOGIQUE

Raison réelle ou raison logique ?

➡ *Distinguez, dans les quatre cas suivants, raison réelle et raison logique :*
– Parce que les réacteurs sont tombés en panne, l'avion s'est écrasé ;
– Parce qu'il était un kiwi, l'oiseau ne s'est pas envolé ;
– Parce qu'il avait le permis de conduire, il a pu utiliser l'auto de son père ;
– Parce qu'il roulait comme un fou sur la chaussée humide, il a percuté un arbre avec sa voiture.

Possibilité et nécessité

« Possible » et « nécessaire » sont ce que l'on appelle des concepts de modalité : ils désignent des modes d'« être » bien précis. Tous deux peuvent se rapporter non seulement au réel mais aussi au langage, c'est-à-dire au domaine des énoncés et concepts.

Au niveau de la réalité, on distingue trois modes d'être : la réalité, la possibilité et la nécessité. La question des rapports qu'entretiennent ces trois modes d'être a suscité d'âpres controverses. Chez Aristote (384-322 av. J.-C.), la possibilité (*dynamis* en grec) se situe à équidistance entre la non-réalité et la réalité. C'est l'étant potentiel, à partir duquel se développe l'étant réel, et donc la réalité. Mais un tel développement n'est pas nécessaire : le possible ne devient pas forcément le réel, comme s'il s'agissait d'une affaire entendue.

En revanche, Nicolai Hartmann (1882-1950) associe étroitement possibilité, réalité et nécessité. Pour lui, la réalité présuppose la possibilité et la nécessité. Ce qui n'est pas réel n'est pas non plus possible. Cette conception, opposée à celle d'Aristote, a été appelée « mégarique », du nom de l'école créée aux premiers temps de la philosophie grecque, qui s'attachait à la défendre.

Les propositions ou associations de propositions peuvent, elles aussi, être possibles ou nécessaires. La logique dite « modale » s'intéresse à cette question, et peut être envisagée comme une extension de ce que l'on appelle la logique des propositions (voir chap. 3, « Deux types importants de logique », p. 109). La logique des propositions normale est « binaire » : les propositions sont soit vraies soit fausses. Avec la logique modale s'ajoutent les valeurs « possible », « impossible » et « nécessaire ». Le concept de « monde possible » a été introduit pour que l'on puisse définir ces valeurs. En conséquence : une proposition est dite possible quand elle est vraie dans au moins l'un des mondes possibles imaginables (par exemple : « Il y a des hommes qui sont nés avec une puce ») ; une proposition est dite nécessaire quand elle est vraie dans tous les mondes possibles imaginables (par exemple : « Les célibataires ne sont pas mariés »).

Lorsque « possible » est employé comme un synonyme de « permis », c'est à la « logique déontologique » d'entrer en jeu. Elle relève de la « métaéthique » (voir le chap. 9, p. 323) et étudie la texture langagière des règles et des normes.

TEST DE LOGIQUE

Propositions nécessaires

Vérifiez que les propositions suivantes sont bien des propositions nécessaires au sens de la logique modale :

– « Tous les corps sont étendus » ;
– « Il existe des petits éléments indivisibles de la matière » ;
– « Les triangles ne sont jamais ronds » ;
– « Soit les dragons existent, soit ils n'existent pas » ;
– « Soit il existe des dragons qui crachent le feu, soit les dragons n'existent pas. »

Déterminisme, liberté d'action, libre arbitre

L'idée de « déterminisme » signifie le plus fréquemment, en philosophie, que tout ce qui se produit est soumis à la loi causale (c'est pourquoi on parle également de « déterminisme causal ») et que tous les événements du monde, et donc aussi les actes des hommes, sont ainsi prédéterminés par les lois de la nature.

L'« indéterminisme » est l'exact contraire de cette idée. Ses tenants croient que les processus à l'œuvre dans la nature ne sont pas entièrement déterminés par la loi causale et qu'il existe aussi une part de hasard. En outre, ils supposent fréquemment que l'homme peut se prévaloir d'un certain libre arbitre, c'est-à-dire qu'il dispose de la liberté de briser la chaîne causale.

Le « déterminisme historique » est une forme particulière de déterminisme : ses partisans soutiennent que le cours de l'histoire, ainsi que son issue, sont fixés par une loi intangible. Chez les deux représentants les plus célèbres du déterminisme historique, Georg Wilhelm Friedrich Hegel (1770-1831) et Karl Marx (1818-1883), cette loi intangible est celle de la « dialectique » (voir chap. 5, « Les conceptions cyclique et linéaire de l'histoire », p. 189). Les adeptes du déterminisme historique croient que les actions individuelles n'exercent aucune influence décisive sur le cours de l'histoire.

En règle générale, les défenseurs du déterminisme rejettent la possibilité d'une libre détermination de la volonté, ce que l'on appelle le « libre arbitre ». En revanche, ils considèrent comme possible ce que l'on appelle la « liberté d'action ». On entend par là la liberté de réaliser ce que l'on veut, même si la volonté est conditionnée par un certain nombre de facteurs (par exemple, le caractère). Si je souhaite entreprendre un voyage en Chine, ma liberté d'action se mesure donc aux conditions qui me permettent de le faire ou m'en empêchent : santé, manque d'argent, mauvais temps, contexte politique, etc. Parmi les tenants du déterminisme et de la liberté d'action, il est possible de citer David Hume (1711-1776) et Arthur Schopenhauer (1788-1860).

Par « libre arbitre » on entend la liberté d'instaurer une nouvelle chaîne de causes et d'effets, ainsi que de former et de déterminer la direction de sa propre volonté. Un représentant éminent du libre arbitre est Emmanuel Kant (1724-1804), qui en fit une « causalité libre ». Pour lui comme pour de nombreux philosophes, la possibilité d'affirmer que nous sommes réellement libres de nos actions et que nous pouvons en être tenus pour responsables dépend de l'existence de ce libre arbitre.

Déterminisme et liberté à travers l'histoire de la philosophie

Le problème du libre arbitre, et donc de la liberté ou non d'action et de volonté de l'homme, est resté jusqu'à aujourd'hui l'un des plus discutés de la philosophie. L'opposition entre déterminisme et indéterminisme n'est venue dominer ce débat que lorsque, aux débuts des Temps modernes, l'explication causale s'est imposée à la fois dans les sciences et en philosophie, jusqu'à devenir l'unique forme d'explication des phénomènes de la nature. Pourtant, cette opposition existait déjà en substance dans l'Antiquité.

Dans l'Antiquité. Parmi les tout premiers matérialistes grecs représentants de la théorie de l'atome, Leucippe (v. 460-370 av. J.-C.) soutenait que celui-ci se mouvait par nécessité, en empruntant des voies déterminées à l'avance, tandis qu'Épicure (341-271 av. J.-C.) affirmait que le hasard avait sa part et était à l'origine de déviations imprévues de ses trajectoires. Les deux grands représentants de la philosophie grecque classique, Platon (427-347 av. J.-C.) et Aristote (388-322 av. J.-C.), partaient tous deux du principe que l'homme dispose du libre arbitre. Les stoïciens, cette école de l'Antiquité tardive, défendaient en revanche la thèse du déterminisme.

Au Moyen Âge. Les philosophes du Moyen Âge, qui étaient profondément imprégnés de théologie, refusaient toute idée de déterminisme au motif qu'elle entrait en totale contradiction avec celle de libre arbitre – un libre arbitre qui, à leurs yeux, avait été conféré aux hommes par Dieu. Par ailleurs, celui-ci étant alors envisagé comme omniscient, il importait de concilier la providence divine, la prédestination, cette connaissance qu'a Dieu par avance du sort de chacun, avec l'idée que les hommes ont la possibilité de prendre des décisions en toute liberté.

Aux débuts des Temps modernes. C'est avec René Descartes (1596-1650) que le débat sur le déterminisme fut véritablement lancé. Descartes séparait très strictement le monde de la matière, où tout est soumis à la loi de la causalité, et le monde de l'esprit, où tel n'est pas le cas. Dans la mesure où l'homme prend spirituellement ou intellectuellement une part active aux pans de la réalité qui échappent au déterminisme, il dispose d'un libre arbitre. Pour Descartes, les deux domaines, la matière et l'esprit, entretiennent une relation d'interaction.

Baruch Spinoza (1632-1677) défend le déterminisme. À ses yeux, il n'existe qu'une nature homogène, qu'il identifie à Dieu. La matière et l'esprit ne sont que des formes d'expression de la nature, d'une nature intangible, tous deux soumis au rapport de causalité.

Gottfried Wilhelm Leibniz (1646-1716) croit, comme Descartes, que le monde de la matière est déterminé, et que le monde de l'esprit, au contraire, ne l'est pas. Mais, selon lui, les deux mondes ne s'influencent pas mutuellement : ils mènent chacun de leur côté leur existence, en toute autonomie l'un par rapport à l'autre.

David Hume (1711-1776) est déterministe. Toutefois, la causalité régnant dans la nature n'est pas, à ses yeux, rigoureusement démontrable : elle ne peut qu'être déduite de notre expérience et de nos habitudes, sans pouvoir être formalisée en loi. Il n'existe pas de libre arbitre pour Hume, qui admet toutefois volontiers l'existence d'une liberté d'action.

Emmanuel Kant (1724-1804) est le représentant le plus éminent de l'indéterminisme et du libre arbitre. Comme Descartes et Leibniz, il constate l'existence d'un royaume de la nature strictement régi par la loi causale ; mais il croit aussi en l'existence d'un « royaume de la liberté » auquel a accès l'homme, parce qu'il est un être de raison. Kant ajoute que la causalité n'est en rien une loi objective de la réalité (le monde comme chose en soi) : elle est un schéma propre à l'homme, que celui-ci applique en quelque sorte à la nature, afin de tenter de la connaître, et qui, pour cette raison même, vaut uniquement pour le monde tel qu'il lui est accessible (le monde des phénomènes).

Pierre Simon Laplace (1749-1827) est un représentant bien connu de la vision du monde mécaniste. Pour celle-ci, tous les événements de la nature se produisent comme dans une machine, selon la loi de la pression et de la poussée. Laplace, dans l'un de ses ouvrages, a proposé une expérience de pensée devenue célèbre et que l'on appelle désormais « le démon de Laplace » (voir dans ce chapitre « Le démon de

Laplace », p. 222). Cette expérience de pensée entend nous montrer qu'il est théoriquement concevable de percer à jour la totalité des rapports de causalité et, ce faisant, de rendre l'avenir prévisible.

Pour Arthur Schopenhauer (1788-1860), tout événement se produisant dans le monde est déterminé. Il n'y a pas de libre arbitre. Notre volonté est fixée une fois pour toutes par notre caractère. Mais, à l'instar de Hume, Schopenhauer reconnaît l'existence d'une certaine liberté d'action.

À l'époque moderne. Albert Einstein (1879-1955), le père de la théorie de la relativité, croit lui aussi que tous les processus à l'œuvre dans le monde sont déterminés. Il a écrit un jour dans une lettre que « le Vieux » (c'est-à-dire Dieu) ne jouait pas aux dés, et cette formule est entrée dans l'histoire. Toutefois, Einstein considère que nous ne sommes pas en mesure de percer à jour la totalité des rapports de causalité – raison pour laquelle nous nous contentons d'un concept comme le « hasard ».

> *Nous appelons hasard les faits pour lesquels nos calculs échouent.*
>
> ALBERT EINSTEIN

Pour Karl Popper (1902-1994), le monde physique n'accueille pas de processus strictement déterminés, et moins encore le monde subjectif de la pensée et du ressenti qui, à ses yeux, est une forme de réalité à part entière. Pour cette raison même, il fait observer que l'homme peut se prévaloir d'une liberté de décision et d'un libre arbitre.

POUR OU CONTRE

La morale est-elle déterminée ?

Les philosophes et les scientifiques débattent âprement de la question de la nature de comportements sexuels bien précis, tels que les actes pédophiles ou les abus sexuels sur mineurs. Ils cherchent à savoir si ceux-ci relèvent de l'immoralité ou de la pathologie, et s'ils doivent être imputés à leurs auteurs au motif qu'ils auraient été commis en toute « liberté », ou au contraire attribués à des prédispositions physiques ou psychiques privant leurs auteurs de toute responsabilité quant à leurs actes.

Le cas d'un enseignant qui, alors qu'il n'avait aucun antécédent judiciaire, développa soudain des penchants pédophiles, est devenu célèbre. Lorsqu'on diagnostiqua chez lui une tumeur au cerveau, et qu'on l'enleva, ces penchants disparurent. Ce cas n'est pas isolé : des lésions cérébrales ont également été diagnostiquées chez d'autres pédophiles.

Une libre volonté peut-elle, selon vous, être présupposée chez les auteurs de ce type de méfaits ? Peut-on les considérer comme pleinement responsables de leurs actes ? Tout criminel sexuel devrait-il être examiné par des médecins et des psychiatres ?

➡ *Avancez des arguments plaidant en faveur d'une réponse positive à chacune de ces questions, puis d'une réponse négative.*

Le démon de Laplace

Le démon de Laplace est une expérience de pensée conçue par le mathématicien et philosophe français Pierre Simon Laplace (1749-1827) dans le but de clarifier une conception du monde strictement déterministe. Ce démon est une intelligence capable d'embrasser d'un seul regard l'ensemble des forces à l'œuvre dans la nature, l'ensemble des êtres et des objets existant dans le monde, ainsi que leurs situations respectives, et de soumettre l'ensemble de ces données à son analyse. Cette intelligence s'avère ainsi en mesure de percer à jour l'ensemble des processus à l'œuvre dans l'univers, les rendant prévisibles.

AVIS DE RECHERCHE

On recherche l'ami des hommes et le sceptique

Dans sa jeunesse, la personne ici recherchée souffrait de fréquentes dépressions, et sa mère se demanda même s'il n'était pas affligé de déficiences intellectuelles. Il interrompit ses études de droit et mit un terme à des activités commerciales. Plus tard, il travailla brièvement comme secrétaire d'ambassade et bibliothécaire. Il n'obtint jamais de chaire parce qu'il était considéré comme athée et adversaire de la religion.

Son destin en est d'autant plus étonnant : il devint l'un des historiens les plus éminents de son pays et l'un des plus grands penseurs de l'histoire de la philosophie. Il se laissa toujours guider par un scepticisme et une raison attentive au monde. Il fut le contraire même d'un dogmatique. Il ne critiqua donc pas seulement la religion mais aussi les sacro-saints principes rationnels de la philosophie et de la science. L'un d'eux était la causalité. Il affirma que celui-ci ne saurait être déduit de l'expérience. Ce qui nous fait dire que le Soleil se lève chaque matin, c'est l'habitude, ainsi que notre capacité à relier entre eux, en les associant, des processus bien précis qui se déroulent à intervalles réguliers, de sorte que nous postulons entre eux une relation causale. Pourtant, rien ne garantit que le Soleil se lèvera réellement de nouveau le lendemain.

Alors que ses convictions choquaient beaucoup de gens, il était considéré par tous ceux qui le côtoyaient en privé comme un humaniste, un interlocuteur tout ce qu'il y a de plus stimulant et un bon vivant. Il vécut en épicurien et mourut en stoïcien. Plus personne, aujourd'hui, ne conteste l'importance de son œuvre. Son mausolée, monumental, surplombe l'une des collines de sa ville natale.

➡ *De qui s'agit-il?*

À VOUS DE JOUER !

Suspendre les lois de la causalité

Imaginez un monde où la loi de causalité se verrait suspendue un jour bien précis de la semaine – aussi simplement que l'on couperait le courant. Les lois de la nature qui nous sont familières perdraient dès lors toute validité l'espace d'une journée, des causes bien déterminées ne pourraient plus être associées à des effets bien précis. Admettons, dans ces conditions, que je saute par la fenêtre. Que se passera-t-il alors : vais-je tomber, voler, rester suspendu dans les airs ? Admettons que je roule en direction d'un mur : rien ne dit, dans ces conditions, qu'une collision est inévitable, etc.

➡ *Essayez d'esquisser un tel monde. Quels problèmes en résultent ? Existe-t-il, selon vous, des expériences humaines montrant des similitudes avec un tel monde non causal ?*

Hasard, fortune

Dès lors qu'il est question du hasard, il importe d'opérer une distinction entre deux notions fondamentalement différentes. Le hasard au sens objectif du terme équivaut à des trous dans la chaîne causale de la nature, tels qu'en a décelé la physique quantique dans le comportement des particules élémentaires (voir chap. 5, « Le monde selon la philosophie et la physique », p. 178). Mis à part ce cas d'indéterminisme, on parle ordinairement du « hasard » dans l'acception subjective du terme, pour pointer notre ignorance des raisons causales cachées derrière des événements qui se produisent dans le monde. Le plus souvent, on a donc recours à ce terme générique afin de désigner des événements dont on ne peut ni trouver la cause ni établir autrement les modalités d'existence et d'action.

Notre incapacité à expliquer un grand nombre de choses explique pourquoi des notions comme « destin » ou « fortune » ont joué un si grand rôle dans la pensée humaine. Dans la mythologie, la Fortune était cette divinité qui présidait aux aléas de la destinée humaine, et qui, parfois en toute impartialité, parfois de façon très lunatique et arbitraire, distribuait aux hommes biens et maux. L'idée de destin (*fatum*, en latin), qui entretient depuis toujours des rapports très étroits avec celle de fortune, renvoie en revanche à une irrévocable nécessité de tous les événements. Je ne connais certes pas le rapport causal, mais je sais que je lui suis soumis, inéluctablement.

POUR OU CONTRE

Le hasard existe-t-il dans la vie ?

Le Pont du roi Saint-Louis (1927), un roman de Thornton Wilder (1897-1975), raconte la vie de plusieurs personnes qui ne se connaissent pas mais se retrouvent toutes, un certain jour de l'an 1714, sur le pont du roi Saint-Louis, au Pérou, au moment même où celui-ci s'écroule. Qu'elles aient emprunté le pont ce jour-là, et à cet instant-là, ne peut être attribué, comme bien souvent, qu'à d'infimes circonstances, parfaitement imprévisibles.

La réalité est, tout autant qu'une fiction romanesque, faite d'un tissu d'invraisemblances. En 2009, une femme originaire du Tyrol du Sud manqua de justesse le vol Air France qui allait s'écraser un peu plus tard au large des côtes brésiliennes. Dix jours plus tard, elle trouva la mort dans un accident de la circulation.

➡ *Le hasard est-il à l'œuvre dans de tels événements ? Ou bien est-ce la nécessité qui y préside ? Avancez des arguments plaidant en faveur des deux hypothèses. Quelles explications possibles voyez-vous en termes de hasard subjectif et en termes de hasard objectif ? Comment les explications causales ou téléologiques s'imposent-elles ?*

Théorie des probabilités, théorie du chaos et théorie des jeux

Même les déterministes les plus coriaces doivent admettre qu'aucune science n'a été jusqu'à présent en mesure de prédire de façon fiable tous les processus à l'œuvre dans la nature et moins encore les actions des hommes. S'il existe un démon de Laplace (voir dans ce chapitre « Le démon de Laplace », p. 222), eh bien, nous ne le connaissons pas. Pourtant, on a tenté de percer à jour l'imprévisible au moyen de méthodes de calculs élaborées. En voici trois.

Théorie des probabilités. La théorie des probabilités tente, au moyen des mathématiques, d'établir des pronostics au sujet d'événements ou d'ensembles d'événements à venir dont il est considéré qu'ils relèvent du hasard. Leur probabilité se mesure à travers le « rapport du nombre de cas favorables [à l'événement dont on cherche la probabilité] au nombre de tous les cas possibles ». C'est une définition qui remonte au philosophe Blaise Pascal (1623-1662) et au mathématicien Pierre de Fermat (1607-1665). Afin de recueillir les données nécessaires à ces calculs, on effectuera le plus grand nombre possible d'« expériences aléatoires ». Les résultats de ces expériences seront ensuite traités et formulés mathématiquement. La théorie des probabilités joue un rôle considérable dans nombre de domaines, notamment dans les sciences économiques, lorsqu'il s'agit, par exemple, d'établir des prévisions quant à la conjoncture à venir, ou encore dans le secteur des assurances.

Théorie du chaos. Cette théorie est née de la découverte que de petites modifications dans la constellation des causes peuvent avoir, dans de nombreux domaines, d'énormes effets. Il ne s'agit pas d'expliquer des actions aléatoires mais des événements ou processus déterminés causalement, donc susceptibles d'être décrits au moyen des mathématiques, mais qui se produisent ou se déroulent différemment de ce qui était prévu en raison de légères transformations de leurs conditions initiales, et qui peuvent donc, pour cette raison même, évoluer « chaotiquement ». Un exemple bien connu est l'évolution de la météo. Même le battement d'aile d'un papillon peut provoquer, sur le long terme, des changements météorologiques de grande ampleur : c'est ce que l'on appelle l'« effet papillon ».

Théorie des jeux. Il s'agit d'étudier les décisions les plus rationnelles susceptibles d'être prises au sujet d'un problème bien précis par un groupe composé d'hommes entretenant entre eux des relations à la fois étroites et faites d'interdépendance. La coordination et la coopération des membres du groupe jouent aussi un grand rôle. Les stratégies et planifications militaires s'appuient fréquemment sur la théorie des jeux.

ÉNIGME PHILOSOPHIQUE

La probabilité est-elle calculable ?

Le mathématicien italien Luca Pacioli (1445-1514 ou 1517) tint longtemps en haleine mathématiciens et philosophes avec un exercice qu'il proposa en 1494, et dont la solution peut être présentée de la façon suivante : la répartition d'un gain doit être calculée en lien direct avec l'issue probable d'un jeu. Légèrement modifié, l'exercice consiste en ceci :

Deux hommes, A et B, jouent l'un contre l'autre au ballon. Celui qui gagne une manche obtient un point. La partie est remportée par celui qui obtient sept points le premier. Le vainqueur de la partie doit se voir remettre 80 euros. Mais la partie doit être définitivement interrompue à 5-4 pour A. Il s'agira alors de répartir entre les deux adversaires la dotation prévue à l'origine pour le vainqueur. Calculer la somme que chacun doit recevoir suppose de déterminer la probabilité de remporter la partie dont chacun pouvait se prévaloir au moment où celle-ci a été interrompue.

➡ *Quelles sommes doivent être versées à A et à B ?*

ÉNIGME PHILOSOPHIQUE

Le dilemme du prisonnier

L'une des énigmes les plus connues de la théorie des jeux est appelée le « dilemme du prisonnier ». La situation de départ est la suivante : deux complices suspectés d'un crime grave sont arrêtés dans leur voiture alors qu'ils étaient en cavale. Excepté la vitesse excessive à laquelle ils roulaient au moment de leur arrestation, aucune preuve ne les confond en l'état. Afin d'élucider le crime, le marché suivant est proposé à chacun d'eux :
– Si tu avoues et que l'autre n'avoue pas, tu es libre et l'autre se voit condamné à dix ans de prison ;
– Si tu avoues et que l'autre avoue aussi, vous prenez chacun cinq ans ;
– Si tu n'avoues pas et que l'autre avoue, tu prends dix ans et l'autre est libre ;
– Si aucun de vous deux n'avoue, chacun de vous prend un an.

➡ *Quelle décision prendre si les deux complices ne peuvent communiquer entre eux ?*

➡ *Quelle décision prendre si les deux complices peuvent communiquer et coopérer ?*

Deux méthodes scientifiques : déduction et induction

C'est la science qui tente de clarifier, à l'aide de théories, les rapports causaux en vigueur dans le monde. Elle est, pour ainsi dire, une connaissance du monde formalisée à travers des théories, structurée sur le mode systématique, et contrôlée de façon méthodique. En tant que telle, elle fut longtemps identifiée à la philosophie. Depuis les Temps modernes, elle s'appuie avant tout sur un savoir expérimental, donc sur l'observation empirique du monde, et entretient un rapport étroit avec la méthode scientifique.

Dans l'Antiquité. Jusqu'aux débuts des Temps modernes, Aristote (384-322 av. J.-C.) demeura une sorte de phare pour la pensée. Dans ses écrits regroupés sous le titre *Organon*, celui-ci identifie le savoir scientifique à la déduction (sur le syllogisme, la déduction et l'induction comme formes logiques de la conclusion, voir le chap. 3, « Concepts, propositions et arguments », p. 105). Selon lui, on peut établir des vérités en suivant une opération de déduction, c'est-à-dire en déduisant de présupposés – d'axiomes – des conclusions logiques.

À l'époque moderne. Au début du XVIIe siècle, Francis Bacon (1561-1626) s'opposa à cette vision des choses dans son œuvre majeure, le *Novum organum* (1620). Bacon considérait que l'induction est la véritable méthode scientifique, et il s'attacha à imposer cette idée. D'après lui, il convient plutôt de partir d'observations, de mesures et de résultats d'expériences généralisés jusqu'à revêtir valeur de loi. Les axiomes, tels que les entend Aristote, ne sont pour Bacon que des hypothèses demandant à être confirmées empiriquement.

David Hume (1711-1776) considérait lui aussi que la science repose sur des observations empiriques. Mais il contestait la validité des conclusions inductives : les observations empiriques, si nombreuses soient-elles, ne permettent pas, selon lui, d'établir la validité du raisonnement inductif.

Depuis le XXe siècle. Le Cercle de Vienne, ce groupe de philosophes et de scientifiques qui fut actif dans les premières décennies du XXe siècle (voir chap. 3, « Grands logiciens et philosophes du langage », p. 123), s'appuya pour sa part sur l'induction, la considérant comme une méthode de connaissance universelle : en universalisant des « propositions de base » se rapportant immédiatement à des choses concrètes et à des processus concrets, il devient possible de « vérifier » des énoncés et des théories – autrement dit, de démontrer qu'ils sont vrais.

Karl Popper (1902-1994), qui critiqua le Cercle de Vienne, refusait comme David Hume l'idée d'une validité des conclusions inductives. Dans *Logique de la découverte scientifique* (1934), un ouvrage majeur consacré à la théorie scientifique et célèbre à juste titre, il affirma la pertinence du procédé déductif, soulignant toutefois l'importance du contrôle empirique : le scientifique forme tout d'abord des hypothèses générales à partir desquelles des prévisions peuvent être déduites. Mais ces hypothèses doivent être formulées de manière à pouvoir être démenties par les faits, autrement dit de manière à pouvoir être réfutées par l'expérience. Une telle réfutation conduit à l'élaboration de « meilleures » hypothèses. Pour Karl Popper, c'est donc bien la « falsification », et non pas la « vérification », qui permet la production de savoir scientifique.

ÉNIGME PHILOSOPHIQUE

Existe-t-il des pronostics sûrs et certains ?

➡ *Lesquels des pronostics suivants peuvent selon vous être considérés comme sûrs et certains ?*

– « Dans mille ans, le Soleil continuera à se lever le matin » ;

– « Dans mille ans, la somme des angles d'un triangle sera toujours de 180 degrés » ;

– « Si nous n'émettons pas plus de 1 100 millions de tonnes de CO_2 jusqu'en 2050, le réchauffement de la planète pourra être limité à deux degrés supplémentaires. »

➡ *Quel est le degré de probabilité de ces pronostics ?*

TEST DE LOGIQUE

Induction ou déduction ?

➡ *Examinez les conclusions suivantes : quels sont les cas où nous avons affaire à une induction, et ceux où nous avons affaire à une déduction ?*

➡ *Lesquelles de ces déductions peuvent être soutenues scientifiquement ?*

– Le nouveau médicament contre le virus Ebola a été testé auprès de deux cents volontaires. Dans près de 80 % des cas, une amélioration

a été constatée, aucun cas n'ayant par ailleurs vu son état se dégrader. En conséquence, le nouveau médicament s'avère un moyen efficace de lutter contre Ebola;
– Tous les corps se dilatent en cas de réchauffement. L'eau de mer sera réchauffée du fait du réchauffement climatique. En conséquence, l'eau de mer se dilatera;
– Les cygnes sont blancs parce que nous attachons à l'idée de « cygne » un animal au long cou à plumage blanc. En conséquence, ces animaux au plumage noir vivant dans l'ouest de l'Australie, bien qu'ils ressemblent fort à des cygnes, n'en sont pas.

ÉNIGME PHILOSOPHIQUE

L'énigme de l'induction de Goodman

Le philosophe américain Nelson Goodman (1906-1998) a soumis le problème suivant, qui porte désormais son nom – même si Bertrand Russell (1872-1970) avait déjà formulé ce paradoxe dans une forme approchante.

Considérons cette induction: « Toutes les émeraudes jusqu'ici examinées sont vertes. Nous en déduisons donc que: toutes les émeraudes sont vertes. »

Maintenant, introduisons un nouvel adjectif, l'adjectif « vleu »: « Toutes les émeraudes qui sont vertes et qui sont dans le même temps examinées, mais aussi celles qui sont bleues et qui ne font pas l'objet d'un examen particulier, doivent être considérées comme des émeraudes "vleues". De l'énoncé: "Toutes les émeraudes jusque-là examinées sont vertes", nous pouvons maintenant en déduire aussi: "Toutes les émeraudes sont vleues." »

➡ *Le paradoxe de l'induction de Goodman est-il vicié? Justifiez votre réponse.*

AVIS DE RECHERCHE

On recherche le falsificateur

Pour tous ceux qui croyaient que la science, avec ses explications causales et ses pronostics, établit la vérité au sujet du monde, le jeune pédagogue viennois fut la provocation incarnée : il annonça en effet qu'il ne nous est jamais possible de démontrer la vérité d'une théorie. Il renversa les perspectives : la qualité à ses yeux principielle d'une théorie scientifique – qui était loin d'en être une aux yeux de beaucoup –, c'est qu'elle devait pouvoir être fausse. Il appela « falsification » l'opération consistant à démontrer leur imperfection et la nécessité de leur correction. En cela, il ne fut en rien un ennemi de la vérité. Bien au contraire : son objectif à lui aussi était de se rapprocher d'elle. Mais le chemin y conduisant ne pouvait être selon lui que sinueux, et non rectiligne : seules les théories capables de se corriger permettent, pensait-il, le progrès scientifique.

Avec ses thèses, il révolutionna la philosophie des sciences. L'ouvrage les présentant put paraître juste à temps, avant que la situation politique en Europe ne le pousse à fuir le Vieux Continent. Il finit par y revenir mais ne remit plus jamais les pieds en Autriche. Il devint un professeur de renommée internationale, prit la citoyenneté britannique et, dès lors, écrivit ses œuvres en langue anglaise. Le credo de sa philosophie politique fut, là encore, l'ouverture à la critique et à la correction de l'erreur : il s'attacha à réfuter tous ceux qui, en ce domaine comme dans les sciences, prétendaient apporter des solutions définitives et non modifiables. Dans son grand âge, il provoqua une nouvelle fois le monde académique en prenant fait et cause pour l'idée d'indéterminisme ainsi que pour la volonté humaine libre.

Ce falsificateur se fit connaître bien au-delà du champ académique de la philosophie : à 63 ans, il fut anobli par la reine d'Angleterre.

➡ *De qui s'agit-il ?*

Solutions, arguments et idées

Causalité, hasard, liberté

➡ Page 212

TEST DE LOGIQUE

Explication téléologique ou causale?

– « Les fleurs sont formées de façon à ce que les abeilles puissent en tirer leur miel » : explication téléologique;

– « En raison du réchauffement climatique, les oiseaux migrateurs sont toujours plus nombreux à venir hiberner en France » : explication causale;

– « Les voitures ont des pots catalytiques parce que ceux-ci permettent de réduire leurs émissions polluantes » : explication téléologique;

– « Il a eu un accident parce que ses freins ont lâché » : explication causale.

Dans la troisième proposition, l'explication téléologique est parfaitement sensée parce qu'elle traite d'objets conçus de main d'homme pour remplir un objectif bien précis, des objets destinés à une utilisation avérée, en vue d'une fin avérée. En revanche, dans la première proposition, c'est simplement l'homme qui attribue un objectif à la nature.

➡ Page 212

À VOUS DE JOUER!

Une notice biographique

Voici un exemple de petite notice biographique (fictive) destinée à une encyclopédie : « Né en 1920 à Hanovre, A suivit sa scolarité de 1926 à 1933 – école primaire jusqu'en 1930, puis collège. Comme ses parents étaient persécutés par le régime nazi, il lui fallut quitter le collège en 1933 [explication causale]. Afin de pouvoir poursuivre une scolarité normale [explication téléologique], il émigra avec ses parents en Angleterre, où il mena à bien ses études, en 1939. Bien décidé à participer à la lutte contre le nazisme [explication téléologique], il se fit recruter cette même année par les services secrets britanniques. Il travailla ainsi jusqu'en 1945, dans un détachement de ces services chargés de déchiffrer les messages militaires cryptés de l'ennemi. Le manque de médecins après la guerre l'incita [explication causale], en 1946, à entamer des études de médecine, mais il les interrompit en 1948 afin de se consacrer – et sur-le-champ – à la discipline qui l'intéressait le plus : les mathématiques [explication téléologique]. Il mena à bien ces études-là, obtenant un doctorat en 1953. Dans la mesure où aucun poste d'enseignement ne pouvait lui être proposé à l'université [explication causale], il travailla tout d'abord, de 1953 à 1958, pour une compagnie d'assurances. En 1958, il fut nommé, en raison de ses publications [explication causale] qui l'avaient imposé comme un chercheur de premier plan, à la London School of Economics, où il enseigna jusqu'en 1985, date à laquelle il se vit accorder le titre de professeur émérite [explication causale]. Sa mort soudaine, en 1990, reste non élucidée. Certains l'ont attribuée à sa proximité avec les services secrets [explication causale]. Ses œuvres consacrées aux mathématiques et à la logique, devenues classiques, et tout particulièrement son ouvrage très populaire *Comment rendre la vie logique*, sont traduites dans plus de trente langues. »

Page 215

TEST DE LOGIQUE

Raison réelle ou raison logique ?

– « Parce que les réacteurs… » : raison réelle ;

– « Parce qu'il était un kiwi… » : raison logique ;

– « Parce qu'il avait le permis de conduire… » : raison logique ;

– « Parce qu'il roulait comme un fou sur la chaussée humide… » : raison réelle.

➡ Page 217

TEST DE LOGIQUE

Propositions nécessaires

– « Tous les corps sont étendus » : proposition nécessaire (les corps se définissent par l'extension) ;
– « Il existe de petits éléments indivisibles de la matière » : proposition non nécessaire ;
– « Les triangles ne sont jamais ronds » : proposition nécessaire ;
– « Soit les dragons existent, soit ils n'existent pas » : proposition nécessaire ;
– « Soit il existe des dragons qui crachent le feu, soit les dragons n'existent pas » : proposition non nécessaire.

➡ Page 221

POUR OU CONTRE

La morale est-elle déterminée ?

L'idée que l'homme n'est ni libre ni responsable – ses actions morales étant toujours conditionnées par son caractère – est défendue en philosophie, entre autres, par Arthur Schopenhauer (1788-1860). Quant à l'idée inverse, celle de la liberté et de la responsabilité de l'homme, elle est défendue par de nombreux autres philosophes, parmi lesquels Emmanuel Kant (1724-1804).

Si toutes nos décisions et actions morales étaient déterminées, nous ne pourrions plus nous concevoir comme responsables de nos actes. Tous les principes au fondement de notre droit, et notamment de notre droit pénal, s'en verraient remis en cause. Si nous postulons que l'homme est libre et responsable, c'est parce que nous le croyons capable de soupeser les raisons d'agir ou de ne pas agir.

Mais, d'un autre côté, il est également évident que nous ne sommes pas toujours maîtres de nous-mêmes, maîtres de nos actes (l'alcool, les drogues, les maladies, etc., nous font perdre le contrôle de nous-mêmes). L'hérédité joue également, chez beaucoup, un grand rôle. Pour cette raison même, il est probablement sensé de supposer qu'existent des degrés de responsabilité très divers, et de très diverses « altérations » de la responsabilité – qui doivent toutes être soigneusement examinées au cas par cas. Pour ce qui est de l'enseignant qui a commis des actes pédophiles, on supposera néanmoins, malgré la tumeur dont il souffrait, un certain degré de responsabilité.

➡ Page 223

AVIS DE RECHERCHE

L'ami des hommes et le sceptique

David Hume (1711-1776)

➡ Page 224

À VOUS DE JOUER!

Suspendre les lois de la causalité

Un monde qui cesserait d'être régi par les lois de la causalité ne serait guère vivable au quotidien, faute de ces coordonnées fiables qui nous permettent de nous mouvoir dans l'espace et dans le temps. Dans un tel monde, le sol pourrait à tout moment se dérober sous nos pieds. Nous y perdrions probablement tout sens de l'orientation – ce qui laisse penser que notre tendance à interpréter le réel sur le mode causal est vraisemblablement un héritage génétique de l'évolution humaine. C'est en rêvant que nous faisons fréquemment l'expérience d'un monde qui n'est plus régi par les lois de la causalité.

➡ Page 225

POUR OU CONTRE

Le hasard existe-t-il dans la vie?

Lorsque nous nous confrontons au monde en lui appliquant une grille de lecture causale, nous partons en toute logique du principe que *tous* les événements sont provoqués par des causes, sur le mode de la causalité. L'existence de « trous » dans la chaîne de causalité vient remettre en cause la pertinence de ce modèle d'interprétation. Je pense au célèbre « hasard objectif » de la physique quantique, étroitement lié au comportement des particules élémentaires, mais qui ne peut guère être utile à l'interprétation des événements de la vie quotidienne.

La question revient à se demander comment faire face, en dehors de ces cas, à des événements apparemment « inexplicables ». Dans le cas du roman de Thornton Wilder, l'interprétation du « hasard subjectif » s'impose. Nous avons là, en effet, des événements qui, certes, sont objectivement provoqués par des causes, mais qu'il est impossible d'identifier – parce que nous manquent, par exemple, les données contextuelles nécessaires, ou parce que les rapports de causalité sont intriqués à l'extrême. Si nous analysions de très près l'itinéraire de vie respectif de chacun des personnages principaux du roman, jusqu'à cet instant où ils s'engagent sur le pont, nous verrions peut-être clairement pour quelles raisons chacun d'eux ne pouvait que se trouver à cet endroit en cet instant. Nous pourrions procéder de même dans le cas de cette femme tuée dans un accident de la route après avoir réchappé à un accident d'avion.

Une interprétation téléologique est fréquemment privilégiée par les croyants – dont était l'écrivain Thornton Wilder. Ceux-ci ont recours aux notions de providence et de prédestination divines.[1] Pour eux, Dieu (ou une puissance surnaturelle, quel que soit le nom qu'ils lui donnent) se tient à l'extérieur du règne de la causalité et peut intervenir ici-bas, dans le cours des choses, en mettant en branle des processus relevant des lois de la causalité, ou en y mettant un terme. Dans le cas de la femme tuée dans un accident de la route, ceux qui privilégient les interprétations téléologiques opteront pour la thèse de la prédestination : à leurs yeux, cette femme ne pouvait que mourir dans ces circonstances.

➡ Page 227

ÉNIGME PHILOSOPHIQUE

La probabilité est-elle calculable ?

Il s'agit ici de calculer ce qui aurait pu se passer lors des parties restant à jouer et qui, finalement, n'ont pu l'être. Quatre parties maximum auraient été encore nécessaires pour décider du résultat final. Lorsqu'on envisage toutes les possibilités, qui sont au nombre de seize, on parvient à un résultat de 11 pour A et 5 pour B. La dotation doit donc être répartie selon un rapport de 11 à 5. A toucher a en conséquence 55 euros et B se verra remettre 25 euros.

➡ Page 228

ÉNIGME PHILOSOPHIQUE

Le dilemme du prisonnier

Si les deux suspects ne communiquent pas entre eux, le choix le moins risqué consiste à avouer. En effet, en avouant, le suspect encourt au maximum cinq ans de prison. S'il n'avoue pas, il existe certes une chance que l'autre suspect n'avoue pas non plus – ce qui n'entraînerait alors pour tous deux qu'une seule année de détention –, mais le risque inverse est tout aussi grand. Ce serait alors dix ans de prison qu'il faudrait faire…

Si les deux peuvent communiquer entre eux, la meilleure option consiste naturellement à choisir ensemble de ne pas avouer. Chacun sera alors condamné à un an seulement d'emprisonnement.

➡ Page 230

ÉNIGME PHILOSOPHIQUE

Existe-t-il des pronostics sûrs et certains ?

Le pronostic le plus sûr est le second (« Dans mille ans, la somme des angles d'un triangle sera toujours de 180 degrés »). Il est même absolument certain, car il contient une proposition nécessaire dans l'acception logique du terme, qui se révèle vraie dans tous les mondes possibles, et donc aussi dans tous les mondes à venir, car elle se contente d'énoncer ce qui est déjà contenu dans le concept de triangle (Voir également le chap. 3 : « Concepts, propositions et arguments », p. 105).

La première proposition (« Dans mille ans, le Soleil continuera à se lever le matin ») est un pronostic d'une très haute probabilité, une quasi-certitude tant que notre univers conserve la forme qui est actuellement la sienne. L'homme des Lumières David Hume (1711-1776) fut le premier à attirer l'attention sur le fait que nous ne pouvons exclure absolument que le Soleil, un jour, cesse de se lever le matin.

Pour ce qui est de la dernière proposition (« Si nous n'émettons pas plus de 1 100 millions de tonnes de CO_2 jusqu'en 2050, le réchauffement de la planète pourra être limité à deux degrés supplémentaires »), nous avons là un pronostic scientifique « normal » qui peut simplement se prévaloir d'une probabilité élevée dans la mesure où sa réalisation dépend de très nombreux facteurs – économiques, sociaux, et d'autres encore qui ne peuvent être tous embrassés. Un tel pronostic donne une valeur indicative relativement digne de confiance mais ne peut en rien être considéré comme sûr et certain.

➡ Page 230

TEST DE LOGIQUE

Induction ou déduction?

– « Le nouveau médicament… » : une induction classique, qui autorise un pronostic scientifique relativement digne de confiance ;

– « Tous les corps se dilatent… » : une déduction classique et des énoncés scientifiques sûrs ;

– « Les cygnes sont blancs… » : nous avons là le cas particulier d'une déduction découlant d'une définition conceptuelle. Sa valeur scientifique est limitée dans la mesure où de tels énoncés ne peuvent être empiriquement réfutés. Il en va tout autrement lorsque la proposition « Les cygnes sont blancs… » n'est pas conçue comme une définition mais comme une hypothèse pouvant être réfutée par l'apparition de cygnes noirs.

➡ Page 231

ÉNIGME PHILOSOPHIQUE

L'énigme de l'induction de Goodman

Le paradoxe de l'induction de Goodman, qui démontre que nous pouvons parvenir, de la même façon, à deux conclusions différentes (ce qui n'est pas possible d'un point de vue logique), représente une énigme, mais une énigme qui ne se pose que lorsqu'un savoir empirique de base est écarté.

Que les émeraudes soient vertes ne présente pas un problème pour nous – elles l'ont toujours été. Mais les émeraudes « vleues » étaient, semble-t-il avant examen, « bleues ». Cela signifie que de « bleues » elles sont devenues, au fil de l'examen, « vleues ». On supposera donc que les émeraudes ont pu changer de couleur au cours de ce processus (par exemple sous l'effet de la lumière). Mais, comme nous y incite notre savoir empirique de base, nous pouvons exclure une telle possibilité. Le paradoxe de Goodman est donc artificiel et fabriqué : nous n'avons pas à l'envisager comme une authentique énigme.

➡ Page 232
AVIS DE RECHERCHE
Le falsificateur
Karl Popper (1902-1994)

CHAPITRE 7

Conscience de soi, chair et âme, individu

AU FOND, LA PHILOSOPHIE S'EST PRÉOCCUPÉE de ses débuts à aujourd'hui de deux grandes énigmes : l'énigme du cosmos et l'énigme du monde. Elle s'interroge depuis toujours sur la nature exacte de notre monde et sur ce qui assure sa cohésion (voir le chap. 5, p. 171). Mais l'homme lui-même est une énigme au moins tout aussi grande. En effet, il est cet être qui ne se comprend pas lui-même. Il ne s'accepte tout simplement pas tel qu'il est. Il fait de lui-même un problème et s'interroge : quelle est mon origine ? Quel est mon rôle dans le monde ? Mais surtout : suis-je une composante comme une autre de la nature ou puis-je me prévaloir d'être spécifique ? Puis-je me targuer de quelque qualité extraordinaire qui me distinguerait de tous les autres êtres ?

L'homme se fait de lui-même une idée fondamentalement incertaine et, dans le même temps, il persiste à se considérer comme irréductiblement différent des autres êtres vivants. Cela le conduit à échafauder des théories pour étayer sa conviction qu'il occupe une place spécifique dans la nature, ou y joue même un rôle de premier plan. Cette conviction trouve à l'évidence son origine dans un besoin profond, et elle vient dans le même temps combler une ignorance douloureusement ressentie. Beaucoup se demandent en effet d'où nous vient notre capacité à former un langage, à créer une culture et à régner sur la nature. Les religions comblent une telle inconnue, mais celle-ci représente aussi un défi pour la philosophie. À la différence de la religion, cette dernière refuse de s'appuyer sur des textes sacrés ou sur des révélations de nature religieuse. Elle s'est dès le départ attachée à interroger de façon lucide, rationnelle et critique cette spécificité de l'homme par rapport aux autres êtres vivants, et à laquelle de nombreux noms ont été donnés. Certains l'appellent raison, d'autres esprit ou conscience, d'autres encore parlent d'âme, ou même d'« âme immortelle ».

Mais l'esprit humain n'est pas seulement tourné vers le monde. L'homme connaît, pense et agit, parfaitement conscient de sa nature d'être connaissant, pensant et agissant : il peut se prévaloir d'une conscience de lui-même comme « je ». Et c'est précisément ce « je », très étroitement associé à l'esprit, à la conscience, à l'âme, mais aussi aux fonctions cérébrales, qui fait de lui un « sujet » – un sujet faisant face aux choses du monde, aux « objets ». Mais ce « je » montre aussi une spécificité : c'est qu'il peut se prendre lui-même pour objet de connaissance. Dans quelle mesure « je » peut-il donc connaître « je » ?

L'une des grandes tâches que la philosophie se propose depuis toujours de mener à bien consiste à comprendre ce qu'il en est de la « conscience de soi » qui, comme il le semble, se trouve au fondement de tout notre savoir. L'esprit pur joue-t-il ici un rôle, et dans quelles proportions ? Est-il question de réalités concrètes ou seulement de fictions permettant à l'homme de trouver le bonheur et à la philosophie de faire son importante ? Le « je » est-il réellement plus qu'un pronom personnel à la première personne du singulier ? Les neurologues et neurophysiologues réfrènent en tout cas l'enthousiasme des partisans de l'« âme », du « moi » et du « je » en les confrontant à l'évolution des connaissances. Pour eux, il est bien plus question de flux cérébraux et de neurones que de « je » ou de « moi » autonome. Le « je » a-t-il un cerveau, ou est-ce plutôt le cerveau qui a un « je » ? Dans tous les cas, la philosophie se doit de réagir : elle ne peut négliger les rectifications que la science vient apporter à l'image que l'homme se fait habituellement de lui-même ; et, en s'appuyant sur ces nouveaux apports en connaissance, il lui faut prendre un nouvel élan afin de partir, en s'engageant sur la voie du « je », sur les traces de cette énigme qu'est l'homme.

La métaphysique, l'épistémologie, l'anthropologie philosophique, la philosophie morale et la philosophie de l'esprit, qui exerça autrefois une si grande influence, se sont toutes confrontées à ce « je », et se sont inévitablement heurtées à l'un des grands problèmes de la philosophie – on pourrait presque dire à l'un de ses problèmes « éternels » : le « problème chair-âme », tel qu'on le désigne souvent. Se posent ici même deux questions : celle des rapports qu'entretiennent mutuellement le corps et l'esprit, et celle de l'autonomie ou non de l'esprit. Nous avons là bien plus que de modestes questions scientifiques, tant elles entrent en compte dans la compréhension que l'homme a de lui-même. S'il n'existe pas d'âme autonome, si l'esprit est pris dans l'agitation des neurones, et si la raison est esclave des pulsions, alors ne nous faut-il pas modifier radicalement l'image que nous nous faisons de nous-mêmes ?

Mais « être un je », « être un sujet », bref, la subjectivité, ne constitue pas seulement un problème métaphysique et épistémologique. En philosophie morale aussi, ainsi qu'en philosophie politique, nous nous envisageons comme des sujets, c'est-à-dire comme des individus agissant en toute autonomie, de façon responsable, dans l'idée d'atteindre des objectifs bien déterminés. C'est entre autres pour cette raison que le concept de « personne » est fréquemment utilisé. La « subjectivité », entendue comme un synonyme de « personnalité », d'« individualité » et d'« autonomie », est devenue au fil des siècles un projet philosophique. Mais ce projet n'alla jamais non plus sans contestation. Ne serions-nous pas, au contraire, des moutons de Panurge, des hommes de la masse ? Se pourrait-il que l'individualité ne soit, par exemple, qu'une construction ?

Charles Darwin
La Filiation de l'homme

La conception du rôle spécifique de l'homme qui domina longtemps en philosophie et en religion a été progressivement remise en cause par la science. De même que Sigmund Freud (1856-1939) a bouleversé l'idée que nous nous faisions jusque-là de l'« âme » (voir dans ce chapitre « Fusionnées ou séparées ? Le problème chair-âme », p. 252),

> *L'homme n'est qu'un roseau,*
> *le plus faible de la nature,*
> *mais c'est un roseau pensant.*
> BLAISE PASCAL

le naturaliste Charles Darwin (1809-1882) a, dans son ouvrage *La Filiation de l'homme* (1871), discuté la vision promue par le christianisme et d'autres religions d'un homme roi de la création et radicalement différent de l'animal. Pour Darwin, l'homme est un animal de haute complexité, produit de l'évolution de la nature, un organisme qui évolua sur le temps long à travers la sélection et l'adaptation et qui s'est imposé face aux autres espèces. Affirmer que Darwin aurait prétendu que l'homme descend du singe, c'est grandement simplifier sa pensée. Il est bien plus exact de dire qu'il a découvert que les primates et les hommes ont des ancêtres communs. C'est ainsi que l'homme en est venu à occuper une place solide dans la nature (voir le chap. 4, en particulier « Critiques et défenseurs modernes de la théorie de la création », p. 156).

COGITO ERGO SUM

Cogito ergo sum est une expression latine qui signifie : « Je pense, donc je suis. » Nous avons là l'une des phrases les plus célèbres de la philosophie, et il est même permis de la présenter comme l'acte fondateur de la philosophie des Temps modernes. Nous la devons au philosophe français René Descartes (1596-1650), qui l'a couchée sur le papier en écrivant son œuvre *Méditations sur la philosophie première* (1641 ; elle a également pour titre *Méditations métaphysiques*). Descartes se posa les questions suivantes : notre savoir peut-il s'appuyer sur un fondement absolument fiable ? Existe-t-il quelque chose qui ne saurait être mis en doute ? Réponse : oui. Je peux douter de tout, mais je ne peux douter de l'acte même de penser par lequel je doute. Ainsi : je pense, donc je suis.

Pour Descartes, nous n'avons pas seulement avec cette phrase le fondement sûr du savoir mais aussi un éclairage métaphysique : dans la mesure où l'existence est donnée dans la pensée pure comme absolument sûre, le « je » est un être pensant (*res cogitans*, littéralement une « chose pensante »), c'est-à-dire une substance autonome, impérissable, existant indépendamment du corps.

TEST DE LOGIQUE

Doute cartésien

➡ *La célèbre phrase de Descartes, « Je pense, donc je suis », comprend-elle, selon vous, une conclusion valide en logique ?*

POUR OU CONTRE

Les animaux ont-ils une âme ?

La philosophie occidentale (ainsi que la religion occidentale) a longtemps pensé que l'homme avait, au contraire de l'animal, une âme individuelle et immortelle. René Descartes (1596-1650) n'affirmait pas seulement que les animaux n'ont pas d'âme : il les considérait aussi comme des êtres purement corporels, comme des automates incapables de penser et ressentir. En revanche, les philosophies orientales et asiatiques, par exemple le bouddhisme, partent toujours du principe que tous les êtres participent d'une âme universelle englobant toutes choses. Dans une telle vision, tous les êtres vivants sont reliés en une même entité, l'homme n'occupant pas une place plus éminente que les autres. Arthur Schopenhauer (1788-1860), qui donna à son caniche le nom Atma (dans la philosophie hindouiste, nom donné à l'âme émanée de la grande âme universelle et identique à elle), était des quelques philosophes occidentaux qui partageaient cette conception.

Schopenhauer, qui considérait que la souffrance animale a une lourde signification morale et devait être évitée, peut être présenté comme un précurseur de la protection animale.

➡ *Avancez des arguments plaidant en faveur de la thèse selon laquelle les animaux ont une âme, et des arguments opposés. Quelles différences feriez-vous entre les espèces animales ? Procédez ainsi en fonction des différentes conceptions suivantes de l'« âme » :*

– L'âme comme « âme spirituelle » individuelle, capacité immortelle au savoir rationnel, reliant également l'homme à Dieu ;
– L'âme comme psyché dans l'acception large du terme, englobant la capacité de percevoir et de souffrir ;
– L'âme comme conscience morale et capacité de distinguer le bien du mal.

La réincarnation

La doctrine de la réincarnation, de la transmigration des âmes, existe dans de nombreuses cultures et de nombreuses religions. Mais l'« âme » n'y est pas toujours envisagée de la même façon. Les doctrines de la réincarnation les plus connues en Occident sont celles de l'hindouisme, du bouddhisme et de la culture grecque des débuts. L'hindouisme entend ainsi par « âme » (*atma*) l'âme immortelle, émanée de la grande âme universelle et identique à elle, et qui peut se réincarner sous la forme d'un être humain ou d'un animal. Le bouddhisme n'accorde aucune place à l'idée d'âme individuelle immortelle mais reconnaît l'existence du *karma*, état positif ou négatif qui est la somme des actes passés et présents d'une personne. Mes actes, ma manière de vivre, ma morale au quotidien en somme, façonnent pour ainsi dire directement le *karma*, lui donnant sa tonalité positive ou négative.

En Grèce, la doctrine de la transmigration des âmes fut diffusée, entre autres, par le courant religieux des orphiques. La philosophie grecque – et donc, par exemple, les pythagoriciens ou encore Platon

(427-347 av. J.-C.) – fait sienne l'idée qu'il existe en tout être un noyau spirituel immortel. Chez Platon, toutefois, la capacité de connaissance intellectuelle est incluse dans l'idée d'âme.

POUR OU CONTRE

De quelle dimension corporelle l'esprit a-t-il besoin ?

Personne ne nie que l'esprit dépend du corps : il dépend de lui de diverses façons, et nos activités intellectuelles sont influencées par notre condition physique. En témoigne très simplement notre incapacité à mener à bien le moindre travail intellectuel lorsque nous sommes pris de fièvre ou sévèrement malades. D'un autre côté, il est fréquent que des hommes mènent à bien des tâches intellectuelles importantes en dépit de handicaps physiques lourds, ou surmontent des maladies par leur seule force intellectuelle ou mentale. Le physicien britannique Stephen Hawking (né en 1942) en est un exemple célébrissime. Souffrant de sclérose latérale amyotrophique, ce qui le contraint à s'exprimer par l'intermédiaire d'un ordinateur vocal, il n'en est pas moins l'un des scientifiques les plus renommés de notre temps.

➡ *Avancez des arguments supplémentaires défendant l'idée que l'esprit ne saurait être ramené aux seules fonctions corporelles !*

➡ *Trouvez, au contraire, d'autres arguments plaidant en faveur de la thèse de la dépendance de l'esprit par rapport au corps. Quelles conditions physiques doivent, selon vous, être remplies pour que l'esprit se montre parfaitement à même de fonctionner ?*

Fusionnées ou séparées ? Le problème chair-âme

Lorsqu'on se réfère au problème chair-âme, on évoque la question du rapport entre le corps et l'esprit. S'agit-il de deux formes entièrement différentes de la réalité, ou sont-elles, en vérité, identiques ? Qui est le maître dans la maison humaine : l'esprit ou le corps ? Quelle sorte d'influence exercent-ils l'un sur l'autre ? Constituent-ils deux aspects d'une unité plus profonde, ou bien l'esprit se laisse-t-il ramener entièrement aux fonctions corporelles ? Deux grands positionnements fondamentaux ont jusqu'à aujourd'hui été défendus à ce sujet : le dualisme (l'esprit et le corps sont fondamentalement différents) et le monisme (ils sont, au fond, une seule et même entité).

La philosophie antique et celle du Moyen Âge. En Grèce ancienne, « âme » est synonyme de « psyché ». Ce dernier concept tel qu'il est élaboré dans l'Antiquité signifie d'abord, et tout autant, souffle de vie. On suppose à l'origine que l'âme (*psychè*) se sépare du corps au moment de la mort et continue de vivre comme son reflet fantomatique. Ce que l'on appelle le dualisme chair-âme, c'est-à-dire la doctrine selon laquelle la chair et l'âme, ou encore le corps et l'esprit, sont deux choses différentes, séparées l'une de l'autre, se diffuse largement dans la philosophie grecque des débuts. Alors que le corps est éphémère, l'âme, elle, est considérée comme immortelle.

Si l'école des pythagoriciens est bien connue, c'est notamment parce qu'elle accorde une grande place à la doctrine de la transmigration des âmes, qui estime que l'âme, après la mort physique, continue de vivre et passe dans un autre corps.

Pour Platon (427-347 av. J.-C.), l'âme est dans tous les cas immortelle. Avec lui, elle vient désigner le noyau moral et spirituel de la personne.

Pour Aristote (384-322 av. J.-C.), l'âme est un principe de vie du corps, le code d'évolution qui est en quelque sorte implanté en lui, mais qui disparaît avec lui. En revanche, il considère l'esprit comme un principe actif de la pensée, à la fois intangible et immortel.

Augustin (354-430), quant à lui, combine le christianisme à la thèse de l'immortalité de l'âme, qui nous vient de la philosophie grecque. L'âme est considérée comme une entité immatérielle et n'entretient pas seulement un rapport étroit avec l'esprit, ou la raison : elle est aussi intrinsèquement liée à l'idée d'un irréductible noyau moral de l'homme.

L'Époque moderne. C'est aux XVIIe et XVIIIe siècles que l'idée d'une immortalité de l'âme est passée au « banc d'essai ». Avec René Descartes (1596-1650), le problème chair-âme devient un problème phare en philosophie. C'est Descartes qui donne sa formulation classique au dualisme moderne. Il sépare très nettement la chair de l'âme : il identifie l'âme à la substance pensante (la *res cogitans* – voir dans ce chapitre « *Cogito ergo sum* », p. 248), par opposition au corps identifié à la substance matérielle, c'est-à-dire étendue (*res extensa*). Ces deux substances agissent l'une sur l'autre. Le rationalisme moderne fondé par Descartes est également appelé, en référence à la forme latinisée de son nom (« Cartesius »), « rationalisme cartésien » et il a, en tant que tel, marqué toute la philosophie des Temps modernes.

Baruch Spinoza (1632-1677) défend en revanche l'idée d'un monisme : il n'existe selon lui qu'une seule et unique substance, qui se manifeste aussi bien dans le corps que dans l'esprit.

Gottfried Wilhelm Leibniz (1646-1716) estime que le corps et l'esprit existent indépendamment l'un de l'autre ; ils mènent leurs existences respectives en parallèle, sans s'influencer.

David Hume (1711-1776) discute la tradition rationaliste inaugurée par Descartes. Pour lui, ce n'est pas la raison qui règne sur les passions, mais l'inverse : la raison suit les impulsions de la passion. Hume nie l'idée d'une immortalité de l'âme et affirme que celle-ci ne peut être un objet de l'expérience.

Emmanuel Kant (1724-1804), quant à lui, critique la manière qu'a la raison « pure », comme il l'appelle, d'exiger des preuves. Il considère qu'il est impossible de prouver l'immortalité de l'âme, mais n'en reste pas moins convaincu de la légitimité de la foi : il existe tout de même à ses yeux de bonnes raisons morales de croire en cette immortalité.

Du XIX*^e^ *au XXI*^e^ *siècle. Le XIXe siècle voit apparaître une science empirique, la psychologie. Celle-ci contribue à imposer l'idée que le corps et l'esprit entretiennent un rapport très étroit.

Gustav Theodor Fechner (1801-1887) croit que la chair et l'âme correspondent à deux manières différentes de percevoir une même réalité et sont donc, en vérité, identiques.

Arthur Schopenhauer (1788-1860) et Friedrich Nietzsche (1844-1900) pensent tous deux, à l'instar de Hume, que la raison est soumise à des volontés et des pulsions non rationnelles. Pour Schopenhauer, la raison n'est même qu'un « épiphénomène », un phénomène certes produit par la nature mais d'une importance très relative.

Sigmund Freud (1856-1939), le fondateur de la psychanalyse, conçoit un modèle de psyché complexe, liant fonctions physiques et intellectuelles, dans lequel est souligné le rôle décisif de l'inconscient. Un inconscient déterminé par ses pulsions, non rationnel. L'esprit humain serait donc constitué, nous dit Freud, de trois instances : le « surmoi » (instance du contrôle moral, des exigences et des normes), le « moi » (qui se conforme au « principe de réalité ») et le « ça » (domaine de l'inconscient, de l'originel, déterminé par les pulsions).

Aux XXe et XXIe siècles, la plupart des philosophes écartent le dualisme classique, c'est-à-dire la séparation stricte du monde matériel et du monde mental. Seuls les processus physiques, et donc matériels, sont considérés par eux, le plus souvent, comme « réels ». Les processus mentaux en viennent à être identifiés aux processus physiques (thèse de l'identité) ou envisagés comme des fonctions de processus physiques (fonctionnalisme).

Pour Max Scheler (1874-1928), la chair et l'âme forment une unité. Scheler n'en reste pas moins attaché à l'idée d'une spécificité de l'homme, soulignant tout de même l'opposition de l'« esprit » et de la « vie » : à la différence de l'animal, l'homme peut, à l'aide de l'esprit, s'élever au-dessus de la nature entière.

Gilbert Ryle (1900-1976) considère, lui, que l'hypothèse d'un esprit indépendant du corps est une erreur – erreur qu'il attribue à l'amalgame habituel entre « corps » et « processus conscients ». Mais, à ses yeux, l'esprit n'est pas logé dans le corps tel un « fantôme dans la machine » ; il n'est pas « auprès » du corps ni « dans » le corps. Ryle désigne plutôt par « esprit » des processus physiques, et donc aussi des actions. Mais il considère que seules les fonctions corporelles sont scientifiquement démontrables.

Karl Popper (1902-1994) est des quelques philosophes qui, au XXe siècle, défendent encore un dualisme et séparent donc le monde matériel du monde mental, tenant celui-ci pour une réalité à part entière. D'après lui, les processus physiques et mentaux s'influencent mutuellement.

Donald Davidson (1917-2003) défend, pour sa part, la thèse de l'identité : les événements physiques et mentaux sont selon lui identiques. Les désirs ou élans, par exemple, que nous pouvons ressentir à tel ou tel moment équivalent en fait aux processus neuronaux à l'œuvre dans le cerveau.

Hilary Putnam (1926-2016) est considéré comme le représentant le plus éminent de la thèse du fonctionnalisme : le cerveau et l'esprit se comportent dans leurs rapports mutuels comme le *hardware* (le matériel) et le *software* (le logiciel) d'un ordinateur.

Aux yeux du neurologue Gerhard Roth (né en 1942), parler d'« âme » est rigoureusement impossible dans la mesure où rien ne saurait être identifié de façon indiscutable à une telle idée. Mais il estime possible de démontrer l'existence de « processus neurochimiques et électrophysiologiques dont l'interaction génère ce que l'on entend par âme, psyché ou esprit ». Pour lui, le psychique est dans sa totalité un produit du cerveau. Des états comme le sentiment du moi, qui sont « semi-autonomes », se constituent et agissent eux-mêmes en retour sur les processus neuronaux à l'œuvre dans le cerveau.

Pour Thomas Metzinger (né en 1958), rien de durable en l'homme ne saurait être appelé « âme ». Lui aussi tient la conscience et l'esprit pour des produits du cerveau – un cerveau qui est en mesure de constituer des « modèles de soi ». Mais ces modèles peuvent se transformer ou se suspendre, par exemple dans le rêve ou dans certaines maladies.

AVIS DE RECHERCHE

On recherche l'archi-rationaliste

On s'interrogea beaucoup, et on s'interroge encore sur son décès : la mort le faucha à 54 ans, loin de son pays natal, alors qu'il était auprès de la cour royale de Suède. Est-il décédé de mort naturelle ou a-t-il été empoisonné ? Dans tous les cas, un tel mystère convient bien à cette existence extraordinaire, qu'il mena en bonne partie loin de son pays natal : il servit comme soldat alors que faisait rage la guerre de Trente Ans et traversa l'Europe centrale avec son armée.

C'est aux Pays-Bas qu'il écrivit sa grande œuvre, parce que la censure y était bien moins sévère. Il considérait que les mathématiques étaient supérieures aux autres sciences. Il appliqua à la philosophie ses démonstrations rationnelles. Il doutait de tout tant qu'il n'avait pas entre les mains de preuves irréfutables. La révolution qu'il déclencha en philosophie fut si radicale qu'un adjectif fut conçu à partir de la forme latinisée de son nom, et ce afin de désigner le rationalisme occidental dont il fut le fondateur. Il partagea la nouvelle vision du monde copernicienne, qui soutenait que la Terre tourne autour du Soleil et non l'inverse. Pour cette raison, il lui fallut fuir les manœuvres inquisitoriales de l'Église, dont il craignait le bras long. Il ne put publier le maître ouvrage auquel il songeait depuis longtemps et qu'il aurait aimé intituler *Le Monde*.

➡ *De qui s'agit-il ?*

ÉNIGME PHILOSOPHIQUE

Dans quelle mesure le « moi » est-il réel ?

La question à 100 millions d'euros est la suivante : comment démontrer que j'existe réellement ? Ce que je perçois comme la réalité pourrait bien être, comme l'a senti René Descartes (1596-1650), imagination, rêve ou pur artifice. En revanche, ce dernier considérait que l'existence du « je » était indubitable, car donnée dans la pensée. Mais la réalité du « je » en tant qu'être pensant est-elle pour autant réellement assurée ? Le « je » ne pourrait-il pas être lui aussi une illusion ?

1. Ferais-je partie d'un rêve ? Dans mes rêves aussi, il y a des hommes qui semblent doués d'une conscience d'eux-mêmes (le plus souvent, ils me ressemblent beaucoup), qui craignent d'éprouver la douleur physique, etc. Je pourrais donc moi aussi faire partie d'un rêve – d'un rêve rêvé par autrui. Naturellement, il devrait s'agir là d'un très long rêve, très cohérent – et il faudrait aussi que tous les êtres humains que je rencontre en fassent partie, soient tous partie intégrante de ce rêve. Mais, au fond, pourquoi pas ?

➡ *Quelles raisons plausibles avancer afin de démontrer que je suis un peu plus qu'un personnage onirique ?*

2. Serais-je un moi artificiellement produit ? Peut-on distinguer entre une conscience réelle et une conscience artificiellement produite ?

Le philosophe américain Hilary Putnam (1926-2016) nous a confrontés à une hypothèse : toutes les idées que nous nous faisons de la réalité – parmi lesquelles la conscience de soi – pourraient provenir d'un cerveau situé dans une cuve et être alimentées par un ordinateur au moyen d'impulsions électroniques idoines. Notre soi-disant réalité ne serait alors que simulation pure.

Le célèbre film *Matrix* (1999) tourne entièrement autour d'une idée similaire. Dans ce film, c'est une matrice qui génère une réalité virtuelle vécue comme authentique par les hommes qui sont branchés sur elle. Mais, en vérité, ceux-ci se trouvent déjà au XXIIe siècle et sont utilisés comme sources de protéines par des machines.

➡ *Existe-t-il des arguments concluants appuyant l'hypothèse selon laquelle la réalité dont nous faisons l'expérience au quotidien est bien authentique ? Peut-on exclure tout à fait la possibilité de vivre dans une réalité simulée ?*

TEST DE LOGIQUE

Que signifie « je » ?

Le philosophe Thomas Metzinger (né en 1958) considère qu'envisager le « je » comme un concept générique est une aberration logique. Considérez l'utilisation de « je » dans les trois propositions suivantes :

– « J'étais celui que tu as vu au cinéma hier » ;

– « Ton "je" et mon "je" seront toujours deux paires de chaussures différentes » ;

– « L'atmosphère qui règne dans l'hôtel *Je m'oublie* apporte repos et bons souvenirs » (texte publicitaire).

➡ *Quelle est la fonction grammaticale du pronom « je » dans chacune de ces trois propositions ? À quelle dimension du « moi » renvoie-t-il à chaque fois ? Lequel de ses emplois pourrait être jugé inepte comme l'affirme Metzinger, et pourquoi ?*

À VOUS DE JOUER !

À quoi « je » ressemble ?

Qu'est-ce que le moi ? En général, on parle du « moi » comme de la conscience que j'ai d'être, au-delà de mes impressions, de mes perceptions et de mes pensées, une seule et même entité homogène : un sujet. Pour le dire vite : toute personne pouvant se prévaloir d'une conscience, d'une perception et d'une pensée peut se dire à soi-même « je ». Mais à quoi cela ressemble-t-il concrètement, un « je » ? Mon moi a-t-il un profil bien précis ?

➡ *Dressez le profil de votre moi ! Essayez de parler de cette chose dont on peut parfois douter, telle que vous la percevez vous-même.*

➡ *Quelles observations faites-vous ? Quels problèmes sont alors soulevés ?*

POUR OU CONTRE

Mon moi peut-il se chercher un autre corps ?

Le grand dignitaire du bouddhisme tibétain, le dalaï-lama, est considéré comme la réincarnation de son prédécesseur. Il est choisi, encore enfant, par les représentants les plus éminents de la hiérarchie religieuse après avoir répondu à un certain nombre de questions bien précises et reconnu des objets que seul le vieux dalaï-lama pouvait connaître.

Imaginez-vous en train de faire une telle expérience. Vous êtes la réincarnation d'une personne qui a vécu deux cents ans auparavant et on vous raconte des épisodes de sa vie.

➡ *Comment la conscience de soi se verrait-elle transformée par de telles informations ? Qu'est-ce qui empêche cette conscience de soi de se transformer ?*

La philosophie de l'esprit

La philosophie de l'esprit est devenue, au fil du XXe siècle, une nouvelle sous-discipline de la philosophie. Mais son thème de prédilection est ancien : il s'agit pour elle d'expliquer l'esprit humain et son rapport au corps. Le problème chair-âme (voir dans ce chapitre « Fusionnées ou séparées ? Le problème chair-âme », p. 252) a donc trouvé avec la philosophie de l'esprit une discipline qui lui est presque intégralement dédiée.

> *« J'aimerais devenir comme celui qu'un autre a été un jour. »*
> Gaspard, dans la pièce éponyme de Peter Handke

Comme l'exprime de façon plus évidente encore le terme anglais *philosophy of mind*, il n'est pas question d'envisager l'esprit comme produit spirituel objectif d'une culture ou d'un « esprit universel » (c'est la philosophie de la culture qui serait alors concernée), mais comme conscience, vie « mentale » de l'homme. La plupart des nouveaux représentants de la philosophie de l'esprit débattent de ce problème en lien étroit avec les sciences empiriques – les neurosciences, la neurobiologie et la neurophysiologie. L'idée que les processus mentaux sont intrinsèquement liés aux processus physiologiques est désormais largement partagée.

Parmi les représentants les plus éminents de la philosophie de l'esprit, il est permis de citer, pour l'Angleterre, Gilbert Ryle (1900-1976), pour les États-Unis, Donald Davidson (1917-2003) et Hilary Putnam (1928-2016) et, pour l'Allemagne, Thomas Metzinger (né en 1958).

POUR OU CONTRE

Puis-je me défaire de mon vieux moi ?

Le professeur Peter K. enseigne depuis vingt ans dans une université. Certes, il est considéré comme un homme ; pourtant, il se sent femme et aspire à changer de sexe – ce qu'il finit par faire. Il enseigne dès lors, toujours dans la même université, sous le nom de Petra K. Avons-nous là un changement d'identité, ou Petra K. peut-elle encore se considérer comme la même personne que Peter K. ?

➡ *Avancez des arguments en faveur de chacune des deux thèses !*

➡ *Dans quelles circonstances peut-on, selon vous, parler d'un changement d'identité ? Et comment estimer, en règle générale, la possibilité d'un tel changement ? Prenez position face aux affirmations suivantes :*
– « Un changement d'identité est provoqué par de profondes transformations physiques ou psychiques (schizophrénie, perte de la mémoire, changement de sexe) » ;
– « Une rupture radicale dans la biographie (un nouveau nom, une nouvelle forme d'existence) peut induire un changement d'identité » ;
– « La question de savoir s'il y a ou non changement d'identité dépend du sentiment subjectif de chaque individu » ;
– « Il n'y a pas de changement d'identité. L'homme a toujours le même "moi". »

À VOUS DE JOUER !

Un second moi ?

Internet nous offre la possibilité de nous déplacer et de communiquer dans un espace virtuel au moyen d'un pseudonyme, et donc d'une identité dissimulée.

1. Mettons que l'on vous demande de développer une *new identity app*, de sorte que chaque utilisateur puisse se bricoler sa propre identité Internet à l'aide d'un schéma. Quelles données de base devrait, selon vous, prendre en compte une telle application : âge, sexe, profession, etc. ?

2. Concevez pour vous-même une seconde biographie Internet, dans le détail. Votre second « je » n'a pas seulement un autre nom, mais aussi une autre date de naissance, un autre passé, d'autres inclinations, et peut-être même un autre sexe. Cette nouvelle personne (*persona* signifie tout autant, en latin, « masque ») a son article Wikipédia, son adresse e-mail, sa page Facebook et son compte Twitter.

➡ *Dans quelle mesure, selon vous, est-il possible de séparer un second moi virtuel du premier ? Où se situent les limites de cet autre moi ? Qu'avez-vous en commun avec lui ?*

POUR OU CONTRE

La « machine à expériences » de Nozick

C'est dans son ouvrage *Anarchie, État et utopie* (1974) que Robert Nozick (1938-2002) a élaboré l'idée d'une « machine à expériences » : un homme flottant dans un réservoir est relié par des électrodes à une machine qui lui transmet des expériences désirées, toutes agréables. Ces expériences « intérieures », qu'il peut choisir à l'entrée du réservoir comme sur catalogue, il les vit exactement comme si elles étaient « vraies ». Il peut à tout moment quitter le réservoir afin de programmer de nouvelles expériences agréables. Nozick était convaincu que l'homme ne souhaite fondamentalement pas voir le monde véritable remplacé par un univers virtuel.

- *Quels arguments développeriez-vous pour soutenir cette thèse ?*
- *Quels arguments plaident selon vous en faveur de l'idée que l'offre sur catalogue serait acceptée par beaucoup ?*

LA CONSCIENCE DE SOI

Ce n'est qu'à partir des XVe et XVIe siècles, et donc à la Renaissance ainsi qu'aux débuts des Temps modernes, que le sujet connaissant et donc la conscience de soi deviennent des motifs de préoccupation majeurs en philosophie. En effet, il se produit alors une sorte de « tournant vers le sujet » : c'est en prenant celui-ci et ses capacités de connaissance pour point de départ que l'on se demande ce qu'il lui est possible de connaître des choses existant dans le monde, et avec quel degré de certitude ; on s'interroge de ce fait sur le rapport au monde de notre « moi ».

Pour René Descartes (1596-1650), le « moi » est un sujet spirituel et mental, une « chose pensante » (*res cogitans*), indépendante du corps et de toute expérience extérieure. Ce sujet spirituel et mental est dans le même temps organe cognitif et âme immortelle (voir dans ce chapitre « Fusionnées ou séparées ? Le problème chair-âme », p. 252).

Aux yeux de David Hume (1711-1776), il n'existe pas de connaissance indépendante de l'expérience. Pour lui, le « moi » n'est en rien une substance spirituelle mais un continuel enchevêtrement de perceptions.

Emmanuel Kant (1724-1804) n'envisage pas non plus le « moi » comme une substance mais plutôt comme une condition préalable à la connaissance, une représentation nécessaire qui est toutefois sans contenu, qui accompagne notre savoir entier.

Pour Johann Gottlieb Fichte (1762-1814), le « moi » est le point de départ non seulement de la théorie de la connaissance mais aussi de la philosophie morale. À l'instar de Kant, il le considère comme une représentation sans contenu mais nécessaire. Fichte l'appelle le « moi absolu », le décrit comme une activité libre, créatrice, se trouvant au fondement de toutes nos connaissances et actions, et le distingue du « moi empirique », soit la conscience concrète que l'homme a de lui-même.

Pour Arthur Schopenhauer (1788-1860), la conscience, la conviction d'être un « moi », un individu, est une pure vision superficielle. L'essence du monde et de tout individu doit être trouvée dans une force universelle irrationnelle, la « volonté », qui donne naissance à chaque vie et règne sur elle. Proche en cela des bouddhistes, Schopenhauer croit que le « moi » est une illusion et que nous faisons tous, en vérité, partie d'une seule et même entité.

Dans son œuvre *L'Unique et sa propriété* (1844), Max Stirner (1806-1856), de son vrai nom Johann Kaspar Schmidt, fait du moi le centre de sa philosophie. Mais ce n'est pas le rôle du « moi » comme conscience qui le préoccupe : seul l'intéresse son rôle moral, pédagogique et sociopolitique. Stirner veut en quelque sorte aider le moi à rentrer dans son bon droit en l'affranchissant de tous les préjugés, de toutes les directives et de toutes les attaches sociales, religieuses, idéologiques et politiques. Le moi doit « entrer en propriété » de lui-même. Une devise de « propriétaire » est : « Pour moi, il n'est rien au-dessus de Moi. »

Ernst Mach (1838-1916) fait partie de ces philosophes qui, au XIXe siècle, se tournent vers les sciences, parce qu'ils mettent un point d'honneur à prendre en considération leur apport. Mach considère que le « moi » est une pure construction métaphysique. Il affirme notamment que « le moi est insauvable » – cette phrase est restée célèbre. Le moi se dissipe en impressions et relations.

Friedrich Nietzsche (1844-1900) est quant à lui convaincu que le « moi » comme sujet et phénomène de conscience n'existe pas. Pour lui, il est une construction, une synthèse de la pensée qui, comme chez Schopenhauer et Freud, est en vérité insérée dans un complexe physique et inconscient plus vaste.

Sigmund Freud (1856-1939) rompt définitivement avec l'idée vieille de plusieurs siècles selon laquelle le « moi » (et donc la raison) tient les rênes de notre conscience. Pour Freud, celui-ci n'est que l'une des instances de notre psyché. Il est d'ailleurs plus un valet qu'un maître ; il est dépendant d'un inconscient non rationnel et guidé par ses pulsions (voir dans ce chapitre « Fusionnées ou séparées ? Le problème chair-âme », p. 252).

Alors que Freud déprécie l'importance du « moi », Edmund Husserl (1859-1938), l'un de ses contemporains, fait à nouveau de lui le point de départ de tout savoir. Il réactualise de cette façon la tradition de Descartes, Kant et Fichte. De même que ceux-ci, il n'envisage pas le moi comme cette personne qui est mienne et qui se situe dans l'espace et le temps : il le pense plutôt comme une représentation se trouvant au fondement de toute expérience et à laquelle toute expérience est nécessairement rapportée.

Pour Martin Buber (1878-1965), il n'existe pas de « moi » isolé, de « moi » en soi. L'homme, comme le montre Buber dans son grand livre *Je et tu* (1923), constitue toujours son identité dans la relation entre « je » et « tu » (le semblable), ou entre « je » et « cela » (le monde des choses).

Karl Popper (1902-1994) constate certes, dans son ouvrage *The Self and Its Brain* (1977) (*Le Soi et son cerveau*, non traduit en français), que le cerveau est le fondement matériel de l'esprit humain et de la

> *Le sujet n'est pas si important, il n'y en a aucun.*
> SAMUEL BECKETT

conscience de soi. Mais, si la conscience de soi a été produite par l'évolution, elle s'est développée jusqu'à acquérir pour ainsi dire une réalité autonome. Elle génère des objets mentaux ou intellectuels tels que les idées et les théories, à l'aide desquels le moi transforme le monde matériel.

Jean-Paul Sartre (1905-1980), dans son œuvre de jeunesse *La Transcendance de l'ego* (1936), se démarque de la vision husserlienne du « moi » : chez Sartre, le « moi » n'est plus au fondement de toute expérience mais bien l'objet même de l'expérience. N'existe au départ qu'une conscience impersonnelle qui, au fil des expériences qu'elle fait, emplit de teneur le moi (sujet) et le monde (objet).

S'appuyant sur l'apport des recherches en neurologie, Thomas Metzinger (né en 1958) affirme dans *Der Ego Tunnel* (2009) qu'il n'existe pas de « soi », pas d'« ego », et pas non plus de « moi » au sens d'une essence, d'une nature de l'homme. Le « moi », à ses yeux, est plutôt un artifice humain, l'expression d'un « modèle phénoménal de soi » à l'aide duquel notre conscience se donne un centre et une façon de voir bien précise, la « perspective à la première personne ».

PERSONNE, SUJET, INDIVIDU

Le moi, qui est considéré dans la philosophie des Temps modernes comme le foyer et l'origine des processus de la conscience et de la connaissance, a aussi un pendant dans la philosophie pratique, où il est question de l'action humaine : celui qui peut agir de façon autonome et responsable est désigné dans la théorie du droit et dans la théorie morale comme une « personne ». Il s'agit là encore de capacités que l'on estime spécifiques aux hommes. Le fait d'être des personnes, et donc des êtres uniques, capables de juger et de se comporter de façon responsable, nous rend redevables vis-à-vis des règles morales et juridiques : une personne doit rendre des comptes lorsqu'elle commet une infraction.

En philosophie politique, l'« individu » peut se prévaloir de droits et de libertés. La philosophie de l'art de vivre, quant à elle, considère que l'individu est celui qui est en mesure de faire des choix de vie.

POUR OU CONTRE

Suis-je responsable de mon ancien moi ?

L'homme se transforme sa vie durant à maintes reprises et souvent profondément. Nous nous modifions sur le plan biologique : nos cellules corporelles se renouvellent plusieurs fois tout au long de notre existence. Nous nous transformons physiquement : nous ne vieillissons pas seulement, nous pouvons aussi changer à la suite d'interventions médicales. Nous évoluons sur le plan moral et nous pouvons également changer de vie, très concrètement : la modification de notre conception de la vie nous amène à en « commencer une nouvelle ».

Les juristes, toutefois, prennent au sérieux l'idée d'une « continuité de la personne ». Lorsque quelqu'un est pénalement responsable de ses actes, il est toute sa vie considéré comme la même personne, et donc comme étant identique à lui-même. Pourtant, suis-je toujours responsable de mon ancien moi ? Considérez les deux cas suivants :

1. Monsieur F., dans sa jeunesse, était un délinquant notoire avec un casier judiciaire de multirécidiviste pour violences et atteintes à la propriété d'autrui. Son dernier acte délictueux remonte à environ vingt ans. Depuis, Monsieur F. a fondamentalement changé. Il est en quelque sorte passé dans l'autre camp. Il s'est impliqué dans des organisations caritatives et est devenu travailleur social, se souciant désormais de contribuer à la resocialisation de jeunes gens. Mais il se trouve que son passé le rattrape. Une femme, l'une de ses anciennes victimes, intente contre lui une action en justice, réclamant des dommages et intérêts. Monsieur F. rejette cette initiative en avançant la justification suivante : « Aujourd'hui, je suis un tout autre homme, et ne peux être tenu pour responsable de délits qui remontent à bien longtemps. »

2. Monsieur P. s'est engagé il y a de nombreuses années, lors de son divorce, à verser chaque mois à son ancienne compagne une somme bien précise, et ce jusqu'à la fin de sa vie. Un jour, il doit subir une opération au cerveau qui lui cause une amnésie totale, si bien qu'il n'a plus aucun souvenir de la vie qu'il menait avant l'opération. Il refuse désormais de payer toute somme à son ancienne compagne au motif qu'il n'est plus l'homme qu'il était.

➡ *Lequel des deux hommes est, selon vous, plutôt responsable de son passé ? Quels arguments pourraient être avancés en faveur de Monsieur F. ? Et quelles seraient les conséquences d'une telle défense ? Quels arguments plaident en faveur de Monsieur P. ?*

➡ *Lequel des deux aurait une chance d'obtenir gain de cause devant un tribunal ?*

➡ *À quoi devrait-on lier l'« identité » d'une personne ?*

AVIS DE RECHERCHE

On recherche le mouton noir et miséreux

En vérité, il s'appelait Johann Kaspar Schmidt, mais c'est sous pseudonyme qu'il devint un philosophe de renom – et c'est sous ce pseudonyme qu'il est encore connu aujourd'hui. Il fut une sorte de paria de la philosophie de son temps. Aucun de ses contemporains ne fut autant insulté et honni. Les religieux et ceux qui avaient fait allégeance à l'État pestaient contre lui, mais ils n'étaient pas les seuls : les révolutionnaires et les critiques de la société de son temps le trouvaient eux aussi trop radical. Il n'était pas seulement athée et adversaire déclaré de l'État : il rejetait également tout type de règle sociale et morale. Ceux qui avaient la prétention de donner des directives au « moi » lui étaient profondément suspects. À qui en appelait aux principes, aux règles et aux grandes conceptions du monde, il opposait la phrase suivante : « Je n'ai fondé ma cause sur rien. »

Dans ces conditions, toute idée de carrière était bien saugrenue. Il vécut en enseignant un temps dans une école privée, et fut aussi journaliste ou traducteur. L'âge venu, il sombra toujours plus profondément dans la pauvreté. Il eut l'idée de monter une coopérative laitière, à Berlin, mais ce projet échoua. Il mourut peu avant son cinquantième anniversaire et fut inhumé dans le carré des pauvres.

Ses contemporains ne lui donnèrent aucune chance mais la postérité ne l'a pas oublié, bien que son œuvre philosophique ne soit guère volumineuse. Excepté quelques essais, elle consiste avant tout en un seul et unique ouvrage. Mais avec celui-ci il n'a pas seulement exercé une grande influence sur de nombreux artistes et philosophes : il a tout simplement écrit un classique de l'anarchisme.

➡ *De qui s'agit-il ?*

Individu et masse

Le rôle du sujet, de l'individu, est devenu toujours plus important au fil de l'histoire de la philosophie. Mais l'apparition des mouvements de masse, à partir de la seconde moitié du XIXe siècle, incita de plus en plus de philosophes à s'intéresser à l'influence exercée par celles-ci sur l'individu et son identité. C'est le français Gustave Le Bon (1841-1931) qui inaugura l'étude de la psychologie des masses (avec son ouvrage *Psychologie des foules*, publié en 1895) en étudiant leur influence destructrice sur l'individu.

Dans son œuvre *Psychologie des foules et analyse du moi* (1921), Sigmund Freud (1856-1939) se prononce également de façon critique sur ce sujet. Lui aussi considérait que les masses étaient synonymes d'assujettissement de l'individu et de libération des énergies irrationnelles.

Dans *La Révolte des masses* (1929), un ouvrage relevant de la critique culturelle, le philosophe espagnol José Ortega y Gasset (1883-1955) se confronte à leur influence et à ses implications. À ses yeux, elles exercent un effet de nivellement et libèrent chez l'individu un potentiel d'agressivité ordinairement refoulé.

Quant à l'écrivain Elias Canetti (1905-1994), il considère, dans *Masse et puissance* (1960), que l'immersion dans la masse est un fait anthropologique, la conséquence d'une pulsion fondamentalement humaine : pour l'individu, s'immerger dans la masse, c'est s'oublier, c'est abolir ses limites, annihiler son moi.

POUR OU CONTRE

La masse fait-elle de moi un animal ?

Thierry suit une formation d'assistant médical et recherche un appartement pour sa compagne et lui-même. Il n'a aucun antécédent judiciaire, il mène une vie parfaitement normale. Mais sa grande passion est le football. Il fait même partie des ultras, qui sont, de tous les fans de son équipe de football, les plus querelleurs. Il appartient même au noyau dur de ceux qui, à l'occasion des matchs extérieurs, sont escortés par la police et cantonnés à un endroit du stade bien précis. Les ultras et ce que l'on appelle le « virage », en référence à l'endroit du stade où ils sont regroupés, sont un sujet de préoccupation pour les autorités et les instances sportives, et ce tout au long de la journée de compétition. Dès l'après-midi, ils répètent leurs chants et montrent les muscles. Après chaque match, les ultras recherchent la confrontation avec les fans de l'équipe adverse. Les bagarres et autres violences sont fréquentes, y compris avec la police. La « castagne » fait partie intégrante de l'identité du groupe.

Thierry est attaché aux ultras – le club est au fond son seul véritable lieu de socialisation –, et pour rien au monde il ne se priverait de leur fréquentation. Il sait qu'il change du tout au tout dès qu'il se retrouve parmi eux, laissant alors pour ainsi dire au placard la vie très calme qu'il mène ordinairement. « Être un fan, parmi 40 000 personnes réunies dans un stade, c'est formidable », dit-il. Et d'ajouter : « Lorsque je rejoins les ultras, je deviens un animal ! »

➡ *Pour quelles raisons Thierry se sent-il aussi bien lorsqu'il se retrouve au milieu des ultras ? Avancez des arguments permettant d'expliquer pourquoi on s'immerge au sein de la masse ! Dans quelle mesure une telle immersion pourrait-elle être importante pour un individu ?*

➡ *Pour quelles raisons la masse pourrait-elle exercer une influence funeste sur l'individu ?*

Solutions, arguments et idées

Conscience de soi, chair et âme, individu

➡ Page 249

TEST DE LOGIQUE

Doute cartésien

Plusieurs philosophes, parmi lesquels Friedrich Nietzsche (1844-1900), mais aussi Rudolph Carnap (1891-1970), ont souligné l'impossibilité de déduire du *cogito* l'existence d'un « moi »: pour eux, on ne peut en conclure qu'à l'existence d'un « être » ou d'une entité pensante. Une conclusion correcte devrait par exemple être formulée ainsi : « Je pense, donc il existe une entité pensante. »

➡ Page 249

POUR OU CONTRE

Les animaux ont-ils une âme ?

La thèse selon laquelle l'homme possède un type bien particulier d'« âme », qui le rend immortel et le distingue fondamentalement de tous les autres êtres vivants, n'est plus guère défendue que dans les milieux religieux : elle a été abandonnée par les scientifiques. L'existence chez des espèces animales développées, et tout particulièrement chez les primates, de dispositions psychiques élaborées et d'un degré élevé de capacité à la souffrance ne peut plus guère être contestée. Plus un animal est développé, plus sa « vie intérieure » s'avère complexe. Pour ce qui est de l'« âme » au sens de la « psyché », les différences existant entre les primates et les hommes pourraient bien être non pas qualitatives, mais plutôt graduelles.

Cependant, il est possible de maintenir que l'homme, à la différence de l'animal, peut développer une sorte de « conscience morale » ainsi qu'une capacité au discernement, qui lui permet d'agir selon certaines règles.

➡ Page 251

POUR OU CONTRE

De quelle dimension corporelle l'esprit a-t-il besoin ?

La question de savoir dans quelles proportions le corps et l'esprit s'influencent mutuellement, et ce qui les caractérise et les distingue l'un de l'autre, fait partie des plus difficiles de la philosophie, et n'a d'ailleurs pas encore reçu de réponse définitive.

L'alcool, les drogues, les médicaments ne sont que quelques exemples parmi tant d'autres montrant combien les facultés intellectuelles et mentales peuvent être affectées par des influences corporelles. Et il va sans dire qu'il n'y a pas de capacité fonctionnelle intellectuelle sans un minimum de capacités fonctionnelles physiques. Mais il n'est pas si facile de déterminer en quoi consiste exactement ce minimum. On a aussi démontré, à l'inverse, que même la guérison d'une maladie pouvait être influencée de façon décisive par des processus « mentaux », spirituels ou intellectuels, et que des déficiences ou des maux physiques pouvaient être compensés ou surmontés ainsi.

➡ Page 256

AVIS DE RECHERCHE

L'archi-rationaliste

René Descartes (1596-1650)

➡ Page 257

ÉNIGME PHILOSOPHIQUE

Dans quelle mesure le « moi » est-il réel ?

1. La preuve fournie par René Descartes (1596-1650) ne démontre pas clairement l'existence d'un « je ». Elle vient simplement démontrer l'existence d'un processus de pensée qui pourrait aussi bien être guidé de l'extérieur. On ne peut exclure catégoriquement la possibilité que nous fassions partie d'un rêve. Toutefois, le caractère continu de l'expérience que nous faisons du monde dans sa structure spatiale, temporelle et causale, ainsi que notre mémoire de cette expérience, constituent des arguments de poids contre une telle hypothèse.

Arthur Schopenhauer (1788-1860) pense qu'une force vitale irrationnelle, la « volonté », se dissimule derrière toutes les manifestations de vie, et que la diffraction du monde en une multitude d'individus n'est que l'autodivision d'une volonté en vérité homogène. Notre « moi » serait ainsi une illusion et nous ferions en fait partie intégrante de cette immense entité englobante.

2. Là encore, il n'est pas si facile de réfuter cette variante, notamment parce qu'il est devenu entre-temps possible de simuler des états semblables à ceux de la réalité au moyen de programmes informatiques. La simulation d'une « conscience de soi » semble être moins problématique que celle d'états psychiques ou d'activités intellectuelles ou mentales complexes qui, « dans la réalité », sont liés à la « conscience de soi ». Est-il par exemple possible de simuler un état d'âme fondamental comme la mélancolie ?

➡ Page 258

TEST DE LOGIQUE

Que signifie « je » ?

– « J'étais celui que tu as vu au cinéma hier » : le « je » est ici utilisé comme pronom personnel à la première personne du singulier – un moyen pour le locuteur de souligner qu'il est bien question, dans cet énoncé, de lui-même. Nous avons là le seul emploi de ce pronom que le philosophe Thomas Metzinger (né en 1958) tient pour sensé.

– « Ton “je” et mon “je” seront toujours deux paires de chaussures différentes » : le « je » vient signifier là quelque chose de plus précis, la structure de la personnalité, le « caractère ».
– « L’atmosphère qui règne dans l’hôtel *Je m’oublie…* » : nous avons là une utilisation tout à fait spécifique du « je », employé comme terme générique renvoyant à une vie quotidienne régie par la routine.

➡ Page 258
À VOUS DE JOUER !
À quoi « je » ressemble ?
Lorsqu’on veut atteindre le « moi » à travers une introspection, un travail de perception de soi-même, un problème se pose toujours : c’est que je perçois des contenus distincts les uns des autres – et donc des pensées, des sentiments, des souvenirs, etc. –, mais que je ne peux atteindre ce qui « se tient derrière » eux. Le « moi » demeure cette sorte de noyau au sein duquel viennent se mêler ces contenus et duquel ils semblent ressortir. Ce noyau pourrait être comparé à une sorte d’agrafe, ou de pince, tenant l’ensemble de ces contenus, assurant qu’ils ne se séparent pas, sans avoir lui-même la moindre teneur, et donc le moindre profil définissable. Une autobiographie est tout à fait autre chose : elle me permet de décrire mes qualités, celles innées comme celles acquises au fil de la vie. Ce n’est plus l’introspection mais ce sont les « expériences de la vie » qui dessinent le profil du moi. Jean-Paul Sartre (1905-1980) jugeait ainsi que le « moi » doit être envisagé comme une sorte de feuille vierge que seules peuvent remplir les décisions que l’on prend au fil de l’existence.

➡ Page 259
POUR OU CONTRE
Mon moi peut-il se chercher un autre corps ?
Si nous devions apprendre que notre « moi » a déjà vécu une fois dans un autre corps, alors il faudrait bien le considérer comme une entité mentale ayant une autonomie totale par rapport au nôtre. Après tout, nous peinons à nous faire une image précise de ce que nous savons du

rapport étroit entre corps et esprit. Il n'est pas non plus évident de se représenter soi-même en tant que personne, sans imaginer dans le même temps un quelconque corps. Supposons tout de même que notre « moi » est effectivement « né de nouveau », « deux fois né ». Cela, probablement, ne modifierait guère notre conscience puisque nous n'aurions aucun souvenir de l'existence précédemment vécue. Certains auraient peut-être plaisir à s'identifier à une vie antérieure. Il serait néanmoins préférable d'envisager cela avec une certaine distance. Sans doute vaudrait-il mieux, en règle générale, se demander simplement : « je » a donc été cela ?

➡ Page 260
POUR OU CONTRE
Puis-je me défaire de mon vieux moi ?
Il existe divers types de changements d'identité, mais tous sont néanmoins soumis à une limite : le passé de l'ancienne identité n'est pas évacué, il vient se mêler à l'identité nouvelle. Sauf, bien sûr, lorsque des pathologies comme la schizophrénie ou Alzheimer viennent littéralement détruire le « moi » antérieur.

Le cas de Petra et de Peter K. (qui est inspiré d'un cas réel) n'est pas si facile à envisager. Un changement de sexe est à coup sûr synonyme d'une transformation essentielle de la personnalité et de la perception de soi – notamment parce qu'on en vient à nourrir une tout autre perception de son corps. Pourtant, il s'agit bien là du même corps, même s'il a été transformé, et de la même conscience de soi, même si elle a évolué.

Un changement d'identité, au sens d'une transformation radicale de la manière de vivre, est naturellement toujours possible : non seulement le contexte de vie (travail, vie conjugale, lieu d'habitation) peut faire l'objet de bouleversements, mais c'est aussi le cas de l'ensemble des convictions culturelles et religieuses – par exemple, en cas de conversion à une autre religion qui suppose un changement de nom.

Le va-et-vient entre différentes identités est une forme particulière de changement d'identité. Elle concerne notamment les personnes utilisant des pseudonymes, souvent parce qu'elles mènent, entre vie professionnelle et vie privée, deux existences tout à fait différentes – en fait, la plupart du temps, une double vie. Entre alors en jeu la capacité à simuler une seconde identité – bien que, dans certains cas, il ne soit pas évident de déterminer laquelle de ces identités sera ressentie comme la « véritable ».

➡ Page 261

À VOUS DE JOUER!

Un second moi?

Au contraire d'un changement d'identité dans la vie réelle, un moi fictif ou virtuel peut différer entièrement de l'itinéraire biographique véritable. Voici un petit échantillon de biographie virtuelle que l'on pourrait trouver sur Internet:

> HÉLÈNE MASSON
> – Née en 1990 à Nantes (Loire-Atlantique, France).
> – 2008 : baccalauréat à l'issue d'études secondaires au lycée Clemenceau; puis études de danse classique à Paris; révélée en 2011 par son passage à la télévision nationale dans l'émission « Danse avec les stars »; honore depuis de nombreux contrats, en *free-lance*, dans le cadre de divers spectacles de variétés et autres manifestations dédiées à la danse. Propose depuis 2012 des cours de danse privés.
> – Site Internet: www.ballqueen-paris.fr
> – Adresse e-mail personnelle: h-masson@gmail.com
> – Compte sur Twitter: « mausclic »

➡ Page 262

POUR OU CONTRE

La « machine à expériences » de Nozick

Nozick a imaginé cette « machine à expériences » pour mieux la critiquer. Une objection, allant dans le sens de Nozick, consiste à souligner qu'être raccordé à des électrodes procure un sentiment similaire à celui que l'on peut éprouver au cinéma ou dans une salle de concert: bien qu'on les vive intérieurement, on sait que l'on accueille des expériences venues de l'extérieur (comme la projection d'un film ou un concert). La conscience de cette distance demeure et elle interdit une expérience véritable, immédiate. Tant que l'on peut distinguer, dans la conscience, une expérience « en vrai » d'une expérience virtuelle, on privilégiera l'expérience authentique.

Il en va tout autrement lorsque nous n'avons pas conscience d'être raccordés à des électrodes. Et nous avons là le cas construit par Putnam (voir dans ce chapitre le problème n° 2 de l'énigme « Dans quelle mesure le "moi" est-il réel ? », p. 257). Se mêlent alors expérience authentique et expérience virtuelle.

➡ Page 266

POUR OU CONTRE

Suis-je responsable de mon ancien moi ?

En règle générale oui, sinon ni les règles de morale ni le système juridique d'une société ne trouveraient à s'appliquer, car on pourrait se confectionner en permanence une nouvelle identité n'ayant plus rien à voir avec l'ancienne. Sur le plan moral comme sur le plan juridique, la continuité de la personne responsable de ses actes est intrinsèquement liée à sa continuité physique. Il existe toutefois des circonstances où la responsabilité de l'individu peut être considérée comme limitée, par exemple en raison d'une pathologie, ou d'autres influences altérant le discernement.

Dans le cas 1, Monsieur F. devra, si les faits ne sont pas juridiquement prescrits, répondre de ses actes. Dans le cas 2, Monsieur P. sera probablement aussi déclaré responsable, car son discernement n'était en rien altéré au moment de sa décision. Néanmoins, dans son cas, l'amnésie pourrait être considérée comme une circonstance atténuante.

➡ Page 268
AVIS DE RECHERCHE
Le mouton noir et miséreux
Max Stirner (1806-1856)

➡ Page 269
POUR OU CONTRE
La masse fait-elle de moi un animal ?
Il n'est guère douteux que des actions menées en groupe, particulièrement lorsqu'elles s'appuient sur des valeurs et prédilections partagées, génèrent un sentiment de communauté ressenti de façon positive, et jouent un rôle important dans la socialisation et la formation de la personnalité. On dit souvent que l'homme serait un mouton de Panurge, et cette vision des choses n'est probablement pas tout à fait inexacte, tant notre comportement social trahit souvent avec évidence la persistance d'éléments remontant sans doute à l'organisation tribale des premiers temps de notre espèce.

Cela devient problématique lorsque, dans un groupe, se constituent des structures « totalitaires », c'est-à-dire lorsque sont exigés de ses membres un assujettissement et un asservissement absolus, et lorsqu'en outre y est encouragée une violence potentielle à l'encontre d'autres groupes. Alors, l'individualité n'est pas stimulée mais détruite. Dans les systèmes politiques totalitaires, les masses sont ainsi structurées.

Parmi les supporters de football, les ultras sont connus pour leur propension à s'adonner à des débordements de violence, le plus souvent contre ceux de clubs concurrents – avec lesquels ils n'hésitent toutefois pas à s'allier lorsqu'il s'agit, à un moment donné, de se retourner contre la police.

Les aspects politiques et sociaux de ces phénomènes de masse ont été explorés, entre autres, par l'écrivain Elias Canetti (1905-1994), dans son grand ouvrage *Masse et puissance* (1960).

CHAPITRE 8

Justice

LA THÉMATIQUE DE LA JUSTICE nous montre de façon particulièrement nette comment la philosophie naît de questions qui se posent à l'homme depuis les débuts de son histoire. Tout homme éprouve à l'évidence un insatiable besoin de justice. Mais il est tout aussi manifeste que ce besoin soulève un ensemble de questions auxquelles il n'a pas toujours été évident d'apporter des réponses : tout le monde doit-il être traité de la même façon par la loi ? Ou bien est-il justifié de faire preuve d'une certaine bienveillance envers les citoyens les moins favorisés ? Est-il juste que l'État apporte son soutien à des citoyens en situation de précarité sociale, défavorisés par le sort, ou qu'il réserve un traitement de faveur à des groupes sociaux sous-représentés dans les catégories socioprofessionnelles supérieures ? Est-il juste qu'il y ait dans un État différentes classes de citoyens ? Y a-t-il quelque chose à redire face aux inégalités sociales spectaculaires ? Devons-nous nous conformer aux lois et aux résultats des marchés ? Ou bien l'État doit-il exercer un contrôle sur ces derniers et leur imposer des règles ?

De quels droits peuvent se prévaloir les citoyens ? Existe-t-il des droits fondamentaux inaliénables ? Jusqu'où l'État peut-il aller en matière de restriction de la liberté d'action des citoyens ? Pourquoi devrait-il y avoir d'un côté des dominants et des gouvernants et, d'un autre, des dominés et des gouvernés ? Quelle signification revêt un État ? Le citoyen est-il en droit de se retourner contre lui ? Les lois doivent-elles être respectées dans tous les cas et en toutes circonstances ? Ou bien les citoyens ont-ils le droit de résister à l'État ?

Pourquoi la manière qu'ont les tribunaux de rendre le droit heurte-t-elle souvent l'idée que nous nous faisons de celui-ci et de la justice ? Selon quels critères un système politique est-il conçu ? Et selon quels critères le droit est-il rendu ?

Il est au fond possible de résumer toutes ces questions à une seule : qu'est-ce qui rend une société ou un État juste ? Ou pour le dire de façon plus générale : qu'est-ce que la justice ? Telle est la question fondamentale non seulement de la philosophie politique, mais aussi de la philosophie du droit ; qui est d'ailleurs l'une des plus anciennes et brûlantes de la philosophie tout court. Les réponses qui lui sont apportées sont toujours lourdes de conséquences : c'est qu'elles ont une influence directe sur notre quotidien ainsi que sur les confrontations idéologiques et politiques à l'œuvre dans la société. Lorsqu'il est question de justice, on s'aperçoit bien vite des répercussions pratiques que peut avoir la philosophie.

Ce sont les philosophes grecs qui s'efforcèrent les premiers de donner un fondement rationnel au droit, à l'État et à la société. Platon et Aristote, les deux grands classiques de la philosophie politique de l'Antiquité, pensèrent la cité comme une organisation en laquelle se réalise la nature humaine. L'ordre politique et l'ordre juridique devaient épouser l'ordre éternel de la nature. Les philosophes politiques du Moyen Âge étaient tout aussi tournés vers l'ordre divin de la création. Selon Thomas d'Aquin, le docteur de l'Église sans doute le plus renommé, l'ordre divin universel se reflétait dans l'État. Les Temps modernes européens – dont la naissance coïncide à peu près avec le XVe siècle – mirent un terme définitif à cette manière de relier ordre étatique et ordre naturel. Non seulement l'État, mais aussi l'ordre juridique furent dès lors envisagés comme des créations de l'homme lui-même. Désormais, les philosophes avaient pour tâche de fonder la « justice » en raison, au moyen d'arguments rationnels. Le citoyen, envisagé à titre individuel, ainsi que ses « droits fondamentaux » étaient maintenant placés au cœur des débats. Ce que l'on exigeait désormais de l'État, c'est qu'il prît en considération les *desiderata* et les droits du citoyen. C'est tout particulièrement à partir des Lumières que nombre de philosophes se mirent à envisager l'État comme un ordre fondé sur un contrat passé entre citoyens. Ceux-ci devaient donc se montrer d'accord avec cet ordre et décider entre eux, d'un commun accord, de leurs droits et de leurs devoirs. Ce qui allait à l'encontre de la volonté du citoyen ne pouvait en conséquence être considéré comme juste. En découlèrent l'idée de « droits de l'homme » et l'idée de démocratie comme forme étatique – qui, aujourd'hui, est considérée par la plupart comme la forme étatique « la plus juste ». C'est ainsi que le comportement de l'État vis-à-vis de ses citoyens en vint à être placé au centre des débats sur la justice.

> *La justice est la première vertu*
> *des institutions sociales*
> *comme la vérité est celle*
> *des systèmes de pensée.*
> JOHN RAWLS

FORMES DE JUSTICE

Il n'y a pas de réponse évidente, simple et brève à la question : qu'est-ce que la justice ? Dans la vie pratique, beaucoup de choses doivent être décidées au moyen de la comparaison et de l'appréciation. Mais on opère aussi des distinctions de nature théorique entre différentes formes de justice. Les plus importantes sont les suivantes.

Les droits fondamentaux. Il s'agit, entre autres, des droits fondamentaux inaliénables du citoyen, qui sont, dans les sociétés démocratiques, le plus souvent inscrits dans les constitutions de ces sociétés. Citons en particulier le droit à la vie, le droit à l'intégrité physique, le droit à la liberté (d'expression et de croyance, entre autres), ainsi que le droit de propriété.

La justice distributive. L'idée-force de la justice distributive, c'est qu'aucun groupe ne doit, dans une société, être défavorisé à l'extrême sur le plan matériel, et qu'une société ne doit tolérer en son sein aucun fossé social infranchissable. L'idée de « justice sociale » est une idée fréquemment avancée dans le débat politique.

La justice compensatrice. Elle consiste à « compenser » par une peine correspondante les dommages provoqués par des infractions au droit. Mais elle ne s'applique qu'entre des partenaires contractuels, lorsqu'il s'agit de déterminer quelles étaient les obligations respectives de chacune des parties au contrat, et dans quelle mesure celles-ci les ont enfreintes et se retrouvent en tort.

L'idée de justice dans l'histoire de la philosophie

De l'Antiquité au Moyen Âge. Dans la philosophie grecque classique, l'idée de justice n'était pas encore mise en relation avec les idées d'« égalité », d'« égalité de traitement » ou d'« équité ». Ces idées ne s'imposeront qu'avec les Lumières. Était juste, à cette époque, ce qui revenait à tout un chacun en vertu de sa nature, ou plutôt en rapport à une position sociale déterminée ou à l'exercice d'une activité bien précise. L'institution de l'esclavage était ainsi compatible avec cette conception de la justice.

C'est Platon (427-347 av. J.-C.) qui forgea le principe de justice : « À chacun ce qu'il mérite ! » Il y a justice lorsque chacun remplit, au sein de la cité (de la *polis*), le rôle qui lui est assigné à la naissance – que ce soit un rôle de gouvernant, de soldat ou de membre de la population laborieuse. Une cité où chacun tient son rôle est une cité « juste ».

Pour Aristote (384-422 av. J.-C.), le juste est ce qui sert le plus souvent l'objectif (*telos*) d'une cité (*polis*). L'objectif de l'État, selon lui, est d'encourager le citoyen à mener une vie de vertu. Mais tous les citoyens ne se retrouvent pas, à cet égard, sur un pied d'égalité. Ceux qui sont en situation de remplir cet objectif sont également en droit de revendiquer une plus grande influence politique.

L'école des stoïciens, dans l'Antiquité tardive, fut la première à regarder à l'extérieur de la *polis*. La pensée des stoïciens était une pensée

« cosmopolitique » : la nature entière était, à leurs yeux, un ordre régi par les lois de la raison, donc aussi par les principes de justice – principes qui valaient pour tous les hommes. C'est ainsi que naquit ce que l'on appelle le « droit naturel », un critère de justice à l'aune duquel peut être mesuré tout droit concret (voir dans ce chapitre « Droit naturel, droits de l'homme, positivisme juridique », p. 291).

Au Moyen Âge, où dominait la théologie chrétienne, certains philosophes supposaient aussi qu'un tel droit naturel existait. Pour Thomas d'Aquin (1225-1274), le droit naturel est fondé en Dieu en tant qu'origine et visée suprême d'un ordre rationnel téléologique. L'État en lequel se reflète cet ordre divin universel est un État juste.

L'entrée dans la modernité. À partir des débuts des Temps modernes, les philosophes ont tenté de fonder la justice en s'aidant exclusivement de la raison, et non plus au moyen d'une référence constante à Dieu. Nicolas Machiavel (1469-1527), déjà, ne se réfère plus à un ordre divin universel. Pour lui, il n'existe plus aucune différence entre la justice et un exercice du pouvoir conduit avec succès.

Depuis le XVIIe siècle, et tout particulièrement depuis les Lumières, on a en revanche tenté de bien séparer la justice et le pouvoir pur, afin de la fonder sur un contrat social conclu par les citoyens entre eux sur la base des principes de liberté et d'égalité.

Thomas Hobbes (1588-1679) est considéré comme le fondateur de la « théorie du contrat social » moderne (voir dans ce chapitre « Contrat social, théorie du contrat », p. 290). Dans ce que l'on appelle l'« état de nature », où n'existe aucun contrat social, c'est la « guerre de tous contre tous » qui règne. La justice ne fait son apparition que lorsque les hommes, pour des raisons d'autoconservation, confient à un souverain, à travers un « contrat social », la tâche de garantir la totalité des droits, obtenant en contrepartie de cela paix et sécurité.

John Locke (1632-1704) donna une autre interprétation de la théorie du contrat social. Pour lui, les hommes peuvent déjà se prévaloir, dans l'état de nature, de droits inaliénables – au nombre desquels comptent avant tout le droit à la vie, le droit à la liberté et le droit de propriété.

C'est au contrat social de protéger ces droits ; et lorsque tel n'est pas le cas, les citoyens peuvent légitimement résister au pouvoir qui les viole. Locke fut aussi le premier philosophe à défendre l'idée d'une séparation stricte entre pouvoir exécutif et pouvoir législatif, et ce, afin d'empêcher la domination de tout pouvoir irrespectueux du droit.

Le philosophe français Charles de Montesquieu (1689-1755) donna une ampleur plus grande encore à cette notion de séparation des pouvoirs : dans un État juste, il importe aussi que le pouvoir judiciaire (qui donne et fait le droit) soit indépendant.

Jean-Jacques Rousseau (1712-1778) est considéré, en vertu de la version qu'il donna du contrat social, comme l'introducteur de l'idée de souveraineté populaire. Les révolutionnaires français, qui exigeaient « liberté, égalité et fraternité », s'appuyèrent également sur lui.

Emmanuel Kant (1724-1804) reprit l'idée de contrat social et l'approfondit encore en affirmant que les peuples et les États devaient eux aussi conclure entre eux de tels contrats dans le but d'assurer une paix perpétuelle.

Du XIXe au XXe siècle. Au XIXe siècle, on commença à se quereller autour de la question suivante : quel était, du principe de « liberté » ou de celui d'« égalité », le plus important pour l'idée de justice ? Des théoriciens socialistes comme Karl Marx (1818-1883) défendaient l'égalité, l'idée d'une réalisation d'une « société sans classes », tandis que des représentants du libéralisme comme John Stuart Mill (1806-1873) soulignaient l'importance de la liberté individuelle, dont ils considéraient que le citoyen pouvait aussi se prévaloir contre l'État.

Les deux théoriciens de la justice les plus importants au XXe siècle sont américains. Chez tous deux, la liberté prime sur l'égalité, bien que dans des proportions différentes. John Rawls (1921-2002) défend un libéralisme social et construit lui aussi un contrat social. Son idée d'une « justice comme équité » suppose que l'État se soucie du sort des couches sociales les plus fragilisées. Robert Nozick (1938-2002), en revanche, est un libertarien. Il ne veut entendre parler que d'un « mini-État » se cantonnant à protéger et garantir la propriété et la sécurité du citoyen.

AVIS DE RECHERCHE

On recherche le grand discret

La période la plus palpitante de son existence fut probablement sa jeunesse, au cours de laquelle il servit comme soldat, pendant la Seconde Guerre mondiale. En guise de protestation contre la décision de larguer la bombe atomique sur le Japon, il refusa de devenir officier du rang. Il se consacra ensuite exclusivement à la philosophie.

Il fut sa vie durant d'une discrétion exemplaire. Il enseigna pendant quarante ans à la prestigieuse université de Harvard, restant tout ce temps marié à la même femme, continuant de porter – sur presque toutes les images que l'on a de lui – les mêmes lunettes de corne démodées. Il resta très discret, jusqu'au moment où fut publiée sa théorie de la justice. Son chef-d'œuvre eut sur l'éthique et la philosophie politique le même effet de déflagration que la théorie de la relativité d'Einstein sur la physique. Ce grand ouvrage fut traduit en vingt-sept langues. Il y démontre qu'il existe de bonnes raisons de faire de l'idée d'équité le fondement d'un ordre social juste. Dès lors, ce grand discret dut se confronter à la critique et à des commentaires venant du monde entier. Il évita néanmoins, chaque fois qu'il le put, les interviews et autres apparitions dans les médias. Il mourut reconnu à sa juste valeur, comme le philosophe politique le plus important de son temps.

➡ *De qui s'agit-il?*

Contrat social, théorie du contrat

La conclusion de contrats entre États nous est tout aussi familière qu'entre personnes privées. Dans la théorie philosophique du contrat social, la « théorie du contrat », il est pourtant question d'un peu plus que cela. L'État y est dans l'ensemble envisagé comme résultant d'un contrat conclu entre des citoyens libres et égaux qui déterminent entre eux les droits et les devoirs de chacun, et créent des institutions communes telles que le parlement, le gouvernement, la police, les institutions judiciaires, et ce, dans le but de garantir protection et sécurité juridique. Cela étant, cette théorie ne prétend pas qu'un tel contrat a été un jour effectivement conclu. Ce que l'on entend plutôt ici, c'est que l'on ne peut justifier pleinement l'existence d'un État que lorsqu'il s'appuie sur l'assentiment des citoyens, que lorsqu'on le comprend donc comme la conséquence d'un accord – même tacite – entre eux. La théorie du contrat connut son apogée au moment des Lumières, mais elle a été réanimée au XXe siècle par John Rawls (voir dans ce chapitre « L'idée de justice dans l'histoire de la philosophie », p. 286).

À VOUS DE JOUER !

Jeu de Rawls

Afin de parvenir à des principes de justice fondés en raison, le philosophe américain John Rawls nous invite à nous pencher sur la situation hypothétique suivante, qu'il appelle « position originelle ».

Imaginons un groupe de personnes sur lesquelles est jeté un « voile d'ignorance » leur interdisant de savoir quoi que ce soit des qualités et dons naturels, quoi que ce soit de leurs besoins et de ce que pourrait être une vie bonne, quoi que ce soit des conditions économiques et politiques de la société dans laquelle elles vivent, et donc quoi que ce soit de leur position dans cette société. Ces personnes ne savent finalement en rien si elles font partie des « gagnants » ou des « perdants » de cette société.

Quel type de justice distributive aurait donc, d'après vous, les faveurs des membres de ce groupe ? Quel type d'égalité, ou plutôt d'inégalité, sociale et économique serait conciliable avec cette justice-là ? Comment les biens produits par la société devraient-ils, dans ces conditions, être répartis ? Examinez les quatre propositions de solution suivantes :

1. Les biens devraient être répartis entre tous les membres de la société de façon égalitaire. Là où se constatent des différences sociales et économiques, ils devraient être répartis selon une logique de compensation.

2. Les biens devraient être répartis à l'aune des contributions respectives de chaque membre de la société. Les différences sociales en résultant devraient être acceptées comme les conséquences logiques des différences de contributions.

3. Les inégalités sociales et économiques doivent être telles qu'elles soient au plus grand bénéfice des plus désavantagés.

4. Les inégalités sociales et économiques sont acceptables lorsque l'État soutient ceux qui ne peuvent subvenir à leurs besoins.

➡ *Jouez au jeu de Rawls à trois ou quatre personnes. Quelle solution s'est imposée ? Laquelle des quatre solutions est selon vous la plus juste ? Et pourquoi ? Quelle solution John Rawls a-t-il choisie ?*

Droit naturel, droits de l'homme, positivisme juridique

Droit naturel. La notion de droit naturel recouvre l'ensemble des droits qui se situent pour ainsi dire avant le droit qui est en vigueur au sein d'une société, et au-dessus de lui, et dont les hommes peuvent se prévaloir à toutes les époques et en tous lieux. Alors que les philosophes de l'Antiquité considéraient que de tels droits étaient ancrés dans l'ordre de la nature, et que les philosophes du Moyen Âge les considéraient comme ancrés dans l'ordre divin, en Dieu, le « droit naturel » est compris, depuis les Lumières, comme un droit rationnel intemporel.

Droit de l'homme. Une reformulation du droit naturel fut réalisée au cours de la Révolution française, lorsque furent proclamés les droits de l'homme. Proclamer ces droits, c'était constater l'existence de droits inaliénables comme le droit à la liberté, le droit de propriété, le droit à la sécurité et le droit de résister à l'oppression. Les « droits de l'homme » recoupent pour l'essentiel le « droit cosmopolitique », c'est-à-dire ce droit dont peut se prévaloir tout citoyen en n'importe quel endroit du monde.

Droit positif. Au contraire de ce droit naturel, le droit positif est le droit qui s'applique à l'intérieur des frontières du pays qui l'a élaboré. Le droit positif et le droit naturel, ou plutôt les droits de l'homme, peuvent entrer en conflit, par exemple dans des dictatures où est foulé aux pieds la liberté du citoyen. Dans de tels cas, les partisans du droit naturel accordent volontiers à ce dernier un droit de résistance. En revanche, les adeptes du positivisme juridique considèrent que seul le droit positif peut se prévaloir d'une réelle validité.

POUR OU CONTRE

Peut-on restreindre les droits de l'homme ?

Dans des situations d'exception, par exemple en cas de guerre ou de catastrophe naturelle, les États se réservent toujours la possibilité de restreindre les droits fondamentaux de leurs citoyens. Pour ne prendre que cet exemple, au cours de la Seconde Guerre mondiale, de nombreux États choisirent d'interner des hommes qui, en raison de leur origine, étaient suspectés d'entretenir des liens avec l'ennemi (ce fut le cas, aux États-Unis, des citoyens d'origine japonaise). Quand se produisent des catastrophes naturelles, il est fréquent que la liberté de mouvement des citoyens soit restreinte (lorsque certains territoires doivent être évacués, par exemple).

➡ *Dans un tel cas, quelles raisons justifient selon vous de restreindre les droits fondamentaux ? Quels arguments plaident contre de telles restrictions ?*

ÉNIGME PHILOSOPHIQUE

Quand résister est-il juste ?

Mis à part les adeptes de ce que l'on appelle le « positivisme juridique » (voir dans ce chapitre « Droit naturel, droits de l'homme, positivisme juridique », p. 291), la plupart des spécialistes de philosophie politique considèrent que le citoyen a le droit de résister à un gouvernement lorsque celui-ci s'empare du pouvoir sans aucune légitimité et lorsqu'il viole les droits de l'homme.

Mais existe-t-il un droit à la résistance lorsqu'un gouvernement élu démocratiquement adopte les méthodes d'une dictature ? En Allemagne, pour ne prendre que cet exemple, ce furent des élections législatives libres qui amenèrent Hitler au pouvoir, ne l'oublions pas.

➡ *À quels principes juridiques une résistance citoyenne pourrait-elle en appeler dans ces conditions ? Qui pourrait et devrait décider de la légitimité d'un coup d'État ou d'une révolution ?*

Universalisme, relativisme

On désigne sous le nom d'« universalisme » l'idée selon laquelle des valeurs et des droits fondés en raison valent de la même façon pour tous les hommes, dans toutes les cultures et à toutes les époques, donc « universellement ». En revanche, les partisans du « relativisme » considèrent que les droits de la personne dépendent de leurs cultures et de leurs époques respectives et n'ont pour cette raison qu'une validité « relative ».

La distinction entre universalisme et relativisme offre tout particulièrement matière à discussion dans le domaine des droits de l'homme. L'universalisme s'est pour l'essentiel imposé dans la philosophie occidentale, et ce, depuis la proclamation des droits de l'homme lors de la Révolution française : les droits fondamentaux, comme le droit à la liberté d'expression, ou le droit à l'intégrité physique (qui suppose donc, entre autres, l'interdiction de la torture), doivent en conséquence valoir pour tous, toujours et partout. Cette idée s'est concrétisée, entre autres, dans la « Déclaration universelle des droits de l'homme » adoptée par les Nations unies.

Bien que cette déclaration ait été signée par la plupart des États, l'universalisme, en dehors du monde occidental, est très décrié. Des pays comme la Chine reprochent ainsi aux États occidentaux de vouloir imposer les « valeurs occidentales » aux autres cultures et de ne pas respecter leurs propres interprétations du droit et de la morale.

POUR OU CONTRE

Des normes juridiques relatives ou universelles ?

➡ *Lesquels des droits suivants ou lesquelles des dispositions suivantes peuvent, selon vous, prétendre à une validité universelle ? Et lequel ou laquelle ne le peut ?*

– « Un citoyen ne peut enfreindre les règles de la communauté, ni au sein de la famille ni au sein de l'État » ;

– « Les hommes et les femmes doivent être traités comme égaux en droit à tous égards » ;

– « Tout citoyen a le droit à un service universel de base assuré par l'État. »

Droit international, droit de la guerre

Le « droit international » régit non pas les relations à l'intérieur d'un pays, mais les relations entre pays : c'est à l'aune des règles qu'il pose que les États devraient se comporter les uns à l'égard des autres. Les principes du droit international moderne, tels qu'ils sont fixés dans la charte des Nations unies, comprennent par exemple celui de la reconnaissance mutuelle entre États – entre États se reconnaissant mutuellement égaux en droit – ainsi que celui du renoncement à la menace et à la violence. Les guerres sont ainsi déclarées contraires au droit international. Toutefois, il existe des exceptions – lorsqu'il s'agit, par exemple, pour un État de se défendre d'une agression ; ou lorsqu'un État consent à être l'objet d'une intervention extérieure. Dès lors que se produisent des actions guerrières, c'est aux dispositions du « droit de la guerre » – qui, aujourd'hui, est le plus souvent désigné sous le nom de « droit international humanitaire » – d'entrer en vigueur. Celui-ci comprend, entre autres, des dispositions destinées à protéger les populations civiles ou à traiter de façon humaine les prisonniers de guerre. Dans des circonstances normales, le droit international protège la souveraineté de tout État et interdit les ingérences par la force dans ses affaires intérieures. Ce que l'on nomme « intervention humanitaire » – c'est-à-dire l'intervention militaire de la communauté étatique internationale à l'intérieur d'un pays où sont commis des atteintes massives aux droits de l'homme, des crimes contre l'humanité ou des génocides – représente un cas problématique toujours plus discuté.

ÉNIGME PHILOSOPHIQUE

Le problème de l'intervention humanitaire

1. Le Rwanda fut, en 1994, le théâtre d'un génocide commis par la population majoritaire du pays, les Hutus, contre la minorité des Tutsis. Près d'un million de personnes furent alors assassinées. La communauté internationale n'intervint pas.

2. En 1999, une guerre civile éclata dans ce qui était encore, à l'époque, la Yougoslavie – plus exactement au cœur de la province du Kosovo, habitée majoritairement par des Albanais. Des miliciens albanais engagèrent alors des combats contre la police et l'armée serbes. Il en résulta des expulsions massives de populations d'origine albanaise. Cette fois-là, l'OTAN mena une « intervention humanitaire » afin de venir en aide aux Albanais du Kosovo – ce qui conduisit à une séparation effective du Kosovo et de la Serbie.

3. La Corée du Nord est dirigée par un régime dictatorial qui se présente comme « socialiste » mais qui réprime sans pitié ceux qui ne partagent pas les dogmes officiels ou qui, tout simplement, sont suspectés de ne pas les partager – et qui sont alors emprisonnés dans des camps et torturés. De grandes parties de la population sont réduites à la misère, et les famines sont légion. La Corée du Nord possède l'arme atomique. La communauté internationale tente de fournir une aide humanitaire à la population de ce pays et d'amener ce dernier sur la voie de la négociation, dans l'espoir qu'il réduise son arsenal nucléaire.

➡ *Le droit international protège la souveraineté des États et interdit une intervention militaire dans leurs affaires intérieures. Dans lequel des trois cas décrits ci-dessus une « intervention humanitaire » vous aurait-elle semblé ou vous semblerait-elle néanmoins justifiée ? Dans quelles circonstances une telle intervention militaire devrait-elle être généralement autorisée ?*

Libéraux, libertariens, anarchistes

Il existe des courants politiques qui en appellent à la liberté, à l'initiative et à l'autonomie de l'individu, et qui, en conséquence, entendent bien restreindre le pouvoir étatique ; ces courants remontent aux Lumières, et surtout au XIXe siècle.

Libéralisme. Les libéraux considèrent que la tâche de l'État consiste avant tout à garantir les droits du citoyen, notamment le droit de propriété. La politique ne devrait pas, à leurs yeux, influencer les évolutions et les forces du libre marché. Dans le conflit opposant la liberté et l'égalité, les libéraux se rangent résolument dans le camp de la liberté. C'est John Locke (1632-1704), avec ses *Deux traités du gouvernement* (1690), et Adam Smith (1723-1790), avec *La Richesse des nations* (1776), qui ont fondé le libéralisme classique.

Libertarianisme. Les libertariens sont des libéraux radicaux, surtout présents (et en nombre) aux États-Unis, qui n'entendent tolérer qu'un mini-État. Ils refusent toute intervention extérieure dans la conduite de vie de l'individu, et toute immixtion dans ses convictions, et s'opposent également à toute atteinte à la propriété individuelle ainsi qu'à toute aide sociale. L'un des ouvrages les plus importants du libertarianisme moderne est *Anarchie, État et utopie* (1974) de Robert Nozick (1938-2002).

Anarchisme. Les anarchistes rejettent fondamentalement l'État et ses institutions au motif que tout type d'ordre étatique constitue pour l'individu une ingérence et une atteinte à sa liberté. Au lieu de cela, les individus doivent, selon eux, s'associer librement entre eux en pratiquant la gestion autonome, par exemple dans le cadre de coopératives ou de communes. Citons parmi les œuvres classiques de l'anarchisme *L'Unique et sa propriété* (1845) de Max Stirner (1806-1856) et *Dieu et l'État* (1882) de Mikhaïl Bakounine (1814-1876).

LIBERTÉ

Lorsqu'il est question de la liberté dans son rapport à la justice, ce n'est pas de la liberté personnelle (« Je peux faire ce que je veux ») dont on traite mais de la liberté politique, qui est un pilier des droits dits fondamentaux (voir dans ce chapitre « Formes de justice », p. 285), et qui doit être accordée à tous les citoyens dans les mêmes proportions. Ces « droits de liberté » sont normalement inscrits dans toute constitution démocratique. En fait partie la liberté de participer aux processus de formation de l'opinion politique – et donc la liberté de voter, la liberté d'opinion et de discussion, la liberté de réunion et la liberté de la presse. Pour ce qui est de la vie publique, viennent s'y ajouter, entre beaucoup d'autres, la liberté artistique, la liberté de recherche scientifique et la liberté de religion. Pour ce qui est des rapports économiques, on compte également la liberté contractuelle – par exemple, la liberté de négocier des conventions collectives en toute indépendance par rapport à l'État. Un nouveau droit a par ailleurs fait son apparition ces dernières années : le droit à l'« autodétermination informationnelle », c'est-à-dire la liberté de traiter ses données personnelles en toute autonomie et responsabilité et de les protéger d'éventuels abus. Les dictatures, c'est-à-dire les « États iniques », ont précisément pour caractéristique, entre autres, de restreindre et réduire ces libertés.

TEST DE LOGIQUE

La liberté de penser autrement

« La liberté, c'est toujours la liberté de celui qui pense autrement », selon Rosa Luxemburg.

➡ *Reformulez logiquement cet énoncé en un syllogisme, pour en donner une déduction valide. En procédant ainsi, quel concept de liberté sera alors posé ?*

POUR OU CONTRE

Liberté du citoyen contre droit étatique

1. P., un exploitant agricole, refuse de reconnaître l'autorité de l'État et de payer des impôts. Il entend bien s'occuper de ses affaires tout seul. Il vit en totale autonomie, éduque ses enfants à la maison, se défend de ses propres mains (avec une arme), et acquiert les choses dont il a besoin en pratiquant le troc. L'État peut-il le contraindre à se soumettre aux lois ?

> *Ma cause n'est ni le divin,*
> *ni l'humain, ni le Vrai,*
> *ni le Bon, ni le Juste, ni le Libre,*
> *etc., mais seulement le Mien ;*
> *elle n'est pas générale mais…*
> *Unique, comme je suis unique.*
> *Pour moi, il n'est rien au-dessus*
> *de Moi !*
> MAX STIRNER

2. C., un artiste, veut exposer et commercialiser ses tableaux à l'étranger. L'État le lui interdit au motif que les biens culturels nationaux ne peuvent franchir les frontières du pays. C. peut-il contourner les lois étatiques ?

3. Le citoyen B. reconnaît par principe les lois étatiques – à une exception près : il refuse, pour des raisons de principe, de conscience, de faire son service militaire. L'État peut-il le contraindre à servir dans l'armée ?

➡ *Jugez de ces trois cas en adoptant la perspective du citoyen, et ensuite celle de l'État ! Comment de tels cas seront-ils traités dans des États comme la Chine, les États-Unis ou la France ?*

POUR OU CONTRE

Cannibalisme consentant

La loi protège notre inviolabilité en tant que personne, et tout particulièrement notre intégrité physique. D'un autre côté, elle protège aussi notre liberté et notre droit de propriété. Selon le philosophe Max Stirner (1806-1856), l'individu est « sa propre propriété », il est le « propriétaire » de lui-même. Peut-il donc faire de son corps ce qu'il veut ?

En 2004, A, un ingénieur informaticien habitant à Rotenburg, fit passer une petite annonce faisant part de son désir de trouver quelqu'un qui serait disposé à se faire tuer et manger par lui. B, intéressé par la proposition, se signala. A tua B (prétendument à sa demande) et l'avait déjà mangé en bonne partie (une bonne vingtaine de kilos) lorsqu'il fut arrêté. Il fut condamné à une peine de réclusion à perpétuité.

➡ *Qui a, d'après vous, gravement violé le droit ? B avait-il le droit de jeter ainsi son corps en pâture ? L'État est-il obligé de protéger l'intégrité physique du citoyen – y compris contre sa volonté ?*

➡ *Avons-nous affaire, selon vous, à un assassinat (c'est-à-dire un homicide prémédité), ou bien à un meurtre (un homicide non prémédité), comme la justice l'a décidé ? Peut-on envisager ce jugement comme relevant d'une « justice compensatrice » ?*

➡ *Comparez ce cas avec la prostitution, où le corps est proposé à des fins de prestation sexuelle, puis avec la transplantation d'organes et avec l'euthanasie, où un individu demande à ce que soit mis un terme à sa vie. Dans quels cas l'État peut-il, selon vous, intervenir ? Et dans quels cas ne le peut-il pas ?*

Égalité et discrimination positive

L'exigence d'égalité joue, dans les débats sur la justice, un grand rôle. Mais l'idée d'« égalité » peut revêtir de nombreuses significations différentes. En voici quelques-unes.

L'égalité devant la loi. Aucun citoyen ne peut, devant la loi, être désavantagé par rapport à un autre, que ce soit en raison de son sexe, de son origine ou de sa religion.

L'égalité des chances. Les mêmes conditions de départ dans la vie doivent être aménagées pour tous les citoyens afin que tout un chacun puisse commencer son existence correctement et la réussir, et ce, avec le concours de l'État.

L'égalité matérielle. Tous les citoyens doivent être mis sur un même pied d'égalité pour ce qui est de leurs revenus et de leurs biens.

La discrimination positive. Dans des secteurs bien précis de la société (branches professionnelles, services publics) où des groupes de citoyens eux aussi bien précis (femmes, handicapés, minorités ethniques) s'avèrent sous-représentés en raison de discriminations abusives (ou « négatives »), ces dernières se verront compensées par voie légale au moyen de traitements de faveur, que ce soit à travers certains quotas ou en donnant la préférence à un membre du groupe désavantagé – dès lors qu'il s'agira de choisir entre lui et un membre d'un groupe qui ne l'est pas.

POUR OU CONTRE

La discrimination positive est-elle juste ?

En France, selon un rapport du Haut Conseil à l'égalité entre les femmes et les hommes paru en février 2017, en dépit des lois de parité qui ont permis un meilleur partage des places dans les assemblées élues au niveau local, les femmes restent exclues des fonctions exécutives : les hommes représentent 90,1 % des présidents de conseils départementaux ; seuls trois régions et dix départements sont présidés par une femme. En 2016, on comptait moins de 15 % de femmes dans les comités exécutifs d'entreprises cotées en bourse.

Supposons – comme le laissent penser nombre d'indices – que ces chiffres médiocres s'expliquent par la discrimination touchant les femmes dès lors qu'il s'agit d'occuper des postes de pouvoir. Dans ces conditions, est-il juste de réserver un traitement de faveur aux femmes ambitionnant d'occuper de telles positions, ou encore de leur réserver un certain quota ? Ou bien devrait-on faire montre de confiance et tabler sur le fait que le problème se résoudra de lui-même sur la durée dès lors que seront toujours choisi(e)s les candidat(e)s les plus compétent(e)s ?

➡ *Quels arguments plaident en faveur de la première solution ? Et lesquels en faveur de la seconde ?*

Socialisme, communisme, marxisme

L'industrialisation de l'Europe à partir de la fin du XVIIIe siècle fit que le travail en usine en vint à être pratiqué à grande échelle et qu'une nouvelle main-d'œuvre fit son apparition : la main-d'œuvre industrielle. Une nouvelle forme d'exploitation économique en résulta, ainsi qu'une nouvelle classe sociale : le prolétariat. Cet ordre social reposant sur le marché, et que l'on appela « capitalisme », mit au défi non seulement la philosophie mais aussi la politique. Des penseurs se manifestèrent, qui exigeaient une nouvelle conception de la propriété ainsi qu'une égalité politique et sociale au bénéfice de la main-d'œuvre, du prolétariat. L'exigence d'égalité en vint ainsi à supplanter l'exigence de liberté individuelle.

Le socialisme. Le socialisme en appelle, pour le dire de façon très générale, à une émancipation sociale de la classe laborieuse et à une intervention de l'État dès lors que les exploités sont systématiquement sous-payés et que des inégalités flagrantes sont constatées en matière d'accès à la propriété. Nombre de socialistes exigent l'abolition de la société de marché – qui s'appuie sur la propriété privée des moyens de production –, et ce à travers une étatisation des industries clés ; d'autres se contentent de demander des réformes sociales (participation, prestations sociales, salaire minimum, entre autres). L'histoire du socialisme a été forgée par le conflit opposant réformistes et révolutionnaires.

Le communisme. Le communisme est une forme radicale de socialisme. Il réclame une refonte profonde du capitalisme à travers une révolution prolétarienne à l'issue de laquelle, à la suite d'une phase de transition plus ou moins longue, la société communiste – où auront disparu la propriété privée des moyens de production et la lutte des classes – est censée entrer en vigueur.

Le marxisme. Le communisme s'appuie sur la théorie philosophique du marxisme que fondèrent Karl Marx (1818-1883) et Friedrich Engels (1820-1895). Dans leur *Manifeste du Parti communiste* (1848), qu'ils écrivirent à quatre mains, Marx et Engels invoquent une union des prolétaires à l'échelle internationale, contre le système capitaliste (« Prolétaires de tous les pays, unissez-vous ! »). Dans *Le Capital* (1867), son grand œuvre théorique, Marx étudie les rouages de la société capitaliste et prédit qu'en raison des contradictions qui lui sont inhérentes et de la paupérisation de vastes pans de la population dont il est la cause, le système capitaliste produit des crises qui, en définitive, causeront son naufrage. Le révolutionnaire russe Vladimir Ilitch Oulianov, autrement appelé Lénine (1870-1924), réclama la constitution d'un parti communiste de cadres chargé de conduire le prolétariat sur la voie de la société communiste.

ÉNIGME PHILOSOPHIQUE

Égalité et justice

L'article 1, paragraphes 1 et 2 de la Constitution française entrée en vigueur le 4 octobre 1958 stipule : « La France est une République indivisible, laïque, démocratique et sociale. Elle assure l'égalité devant la loi de tous les citoyens sans distinction d'origine, de race ou de religion. [...] La loi favorise l'égal accès des femmes et des hommes aux mandats électoraux et fonctions électives, ainsi qu'aux responsabilités professionnelles et sociales. »

Depuis les Lumières au plus tard, l'égalité et plus particulièrement l'égalité de traitement semblent être au nombre des dimensions les plus importantes de la justice.

➡ *Les énoncés suivants établissent un lien entre égalité et justice. Dans lesquels d'entre eux une telle association est-elle, selon vous, justifiée ? Et dans lesquels ne l'est-elle pas ?*

– « Dès lors que les citoyens ont l'obligation de faire leur service militaire, ils devraient tous le faire dans les mêmes conditions » ;
– « Tous les citoyens devraient bénéficier du droit de vote de la même manière » ;
– « Tous les citoyens devraient payer les mêmes impôts » ;
– « Tous les citoyens devraient toucher les mêmes revenus. »

AVIS DE RECHERCHE

On recherche le noir gaillard de Trêves

Un très fervent combattant, luttant de toutes ses forces pour sa cause : c'est ainsi que ses camarades qui l'avaient côtoyé à Bonn et à Berlin se souvenaient de lui. Celui qui deviendrait plus tard son meilleur ami, un fils d'entrepreneur de Wuppertal, décrivait le jeune barbu soupe au lait comme le « noir gaillard de Trêves ». Celui-ci choqua plus tard l'opinion, partout où il passa : il fut expulsé de Prusse, de Belgique et de France, pour finalement trouver refuge à Londres, où il vécut exilé, en apatride. Il n'aurait guère pu survivre sans l'aide matérielle de son ami de Wuppertal, qui lui épargna toujours les soucis d'argent et endossa même pour lui la paternité d'un enfant illégitime.

La société dans laquelle il vécut, où l'esclavage salarié ne cessait de croître en raison de l'industrialisation, lui inspirait un profond sentiment d'injustice. Il consacra ainsi son existence à étudier ses mécanismes cachés. Des années durant, il travailla jour après jour dans la salle de lecture du British Museum, afin de se familiariser – lui qui avait une formation de philosophe – avec les questions économiques. Il était persuadé de pouvoir démontrer que l'évolution sociale conduirait à un soulèvement général radical et à la création d'une société juste. Et il milita au quotidien afin qu'advienne une telle société : il devint le porte-parole de ceux qui en appelaient à la révolution. Depuis, son nom n'est pas seulement celui d'un courant de pensée philosophique : un mouvement politique d'ampleur mondiale devait aussi finir par le porter.

➡ *De qui s'agit-il ?*

À VOUS DE JOUER !

Esquisse d'un État idéal

Dans le passé, les philosophes n'ont cessé d'opposer à la triste réalité politique l'ébauche d'un État idéal, appelé « utopie ». Imaginez que vous soyez vous-même chargé de présenter aux habitants d'une île abandonnée l'esquisse d'une constitution politique. Répondez, ce faisant, aux questions suivantes :

- *Quel type de pouvoir politique (régime parlementaire, régime gouvernemental, règne d'un seul) mettriez-vous en place ? Et comment le justifieriez-vous ?*
- *Quel type de liberté garantiriez-vous ?*
- *Quelle place réserveriez-vous à la propriété privée ? Comment répartiriez-vous la propriété des terres et des biens produits par l'économie ? Quel rapport instaureriez-vous entre pauvreté et richesse ?*
- *Pourrait-on y choisir son travail ou celui-ci y serait-il attribué d'autorité ?*
- *Les citoyens devraient-ils payer des impôts ? Si oui, à l'aune de quels critères l'impôt devrait-il être calculé ?*
- *Comment le système éducatif devrait-il être organisé ? Et qui devrait payer pour cela ?*
- *Comment serait organisée l'infrastructure médicale ? Et qui paierait pour elle ?*

Les théoriciens du marché

Depuis que sont apparues les sociétés de marché modernes, et surtout depuis l'époque de l'industrialisation, la philosophie se doit de répondre à une nouvelle question, celle des rapports qu'entretiennent entre eux le marché et la justice distributive.

Le philosophe écossais Adam Smith (1723-1790), grand spécialiste de philosophie morale et homme des Lumières, est considéré comme le fondateur du libéralisme de marché : le marché est envisagé par lui comme un système concurrentiel qui se régule de lui-même, qui s'appuie sur la division du travail, l'offre et la demande, et produit des excédents servant le développement de la société et de la culture entières. Ici, l'État n'est pas censé intervenir dans la mesure où le marché lui-même organise, comme « par une main invisible », une juste répartition des biens.

Karl Marx (1818-1883), pour sa part, en vint à la conclusion que le marché aggrave toujours plus les oppositions de classes, et l'écart entre riches et pauvres, à travers un processus incessant de centralisation. Dans cette vision des choses, le processus de paupérisation fait en définitive se tarir le pouvoir d'achat et ne peut que provoquer un effondrement de la production ainsi que du mécanisme capitaliste entier. Un tel effondrement ne peut, pour sa part, que conduire à une révolution prolétarienne, qui abolit la propriété privée des moyens de production, au profit de leur propriété collective et sociale. Marx devint de cette façon l'un des pères du socialisme et du communisme.

John Maynard Keynes (1883-1946) ne rejetait pas l'idée d'une économie de marché mais défendait l'idée d'un État régulateur et interventionniste. Pour lui, il incombe à l'État, en cas de tassement de la croissance, de relancer la demande en investissant lui-même dans l'économie ; et lorsque la croissance s'avère forte, cet État doit au contraire limiter au maximum ses interventions dans le marché.

Se situant aux antipodes de Keynes, Friedrich August von Hayek (1899-1992) défendait résolument, lui, un néolibéralisme : à ses yeux, les interventions étatiques dans l'économie menaçaient tout autant la sécurité juridique des entreprises que les droits de liberté individuels.

POUR OU CONTRE

De l'argent sans travailler ?

Dans une société de marché, tout peut devenir marchandise. L'argent lui aussi est une marchandise pour laquelle existent des formes d'investissement ainsi qu'un marché : la bourse. Voici deux cas problématiques.

1. Un gain au loto. En Allemagne, en 2013, eut lieu un procès pour les faits suivants : un homme qui vivait séparé de sa femme, mais qui n'était pas encore divorcé d'elle, avait joué au loto avec sa nouvelle compagne et gagné 1 million d'euros. Sa femme, qui était toujours juridiquement son épouse, réclama la moitié de la somme. Le tribunal considéra qu'elle était dans son droit et que le refus de l'homme de lui verser cette somme était injustifié.

➡ *Est-il juste que l'homme ait été obligé de lui reverser la moitié de son gain ? Avancez des arguments démontrant qu'un tel reversement était juste, et d'autres démontrant le contraire.*

2. Une spéculation boursière. Monsieur A a reçu un héritage de 100 000 euros et a dû payer pour cette somme 30 % de droits de succession. Les 70 000 euros restants, il les a utilisés pour spéculer à la bourse et a pu, du coup, multiplier cette somme par deux, parvenant à un résultat de 140 000 euros.

➡ *Monsieur A devrait-il être imposé une nouvelle fois sur les sommes gagnées en bourse ? L'État devrait-il, en règle générale, intervenir dans le marché monétaire ? Avancez des arguments plaidant en faveur d'une telle intervention étatique, d'autres plaidant contre.*

POUR OU CONTRE

Salaire minimum

La liberté de fixation des salaires règne en Europe. Autrement dit, les employeurs, les syndicats et les employés peuvent négocier librement les salaires, du moins dans une certaine mesure. En France, comme dans de nombreux autres pays, l'État pose un cadre général et des valeurs-limites, en l'occurrence en imposant un salaire minimum, le SMIC (salaire minimum interprofessionnel de croissance). L'État doit-il intervenir et imposer un salaire minimum ? Imaginons la situation suivante.

Mme B possède un salon de coiffure qui emploie quinze personnes. Dans son pays, il n'existe pas de salaire minimum. Ses salariés touchent un salaire horaire oscillant entre 4,50 et 5 euros. La plupart d'entre eux touchent une allocation sociale complémentaire dans la mesure où ce revenu ne leur permet pas à lui seul de subvenir aux besoins de leur famille.

Mais on introduit cette année-là un salaire horaire minimal de 8,50 euros, afin que tout salarié puisse vivre de son activité. Les salariés de Mme B sont donc favorables à cette nouvelle loi. Mme B, elle, y est hostile dans la mesure où elle implique maintenant un quasi-doublement de ses coûts salariaux, ce qui va la contraindre à augmenter ses tarifs, c'est-à-dire répercuter sur ses clients ces coûts supplémentaires. Elle craint que ceux-ci ne reviennent plus et que cela la conduise à devoir licencier certains salariés. Elle s'inquiète enfin d'une issue pire encore : devoir fermer son salon…

➡ *Avancez des arguments en faveur du salaire minimum et des arguments contre lui. Quels critères devraient présider au calcul de son montant ? Devrait-il être appliqué au même montant à toutes les branches professionnelles ?*

Solutions, arguments et idées

Justice

➡ Page 289

AVIS DE RECHERCHE

Le grand discret

John Rawls (1921-2002)

➡ Page 290

À VOUS DE JOUER !

Jeu de Rawls

La solution 1 est le modèle que privilégie la gauche, et particulièrement les groupes socialistes. L'égalité matérielle des citoyens, c'est-à-dire l'exigence de réduire l'écart entre riches et pauvres, voire de le supprimer, prime à leurs yeux sur la question des revenus réels des citoyens.

La solution 4 est celle que pratiquent la plupart des États occidentaux. Nous avons là le modèle de l'« État social », qui prévoit d'apporter un soutien public aux chômeurs ou aux citoyens dans le besoin. Dans de nombreux pays, la politique, de plus en plus sensible à l'idéologie néolibérale, s'engage sur la voie de la solution 2, la répartition des biens se réalisant ici à l'aune des seules contributions respectives des citoyens.

Rawls opte, quant à lui, pour la solution 3 : les inégalités sociales doivent être telles qu'elles soient au plus grand bénéfice des personnes les plus fragiles socialement – qui, dès lors, doivent être les seules bénéficiaires de l'intervention étatique. Il s'ensuit que le fossé entre riches et pauvres peut même ensuite s'élargir aussi longtemps que la pauvreté en sera fortement réduite, et réduite ce faisant bien plus fortement que si l'on tentait de réduire l'écart entre riches et pauvres.

➡ Page 292

POUR OU CONTRE

Peut-on restreindre les droits de l'homme ?

Il n'est pas évident de répondre à cette question. D'un côté, l'expérience montre que la restriction, à tel ou tel moment, des droits fondamentaux a toujours des conséquences sur le long terme, ces droits n'étant jamais ensuite tout à fait rétablis dans leur pleine effectivité. Il importe donc d'être extrêmement prudent, car les restrictions ponctuelles ne le sont jamais vraiment. D'un autre côté, il semble inévitable de restreindre certains droits fondamentaux, comme la liberté de mouvement, ou la liberté d'expression lorsque, par exemple, se produisent des catastrophes, ou que sont déclarées des guerres – les vies d'autres citoyens pouvant être menacées par l'exercice de ces droits.

Une solution consisterait à prendre des dispositions institutionnelles limitant dans le temps de telles restrictions. Les personnes chargées de décider de leur levée devraient, par exemple, n'entretenir aucun lien avec les formations politiques au pouvoir. Il importerait aussi de garantir fermement l'indépendance de la justice, chargée d'exiger qu'entrent à nouveau pleinement en vigueur ces droits fondamentaux.

➡ Page 293

ÉNIGME PHILOSOPHIQUE

Quand résister est-il juste ?

La résistance contre un gouvernement est toujours juste lorsque celui-ci bafoue les droits fondamentaux du citoyen sur la durée ou va jusqu'à les abolir. La question consistant à savoir si ce gouvernement a été élu démocratiquement ou non n'a pas ici à jouer le moindre rôle.

Pour ne prendre que le cas de Hitler, la résistance citoyenne devint parfaitement légitime dès l'instant où celui-ci tira un trait sur la constitution ainsi que sur les droits des citoyens.

Lorsqu'il existe encore une justice indépendante en mesure de fonctionner, c'est à elle qu'il incombe d'assurer une telle résistance. Lorsque toutes les institutions démocratiquement légitimes ont été mises à bas, c'est aux citoyens eux-mêmes de l'organiser.

➡ Page 294

POUR OU CONTRE

Des normes juridiques relatives ou universelles ?

– « Un citoyen ne peut enfreindre les règles de la communauté… » : nous n'avons pas là une norme juridique universelle, car cet énoncé peut aussi signifier que les droits fondamentaux de l'individu sont restreints. Toutefois, cet impératif aura valeur de loi dans de nombreuses cultures, par exemple dans les sociétés asiatiques très imprégnées de confucianisme, une philosophie morale qui insiste sur le respect des hiérarchies.

– « Les hommes et les femmes doivent être traités comme égaux en droit à tous égards » : voilà l'une des normes juridiques universelles acceptées par la plupart des pays, bien qu'elle soit foulée aux pieds dans de nombreux autres, par exemple dans ceux qui sont fortement influencés par l'islamisme.

– « Tout citoyen a le droit à un service universel de base assuré par l'État » : la question de savoir si nous avons là un droit fondamental universel est l'objet de controverses. À la gauche de l'échiquier politique, il s'agit d'une revendication jugée essentielle et qui, de fait, est appliquée dans les pays se réclamant de l'idéologie socialiste. Dans de nombreux pays occidentaux, il est également considéré que l'État se doit de fournir à ses citoyens un service universel de base, mais on n'y considère pas toujours qu'il s'agit d'un droit fondamental.

➡ Page 296

ÉNIGME PHILOSOPHIQUE

Le problème de l'intervention humanitaire

La légitimité des interventions militaires dans d'autres pays est l'objet de controverses pour le moins rudes. Il n'y a toutefois que très peu de monde pour considérer que ce type d'intervention devrait être absolument interdit. Pour l'opinion, il peut avoir des raisons d'être – lorsqu'il s'agit par exemple de lutter contre un régime comme l'Allemagne nazie, qui se rendit coupable d'un holocauste organisé. Dans la charte des Nations unies, les États se sont engagés à respecter certains droits fondamentaux. Lorsqu'un État bafoue systématiquement les droits de l'homme en ayant recours à une violence organisée contre une ou des parties de sa propre population, la question de l'intervention militaire se pose officiellement aux membres de l'organisation. Mais décider si la protection de la souveraineté d'un État doit primer sur les atteintes au droit qu'il commet ne peut se faire qu'au cas par cas.

1. Une intervention militaire au Rwanda en 1994 aurait ainsi été pleinement justifiée en raison du génocide qui s'y déroulait, et elle aurait vraisemblablement permis de sauver de nombreuses vies humaines.

2. Le conflit du Kosovo est un cas bien plus compliqué. L'intervention de l'OTAN fut alors menée sans mandat des Nations unies. Certes, une épuration ethnique organisée y avait alors cours, mais il n'y était pas commis de génocide. La communauté internationale, dans de nombreux cas similaires (comme au Soudan), avait choisi de ne pas intervenir.

3. La Corée du Nord est l'exemple même d'une dictature stalinienne prenant en otage sa propre population et faisant régner la terreur et la famine dans ses rangs. Il serait néanmoins difficile de justifier une intervention militaire dans ce pays tant que ne s'y déroule pas de génocide organisé ou qu'il n'agresse pas militairement un autre pays.

➡ Page 298

TEST DE LOGIQUE

La liberté de penser autrement

Si l'on veut convertir cette phrase en un syllogisme valable, la liberté doit alors être entendue au sens de « liberté pour tous » ou au sens de « liberté civile universelle ». Le syllogisme pourrait alors être le suivant : « Les libertés civiles inscrites dans la constitution valent pour tous les citoyens. Ceux qui pensent autrement doivent aussi être considérés comme des citoyens normaux, des citoyens comme les autres. En conséquence, les libertés civiles valent également pour ceux qui pensent autrement. »

➡ Page 299

POUR OU CONTRE

Liberté du citoyen contre droit étatique

1. « P., un exploitant agricole, refuse… » : un État a toujours des difficultés à accepter des citoyens comme P., dans la mesure où ils refusent de remplir des devoirs élémentaires comme celui de payer leurs impôts ou de scolariser leurs enfants. D'un autre côté, peut-on contraindre les citoyens à vivre dans un État ? Peut-être faudrait-il créer un territoire sur lequel ceux qui souhaitent ne reconnaître aucun État pourraient vivre « par leurs propres moyens »… Dans un pays libéral aussi immense que les États-Unis, les citoyens ont la possibilité de se retirer dans des sortes de niches géographiques. Et, de fait, ils sont assez nombreux à saisir cette opportunité.

2. « C., un artiste… » : certes, il existe des biens culturels nationaux qui font l'objet d'une protection étatique, mais ce sont en règle générale les trésors artistiques légués par le passé. Les œuvres d'un peintre contemporain, qui vit de son travail, n'en relèvent normalement pas. Pouvoir présenter ses œuvres à l'étranger, par exemple dans le cadre d'expositions, fait partie des droits fondamentaux dont peut se prévaloir tout citoyen. Des États comme la Chine l'interdisent à nombre de leurs artistes, et il s'agit là de décisions étatiques arbitraires et d'atteintes caractérisées aux droits des citoyens.

3. « Le citoyen B. reconnaît par principe… » : la plupart des États occidentaux libéraux où est instauré un service militaire reconnaissent à leurs citoyens un droit à l'objection de conscience. C'est un principe fondamental de l'État de droit libéral, fondé sur l'idée tout à fait essentielle que les droits du citoyen prévalent sur les intérêts de l'État. Certaines convictions religieuses se voient de ce fait même aussi protégées. Les membres de nombreuses communautés religieuses, comme les témoins de Jéhovah ou encore les juifs, bénéficient en Allemagne d'une exemption du service militaire. Les dictatures, généralement, ne reconnaissent pas un tel droit.

➡ Page 300

POUR OU CONTRE

Cannibalisme consentant

Le cannibalisme, en Allemagne comme en France, est frappé de tabou mais n'est pas un crime officiellement justiciable : autrement dit, il n'est pas l'objet de textes juridiques. Le « cannibale de Rotenburg » ne fut pas inculpé en raison des actes cannibales qu'il avait commis mais parce qu'il avait tué : il fut inculpé de meurtre. Mais peut-on parler de meurtre lorsque la personne tuée l'a été avec son plein assentiment ? La réponse est bien délicate.

Dans notre culture, le cannibalisme est envisagé avec dégoût et répugnance. Pourtant, il n'est pas si simple de trouver des raisons rationnelles contre cette pratique. Nous partons du principe que chacun peut disposer librement de son corps. Chacun peut, par exemple, refuser un traitement médical, s'exposer à des supplices physiques, ou se prostituer. Chacun peut décider d'être inciné ou enterré, ou encore de donner certains de ses organes après sa mort.

Quelqu'un qui choisit tout à fait librement d'être tué et dévoré par autrui prend donc une décision qui ne semble pas en contradiction fondamentale avec les dispositions habituelles du droit. Le problème, en l'espèce, réside bien plus dans la tradition culturelle qui interdit de se faire manger. La question consistant à savoir si l'État doit protéger l'intégrité physique d'une personne contre la volonté de cette dernière devrait plutôt se voir apporter une réponse négative. L'État n'est pas non plus obligé d'empêcher une personne de se tuer. Mais nous avons, avec le crime de Rotenburg, où quelqu'un s'offre de lui-même à la mise à mort, et en quelque sorte en pâture, un cas limite extrêmement délicat.

➡ Page 301

POUR OU CONTRE

La discrimination positive est-elle juste ?

La discrimination positive peut, sur le court terme, être injuste dans la mesure où elle conduit à ne pas toujours choisir le meilleur candidat mais une personne correspondant à un profil bien précis. Toutefois, sur le long terme, elle peut contribuer à instaurer une situation générale de plus grande justice ; en effet, l'expérience montre que les habitudes discriminantes présidant aux embauches (par exemple, le fait que très peu de femmes soient nommées à des positions de réel pouvoir) disparaissent rarement d'elles-mêmes.

➡ Page 304

ÉNIGME PHILOSOPHIQUE

Égalité et justice

La justice n'est pas toujours synonyme d'égalité, mais elle est un critère d'adéquation permettant de décider ce que l'on peut attendre moralement et juridiquement de quelqu'un. Elle peut inclure l'égalité, mais pas nécessairement.

– « Lorsque les citoyens ont l'obligation de faire leur service militaire… » : ici, l'égalité est synonyme de justice – ce qui signifie, par exemple, que les femmes devraient, elles aussi, effectuer le service militaire.

– « Tous les citoyens devraient bénéficier du droit de vote de la même manière » : là encore, égalité et justice vont main dans la main. Tout au plus pourrait-il exister des restrictions en fonction de l'âge.

– « Tous les citoyens devraient payer les mêmes impôts » : dans ce cas, égalité et justice prennent des chemins divergents. Ceux qui gagnent

plus doivent payer des impôts plus élevés que ceux qui gagnent moins – c'est là affaire de justice.
– « Tous les citoyens devraient toucher les mêmes revenus » : certes, il existe des mouvements politiques qui font de cette idée une exigence, mais il ne semble pas juste que celui qui travaille plus et mieux gagne la même chose que celui qui travaille moins et moins bien. Là encore, égalité et justice prennent des chemins divergents.

➡ Page 305
AVIS DE RECHERCHE
Le noir gaillard de Trêves
Karl Marx (1818-1883)

➡ Page 306
À VOUS DE JOUER !
Esquisse d'un État idéal
La plupart des utopies conçues tout au long de l'histoire se caractérisent par leur tendance à régir la vie du citoyen jusque dans les moindres détails et à vouloir instaurer le « bonheur » au moyen d'une administration et d'une organisation parfaites. Le citoyen, le plus souvent, ne s'y voit accorder qu'une faible marge de manœuvre. Nombre de ces esquisses, par exemple la cité idéale dans *La République* (v. 370 av. J.-C.) de Platon, ou *L'État commercial fermé* (1800) de Fichte, présentent ainsi, déjà, des traits totalitaires prononcés. La question se pose donc : l'État idéal est-il celui qui administre tout à la perfection ou celui qui garantit au citoyen un grand nombre de libertés ? L'État « idéal » devrait-il aussi laisser la liberté qu'on lui tourne le dos pour s'installer ailleurs ?

La question de la répartition de la propriété privée, dans ce type d'entreprise, est toujours particulièrement délicate. Chacun doit-il être le propriétaire de ce qu'il a acquis, ou de ce qu'il s'est approprié d'une manière ou d'une autre (que ce soit par le travail ou par le vol) ? Ou bien la propriété doit-elle être « répartie » ? Sont liées à ces questions d'autres encore : de quel degré d'autorité les organes étatiques peuvent-ils se prévaloir ? Quel est le périmètre de cette autorité ? Les citoyens pourraient-ils se passer d'État et vivre dans le cadre d'une association libre ? Le philosophe américain Robert Nozick a, par exemple, dans *Anarchie, État et utopie* (1974), plaidé en faveur d'un « mini-État », d'un État se contentant de protéger la propriété et les droits fondamentaux, et se gardant bien de s'immiscer dans la vie de ses citoyens.

Ceux-ci pourraient éventuellement s'épargner une bureaucratie judiciaire s'ils pouvaient toujours régler eux-mêmes leurs litiges. A-t-on donc besoin d'instances impartiales ?

Toutes ces réflexions devraient aider à mieux comprendre que l'État est une forme d'organisation conçue par l'homme, que celui-ci peut aussi façonner et transformer à l'aune de points de vue rationnels.

➡ Page 308
POUR OU CONTRE

De l'argent sans travailler ?

Gagner de l'argent n'implique pas forcément d'exercer un travail salarié classique, pourvu qu'aucune loi ne soit enfreinte. L'État touche d'ailleurs une partie de cet argent en taxant tous types de revenus, qu'ils soient empochés à une table de casino ou dans le cadre de spéculations boursières.

1. Ce jugement va à l'encontre d'un sentiment intuitif de justice. Mais cet homme aurait dû savoir que, tant qu'il n'était pas divorcé, il demeurait encore, avec sa femme, en vertu des liens du mariage, dans une communauté de droit et de biens, et qu'en conséquence tous les revenus touchés par l'un ou par l'autre, quels qu'ils fussent, devaient être répartis entre eux. Ce qu'il aurait dû faire, c'est jouer au seul nom de sa nouvelle compagne et, une fois le divorce officialisé, partager la somme avec celle-ci.

2. Il est parfaitement légitime que l'État impose les capitaux monétaires et pose aussi des limites à la spéculation monétaire. En revanche, une double imposition sur une même somme est problématique, y compris sur le plan juridique.

➡ Page 309

POUR OU CONTRE

Salaire minimum

Le salaire minimum n'est pas un droit fondamental mais une revendication politique : l'exiger, c'est exiger plus de justice au sein du monde du travail. Si le salaire minimum est très probablement gage d'une plus grande justice sur le lieu de travail, c'est aussi parce qu'il pose des limites au *dumping* salarial – une pratique qui consiste à jouer de salaires anormalement bas, de charges sociales extrêmement faibles ou encore de médiocres conditions de travail pour instaurer une situation de concurrence déloyale. Il doit en tout cas permettre à celui qui le touche de vivre avec. D'un autre côté, il importe qu'il soit adapté aux réalités économiques et calculé de telle manière qu'il ne remette pas en cause l'activité des petites entreprises. Si le salon de coiffure de Mme B devait fermer en raison de ces nouvelles dispositions sur le salaire minimum, et si des emplois devaient en conséquence être perdus, nous aurions là un résultat allant à rebours des intentions du législateur. Cela signifie que les petits employeurs devraient bénéficier d'une certaine marge de manœuvre en la matière.

CHAPITRE 9

Morale et bonheur

L'OBLIGATION D'AGIR MORALEMENT fait partie de notre éducation dès notre plus tendre enfance : pour les parents, pour l'école, pour la religion, pour la société – pour tous, il est très clair qu'un comportement moral s'impose, que celui qui agit moralement est meilleur que celui qui se comporte sans considération pour la morale. Et chacun sait aussi, d'une façon ou d'une autre, ce que l'on entend par agir moralement. Il est fréquemment fait référence à des directives religieuses – par exemple, aux Dix Commandements de la Bible ou aux règles, lois et conventions en vigueur depuis toujours.

Mais pourquoi, au juste, être moral ? La philosophie part du principe que de telles règles ne sont en rien naturelles et ne tombent pas plus du ciel. Elles ont été conçues par les hommes pour les hommes. Elles doivent pouvoir être examinées avec les armes de la raison. Là encore, il s'agit d'aller au fond des choses. Comme pour toutes les thématiques explorées par la philosophie, les questions se multiplient : les règles morales dépendent-elles de la culture ? Selon quels critères ont-elles été établies ? Existe-t-il une loi morale fondamentale susceptible de nous guider ? Quel sens la morale sert-elle ? Quel objectif : le bonheur, l'intérêt général ? À moins que la morale n'ait besoin d'aucun objectif particulier ?

Les spécialistes de philosophie morale savent aussi qu'il ne suffit pas d'apporter une justification à la morale. C'est que le diable réside toujours dans les détails, autrement dit dans la manière d'être et de faire au quotidien. Même si je sais ce que je dois faire idéalement, j'ignore encore comment il me faudra me comporter dans une situation concrète bien précise – surtout lorsque se présentent plusieurs actions possibles moralement acceptables mais contradictoires. Que l'on pense seulement aux conflits pouvant éclater lorsqu'il est question de maladie et de mort. Partout nous guettent des « chausse-trappes » morales, des dilemmes. C'est aussi à ces derniers que s'intéresse la philosophie morale.

Il est également clair que certaines choses n'ayant, à première vue, rien à voir avec la morale peuvent pourtant s'avérer en relever. La technique en est un exemple éminent – d'Internet à la génétique, en passant par l'armement atomique.

Chacun sent bien, intuitivement, que tout ce qui est techniquement possible n'est pas forcément justifiable sur le plan moral. À une époque où nous devenons toujours plus conscients de l'importance de l'environnement, nous avons à nous interroger sur les critères moraux qui devraient régir notre comportement non seulement vis-à-vis de la nature, mais aussi et surtout vis-à-vis des autres êtres vivants. Des philosophes de renom comme l'Australien Peter Singer (né en 1946) prennent ainsi fait et cause en faveur des animaux non humains qui, à leurs yeux, méritent d'être respectés, traités dignement. En 1999, la Nouvelle-Zélande a été le premier pays à reconnaître à ces animaux des droits spécifiques.

Avec le temps, les questionnements de la philosophie morale ont gagné en sophistication et en ampleur. Certains d'entre eux, que l'on assimilait auparavant à l'éthique et donc à la philosophie morale, ont d'ailleurs conquis une certaine autonomie par rapport à ces dernières. En relève, par exemple, la question de la « vie bonne ». Étroitement liée, à l'origine, à la question de la vie moralement vertueuse, elle a été entre-temps bien plus associée à l'idée d'une vie heureuse, accomplie et réussie. Ce que l'on nomme la « philosophie de l'art de vivre » se préoccupe d'une telle « vie réussie ». Parce que nous nous fions toujours moins aux autorités et aux traditions, et parce que l'individu a la possibilité de choisir entre une multitude de formes de vie, cette question de la « vie bonne » gagne sans cesse en importance.

Proposition descriptive, proposition normative

La distinction entre proposition descriptive et proposition normative joue un rôle important dans la métaéthique (voir dans ce chapitre « Concepts fondamentaux et courants de la philosophie morale », p. 333) mais aussi en logique et dans la philosophie du langage.

Pour le dire de façon concise : les *propositions descriptives* affirment que quelque chose « est » ; les *propositions normatives* affirment que quelque chose « doit être ». Avec les premières, est constaté un fait ; avec les secondes, est émise une exigence, une ferme invitation à réaliser quelque chose de bien précis. Par exemple : « La porte est d'une largeur de deux mètres » est une proposition descriptive ; « La porte doit être d'une largeur de deux mètres » est une proposition normative.

Il importe toutefois d'être prudent : les propositions descriptives ne se construisent pas toutes avec « est » (ou une autre conjugaison d'« être »), et les propositions normatives avec « devoir être ». Par exemple : « Les ours hibernent » est aussi une proposition descriptive, tandis que « Les ours méritent d'être protégés » dissimule une proposition normative. Il est en effet possible de reformuler ces deux phrases en y intégrant respectivement les verbes « être » et « devoir » : « C'est un fait que les ours hibernent » ; « Les ours devraient être une espèce protégée ».

Pourquoi cette distinction en apparence si triviale, sur laquelle un philosophe des Lumières, David Hume (1711-1776), avait déjà attiré l'attention, est-elle importante pour la philosophie ? Pour la simple et bonne raison que l'on peut, grâce à elle, distinguer deux grands domaines de la philosophie : la *philosophie théorique*, qui produit des propositions descriptives, des affirmations sur le monde et les hommes, et la *philosophie pratique*, qui produit des propositions normatives, des règles portant sur l'agir humain. D'autre part, cette distinction nous aide à analyser un certain type de déduction que l'on retrouve très fréquemment en éthique. En effet, on y déduit fréquemment une proposition normative – une règle – d'une proposition descriptive – de la constatation d'un fait. De nombreux philosophes désignent ce type de déduction sous le nom de paralogisme naturaliste. C'est le philosophe anglais George Edward Moore (1873-1958) qui, dans son œuvre *Principia Ethica* (1903), a forgé ce concept (voir le chap. 3, « Le paralogisme naturaliste », p. 122).

TEST DE LOGIQUE

Constat ou devoir ?

1. Soit quatre propositions :
– « Les chiens n'ont aucun accès à ce local ! » ;
– « Les chiens, dans ce local, n'ont aucune place pour s'étendre » ;
– « Une promesse à tenir est un devoir » ;
– « Il est souvent très difficile de tenir une promesse. »
➡ *Lesquelles de ces propositions sont descriptives, lesquelles normatives? Reformulez chacune d'elles de façon à clairement les distinguer.*

2. Soit deux autres propositions :
– « Parce que nous sommes partie intégrante de la nature, nous ne devons pas la détruire » ;
– « Si nous voulons appliquer à la lettre les directives des Nations unies sur le climat, nous devons réduire drastiquement nos émissions en dioxyde de carbone. »
➡ *Un paralogisme naturaliste se dissimule derrière l'une de ces deux propositions. Laquelle ?*

TEST DE LOGIQUE

« Bien » signifie-t-il toujours « bien » ?

Quand nous agissons moralement, nous agissons « bien ». Quand nous agissons ainsi avec constance, nous gagnons une bonne réputation, celle de quelqu'un de « bien ». L'adjectif « bien » a incontestablement une connotation positive. Mais a-t-il toujours le sens de « moralement bien » ? Désignons-nous toujours par lui une valeur morale ? À l'évidence, non. Lorsque je dis : « J'ai bien mangé aujourd'hui », l'énoncé en question comporte une appréciation qui n'est en rien de cette nature.

➡ *Examinez les propositions suivantes. Quelles sont celles où les mots « bien » ou « bon » revêtent une dimension morale ? Quand tel n'est pas le cas, quelle est leur signification ?*

– « Lorsque je peux aider quelqu'un, je me sens bien » ;
– « Ma devise est : chaque jour est un jour de bien ! » ;
– « Deux journées de libres dans la semaine, c'est bien ; c'est une bonne chose » ;
– « Ce qui est bien pour moi est aussi bien pour les autres » ;
– « De tout ce qu'il est possible de concevoir dans le monde, et même en général hors du monde, il n'est rien qui puisse sans restriction être tenu pour bon, si ce n'est seulement une *bonne volonté* » (Emmanuel Kant).

ÉNIGME PHILOSOPHIQUE

Pourquoi être moral ?

Les philosophes ont répondu de manières très différentes à cette question. Emmanuel Kant (1724-1804) considérait que la conscience qu'a l'homme d'être un être de raison l'amène à se soumettre à la loi morale en tant que traduction juridique de la raison. Arthur Schopenhauer (1788-1860) soutenait que la vie est synonyme de souffrance. Pour lui, tous les hommes (et, avec eux, tous les êtres vivants) sont profondément unis, ce qui nous amène à nous reconnaître dans la souffrance d'autrui et à faire preuve de pitié – pitié qui est à ses yeux la vertu morale fondamentale. Pour Friedrich Nietzsche (1844-1900), en revanche, il était clair qu'il ne fallait pas chercher l'origine de nos actions morales dans l'amour humain mais plutôt dans l'intérêt bien compris, et même dans une « volonté de puissance » bien dissimulée. Ce que nous appelons la morale, et qu'il appelle, lui, la « morale de l'esclave », est à ses yeux une entrave, un moyen pour les faibles de se protéger des plus forts et de les maîtriser.

> *La bouffe vient d'abord,*
>
> *la morale ensuite.*
>
> BERTOLT BRECHT

Les utilitaristes considèrent que le sens et l'objectif d'une action morale résident dans son utilité (du latin *utilitas* ; voir dans ce chapitre « Concepts fondamentaux et courants de la philosophie morale », p. 333). Pour eux, si nous devons nous en tenir aux règles morales, c'est au nom de l'intérêt général et donc aussi dans notre propre intérêt.

Mais que dire à celui qui se moque de savoir si tous les êtres vivants sont liés les uns aux autres, qui se moque de savoir si l'homme est un être de raison ou non, et qui ne s'intéresse pas plus à l'intérêt général ? Celui-là ne veut tout simplement pas entendre parler de morale.

➡ *Existe-t-il, afin de le convaincre, de meilleurs arguments que ceux déjà évoqués plus haut ?*

À VOUS DE JOUER !

Des règles morales de base

Imaginez que l'on vous envoie sur une île pour la gouverner – une île qui, à l'origine inhabitée, a été tout récemment peuplée de migrants de très diverses origines. Les hommes n'y respectent aucune règle morale. Tout y est permis ; chacun se méfie d'autrui ; y règne le droit du plus fort et chacun y redoute d'être la cible d'actes violents.

Vous devez y introduire, en guise de premières mesures, un certain nombre de règles morales de base susceptibles de recevoir l'assentiment de tous, ou presque.

➡ *Établissez une petite liste de ces règles de base que vous introduiriez afin de normaliser la vie sur cette île.*

POUR OU CONTRE

La morale est-elle une question sociale ?

Moha est un jeune Somalien qui a perdu ses parents au cours de la guerre civile qui a ravagé son pays. Il vit dans un camp, sans espoir de suivre une formation, de trouver un jour un travail, et sans même savoir ce que peut bien signifier une vie digne d'un être humain. S'il avait de l'argent, Moha pourrait rémunérer un passeur qui lui permettrait de fuir pour l'Europe.

➡ *Serait-il moralement justifié que Moha, dans sa situation, se procure illégalement de l'argent ?*

➡ *Peut-il s'en remettre aux machinations d'un passeur ?*

➡ *Avancez des arguments plaidant en faveur de chacune des réponses possibles à ces questions !*

AVIS DE RECHERCHE

On recherche le prophète négateur de la morale

Dans sa jeunesse, il se vit inculquer de sévères principes moraux et chrétiens : ce fils de pasteur protestant avait alors une réputation d'excellent élève et même de fayot, et ce n'est pas tout à fait à tort qu'il reçut le sobriquet de « professeur ». Mais, lorsqu'il devint effectivement professeur à l'âge de 26 ans, il se lança dans un long combat philosophique (qui devait durer des décennies) contre la morale chrétienne, qu'il présentait comme une « morale d'esclave ». À ses yeux, elle n'était qu'un moyen pour les faibles et les ratés de dominer les forts, ceux qui étaient pleins de vie, et de leur tenir la bride. Son regard portait « par-delà le bien et le mal ». Il tourna très vite le dos à l'université, et les intellectuels de son temps le considéraient en fronçant les sourcils.

Dans un style de prophète, il prêcha dès lors l'avènement d'un homme nouveau, d'un homme fort, le « surhomme », qu'aucune « morale d'esclave » ne viendrait plus entraver. Lui-même était bien éloigné d'un tel idéal. Souffreteux sa vie durant, il fut victime à l'âge de 44 ans d'un terrible effondrement psychique.

➡ *De qui s'agit-il?*

Concepts fondamentaux et courants de la philosophie morale

La philosophie pratique. Elle traite des règles ou des normes régissant l'agir humain et a donc affaire aux propositions normatives. En relèvent l'éthique, la philosophie politique, la philosophie du droit, mais aussi la philosophie de l'art de vivre.

L'éthique, ou la philosophie morale. L'éthique fait partie intégrante de la philosophie pratique. Cette discipline philosophique se consacre à la justification des normes morales et à l'étude de leurs conditions d'application. L'« éthique », au sens philosophique du terme, est synonyme de « philosophie morale ».

La philosophie de l'art de vivre. La philosophie de l'art de vivre et donc la doctrine de la vie bonne, heureuse et réussie (voir p. 91 et dans ce chapitre « La vie bonne », p. 346), étaient, dans l'Antiquité et au Moyen Âge, identifiées à l'éthique : en effet, on assimilait alors la vie heureuse à la vie moralement bonne. Mais, depuis, la plupart des philosophes séparent les deux domaines : alors que l'éthique se préoccupe des règles devant régir la cohabitation humaine, la philosophie de l'art de vivre s'intéresse surtout à la manière de réussir sa vie, à la manière qu'a l'individu de se façonner une existence réussie.

Éthique normative, éthique pratique ou appliquée, métaéthique. L'« éthique normative » se consacre aux principes et aux questions de justification. Elle se demande quel peut bien être le critère le plus élevé de l'agir moral, quel principe est à son fondement même. L'« éthique pratique ou appliquée », elle, se demande quelles normes morales peuvent être appliquées dans une situation bien déterminée et se pose la question des modalités d'une telle application. Par exemple : l'interdiction de mentir vaut-elle encore sous la torture ? L'interdiction de violenter autrui peut-elle être invoquée contre l'interruption volontaire de grossesse ? Quant à la « métaéthique », elle se charge d'analyser les expressions langagières que nous utilisons lorsque nous traitons « de » la morale (du grec *meta*, « sur, de ») ou lorsque nous formulons des règles morales. Elle fait donc, elle aussi, partie intégrante de la philosophie du langage.

Deux types d'éthique normative : les éthiques déontologique et téléologique. L'« éthique déontologique » est aussi appelée « éthique du devoir » (du grec *to deon*, « le devoir »). Elle postule qu'il nous faut respecter des règles morales, et ce, indépendamment de la question des conséquences de nos actes à brève ou longue échéance. Agir moralement ne dépend pas de réflexions rationnelles circonstanciées ou de l'objectif que l'on s'est fixé : c'est tout simplement un devoir. Emmanuel Kant (1724-1804) est le représentant le plus éminent de l'éthique déontologique. Pour lui, l'« impératif catégorique » est ce critère à l'aune duquel je respecte – ou non – par devoir telles ou telles règles, réalise – ou non – par devoir telle ou telle action.

Pour les tenants de l'« éthique téléologique », une action est morale lorsqu'elle a une conséquence voulue bien précise ou lorsqu'elle vise un objectif bien précis (du grec *telos*, « but »). Que l'objectif visé soit synonyme de « bonheur », et l'éthique téléologique prend alors le nom d'« eudémonisme » (du grec *eudaimonia*, « bonheur »). Que l'objectif visé soit synonyme de joie et de plaisir, et l'éthique téléologique prend dès lors le nom d'« hédonisme » (du grec *hedone*, « plaisir », « joie »). Dans l'Antiquité, l'eudémonisme était la théorie éthique qui prédominait. Elle ne prônait absolument en rien une « ivresse de bonheur » de courte durée ; bien au contraire, la recherche du bonheur était une quête de longue haleine, celle d'une vie, et seul l'usage de la raison permettait de l'atteindre. Aristote (384-322 av. J.-C.) fut un des représentants de cette éthique. Quant à l'hédonisme, il joue encore aujourd'hui un rôle important dans la philosophie de l'art de vivre. Le représentant le plus connu de l'hédonisme aux temps antiques était Épicure (341-271 av. J.-C.).

Dès lors qu'il est question de réaliser un profit quelconque, c'est une forme ou une autre d'« utilitarisme » (du latin *utilitas*, « utilité ») qui entre en jeu. Par « profit », les utilitaristes entendent très souvent le profit de la société dans son ensemble, et donc l'intérêt général. On compte deux grandes variantes de l'utilitarisme : l'utilitarisme « de l'acte » et l'utilitarisme « de la règle ». Pour le premier, le profit réside dans le résultat de chaque acte isolé. Pour le second, le profit se constitue sur le long terme : il se constate dès lors que nous nous conformons régulièrement et constamment aux règles morales. L'utilitarisme s'est surtout imposé dans les pays anglophones comme la forme prédominante de l'éthique normative. Ses représentants classiques sont Jeremy Bentham (1748-1832) et John Stuart Mill (1806-1873).

L'« égoïsme éthique » est une forme extrême de l'éthique téléologique. Pour ses tenants, ce qui est moral, c'est ce qui sert l'intérêt personnel. Au XIXe siècle, l'égoïsme éthique fut représenté dans une forme radicale par Max Stirner (1806-1856 ; « Pour moi, il n'est rien au-dessus de Moi »). Au XXe siècle, l'Américaine Ayn Rand (1905-1982) a défendu une combinaison d'égoïsme éthique et d'eudémonisme : elle considérait que l'intérêt personnel bien compris conduit au bonheur personnel et sert également autrui.

L'impératif catégorique

C'est à Emmanuel Kant (1724-1804) que nous devons l'idée d'« impératif catégorique ». Nous avons avec lui une boussole qui guide notre action morale. L'impératif catégorique ne nous dit pas concrètement ce que nous devons faire, mais il nous offre un critère qui nous permet de vérifier si ce que nous faisons est compatible ou non avec la morale.

Le mot « impératif » est synonyme d'exigence, de règle ou de loi – dans tous les cas, de « devoir » (voir dans ce chapitre « Proposition descriptive, proposition normative », p. 327). L'adjectif « catégorique » signifie que cette règle vaut de façon inconditionnelle, c'est-à-dire sans condition ni exception, toujours et partout, sans la moindre restriction. Elle ne vise aucun objectif précis.

Kant lui-même formula plusieurs versions de l'impératif catégorique. La plus connue est : « Agis seulement d'après la maxime grâce à laquelle tu peux vouloir en même temps qu'elle devienne une loi universelle. »

Par « maxime », Kant entend une règle que j'ai établie à ma propre intention et qui ne vaut que pour moi.

Pour qu'une maxime s'avère compatible avec l'impératif catégorique, il faut démontrer qu'elle est une loi universelle ; il lui faut être « universalisable », c'est-à-dire être telle que je puisse vouloir que *tous* les hommes l'adoptent comme maxime. Par exemple : Thomas s'est donné pour maxime de ne payer qu'une fois sur deux tout trajet de métro. Peut-il vouloir en même temps que cette maxime devienne une loi universelle ? Pas vraiment. En effet, cela impliquerait une rupture du contrat passé entre les transports publics et leurs usagers – une prestation de service contre un titre de transport –, et cela contribuerait donc à fragiliser la validité des règles morales. La boussole de l'impératif catégorique oscille vers le négatif : autrement dit, elle indique que l'examen d'aptitude moral n'a pas été réussi. Ce qu'exige ici de ma part l'impératif catégorique, c'est de voyager avec un titre de transport.

Deux choses remplissent le cœur
d'une admiration
et d'une vénération toujours
nouvelles et toujours croissantes,
à mesure que la réflexion
s'y attache et s'y applique :
le ciel étoilé au-dessus de moi
et la loi morale en moi.
EMMANUEL KANT

TEST DE LOGIQUE

Le test de l'impératif catégorique

➡ *Parmi les règles suivantes, lesquelles sont compatibles avec l'impératif catégorique ? Lesquelles ne le sont pas ?*

– « On a le droit de conserver les objets trouvés de faible valeur » ;

– « Il faut toujours dire la vérité à une personne atteinte d'une maladie incurable qui s'enquiert de son état » ;

– « Le dimanche, tout le monde doit mettre ses habits de cérémonie » ;

– « Je suis obligé de venir en aide à toute personne en détresse. »

➡ *Quelle est la différence et quels sont les points communs entre l'impératif catégorique et ce principe que l'on considère comme une « règle d'or » : « Ce que tu ne veux pas que l'on te fasse, ne l'inflige pas à autrui » ?*

➡ *Examinez aussi les énoncés énumérés ci-dessus à l'aune de la « règle d'or ».*

Vertu et éthique de la vertu

La vertu est une qualité positive du caractère ou une faculté sociale positive. Alors que l'éthique moderne s'intéresse avant tout aux règles morales et à leur justification, l'éthique de l'Antiquité était une éthique de la vertu. Une vie bonne sur le plan moral était alors synonyme de « vie vertueuse » ; pour le dire de façon plus exacte : l'éthique décrivait une forme de vie qui se caractérisait par l'exercice de vertus bien précises. Pour Platon (427-347 av. J.-C.), les vertus cardinales, c'est-à-dire les vertus les plus importantes, étaient : la force d'âme (c'est-à-dire la bravoure), la justice, la tempérance (ou mesure), et la sagesse (ou prudence). Ces « quatre vertus » ont forgé l'éthique antique entière.

Aristote (384-322 av. J.-C.) distinguait entre les vertus sociales définies par la prudence, qu'il appelait vertus éthiques ou vertus du caractère, et les vertus définies par la sagesse, baptisées vertus du savoir, vertus intellectuelles, ou encore « dianoétiques ».

La pensée du Moyen Âge, fortement marquée par la théologie chrétienne, ajouta aux quatre vertus cardinales mondaines trois vertus cardinales chrétiennes : la foi, l'espérance et la charité.

Avec Emmanuel Kant (1724-1804), l'éthique normative (voir dans ce chapitre « Concepts fondamentaux et courants de la philosophie morale », p. 333) prit définitivement le dessus sur l'éthique de la vertu. À ses yeux, une seule qualité du caractère comptait véritablement en matière de morale : la bonne volonté.

L'éthique de la vertu fut ainsi longtemps reléguée à l'arrière-plan. Aujourd'hui, de nombreuses vertus ou qualités tenues pour telles, comme la « discipline » ou l'« application », sont présentées comme des « vertus secondaires » au motif qu'elles n'ont rien à voir avec la morale mais constituent plutôt des techniques de réussite permettant d'atteindre tous les objectifs possibles et imaginables.

Le communautarisme, qui est l'un des courants les plus importants de la philosophie morale contemporaine, souligne toutefois, en en appelant à Aristote, l'importance des vertus. Déterminer les vertus dont nous avons besoin dépend ensuite des valeurs que nous entendons mettre en application, concrétiser. L'Américain Michael Sandel (né en 1953) est l'un des représentants les plus importants du communautarisme.

POUR OU CONTRE

Toutes les vertus sont-elles morales ?

Examinez ces qualités, considérées d'ordinaire comme des vertus : la promptitude à venir en aide – l'amour de l'ordre – l'application – l'amour des animaux – la bravoure – la faculté d'empathie.

➡ *Avancez pour chacune d'elles des arguments démontrant en quoi elles sont ou non morales.*

POUR OU CONTRE

L'identité sexuelle est-elle une question morale ?

Les hommes ont des orientations sexuelles différentes : beaucoup sont hétérosexuels – autrement dit, ils recherchent pour partenaire une personne de l'autre sexe ; certains sont homosexuels – et recherchent alors pour partenaire une personne du même sexe ; d'autres encore sont bisexuels – ils recherchent pour partenaire tout aussi bien une personne du même sexe qu'une de sexe différent.

➡ *Prenez position au sujet des affirmations suivantes. Laquelle vous convainc le plus ? Et pourquoi ?*

– « L'homosexualité est immorale car Dieu a voulu que l'homme épouse la femme » ;
– « L'homosexualité est immorale parce qu'elle n'est pas naturelle » ;
– « L'homosexualité, comme la sexualité, n'est ni bonne ni mauvaise. Elle n'a absolument rien à voir avec la morale car il n'est question avec elle que de penchant naturel. La question de la cohabitation entre les hommes n'est là en rien concernée » ;
– « L'homosexualité enfreint la loi morale » ;
– « La pratique libre de l'homosexualité, comme la pratique de n'importe quelle autre orientation sexuelle, est compatible avec l'impératif catégorique. »

POUR OU CONTRE

Qui peut se prévaloir de la qualité d'être moral ?

➡ *Parmi les qualités suivantes, lesquelles devraient permettre à un être vivant d'être considéré comme un être moral ?*

– Être un homme au sens biologique du terme ;
– Se montrer, dans une certaine mesure, capable de raison et d'une conscience propre ;
– Se montrer, dans une certaine mesure, capable de souffrir ;
– Être ou bien un animal ou bien un homme ;
– Être un organisme.

Morale et écologie

Dans l'Antiquité, la « nature » était encore une notion extrêmement englobante : elle recouvrait le cosmos entier, l'homme tout autant que son environnement. Avec les Temps modernes, on se mit à opposer l'homme au reste de la nature (et donc à son environnement organique et non organique). Se posa alors à nouveaux frais la question du rapport de l'un et l'autre. Depuis, dans la culture occidentale en particulier, les hommes ont toujours envisagé la nature comme une ressource susceptible d'être travaillée et exploitée, ou comme une puissance qu'il importe de maîtriser.

Il fallut du temps pour que la philosophie se penche sur les questions d'une « éthique écologique », dont relève aussi, lorsqu'on l'envisage dans une acception élargie, le rapport de l'homme à l'animal. Mais une fois reconnue la responsabilité morale de l'homme à l'égard de l'environnement, le rapport à la nature n'en reste pas moins l'objet de jugements très différents.

Pour Arthur Schopenhauer (1788-1860), qui fut très influencé par le bouddhisme et l'hindouisme, tous les êtres vivants, l'homme et la nature dans son ensemble sont liés jusqu'à former un tout. Schopenhauer est considéré comme un précurseur de la protection animale et d'une éthique écologique.

L'utilitariste John Stuart Mill (1806-1873) considérait lui aussi qu'il est de notre devoir moral de cultiver et d'améliorer non seulement notre propre personne et l'humanité, mais aussi la nature.

Le théologien et philosophe Albert Schweitzer (1875-1965) écrivit un jour les lignes suivantes : « Un homme n'est réellement éthique que lorsqu'il obéit au devoir impérieux d'apporter son assistance à toute vie en ayant besoin, et craint de lui être dommageable. Il ne se demande pas dans quelle mesure telle ou telle vie mérite la sympathie par sa valeur propre ni jusqu'à quel point elle est douée de sensibilité. C'est la vie en tant que telle qui est sacrée pour lui. Il n'arrache pas étourdiment des feuilles aux arbres ni des fleurs à leur tige et fait attention de ne pas écraser inutilement des insectes. »

Le philosophe australien Peter Singer (né en 1946), quant à lui, se démène pour que les animaux les plus évolués, les primates par exemple, qui montrent une certaine conscience d'eux-mêmes et s'avèrent ainsi capables de souffrir, soient respectés, traités avec dignité et non comme de vulgaires objets.

POUR OU CONTRE

Quelle attitude envers la nature se justifie moralement ?

➡ *Avancez des arguments en faveur des thèses de John Stuart Mill et d'autres en faveur de celles d'Albert Schweitzer.*

➡ *Comparez la position défendue par Albert Schweitzer avec celle de Peter Singer. Qu'impliquent leurs positions quant à l'attitude à adopter d'une part à l'égard des animaux, d'autre part au sujet de l'euthanasie ?*

➡ *Lesquelles de ces interventions dans la nature tenez-vous pour justifiables ?*

– la modification génétique des plantes afin que des bénéfices plus grands puissent être dégagés ;

– les expériences animales à fins médicales portant sur de petits animaux (comme les rats) ;

– la tonte des moutons afin d'obtenir de la laine ;

– l'abattage des forêts équatoriales afin de dégager des matières premières ?

AVIS DE RECHERCHE

On recherche le briseur de tabous

Ses parents avaient dû fuir l'Holocauste, quitter l'Autriche pour l'Australie, où il naquit. Plus tard, alors qu'il était déjà un philosophe renommé et qu'il enseignait dans l'une des universités les plus prestigieuses du monde occidental, on lui reprocha en Allemagne de développer des thèses ayant certaines accointances avec celles des nazis. Et de fait, il s'était colleté à un sujet brûlant jusqu'alors négligé : la question des conditions que doit remplir un être vivant afin d'être respecté, considéré de façon morale.

Il tenta de répondre à cette question sans craindre de briser des tabous. En effet, il partit du principe que prétendre au respect, à un traitement moral, ne saurait être l'apanage de l'homme. Il affirma ainsi que nous devrions reconnaître à certains animaux développés un tel droit. Thèse plus révolutionnaire encore, il affirma qu'en revanche tous les hommes ne peuvent s'en prévaloir : à ses yeux, en effet, seules le peuvent les « personnes », c'est-à-dire les êtres ayant atteint un certain niveau de développement, et donc capables d'éprouver la souffrance et de montrer une certaine conscience d'eux-mêmes.

Ses adversaires l'accusèrent de prôner une nouvelle forme d'« euthanasie ». Cela dit, toutes ces attaques n'en purent mais : il devint, avec ses thèses aussi solides que provocantes, l'un des représentants les plus éminents et respectés de l'éthique pratique.

➡ *De qui s'agit-il?*

POUR OU CONTRE

S'il existe des droits, existe-t-il aussi des devoirs ?

Soit la proposition : « Qui a des droits moraux a aussi des devoirs moraux. »

➡ *Qu'en pensez-vous ? Avancez des arguments la défendant et d'autres la réfutant !*

➡ *Quelles seraient les conséquences de cette proposition pour l'appréciation morale des animaux et des autres êtres vivants non humains ?*

POUR OU CONTRE

Devoir et pouvoir vivre ou mourir

Le droit à l'intégrité physique est un droit fondamental. En conséquence, les médecins sont contraints de maintenir leurs patients en vie. D'un autre côté, chacun a le droit de disposer de son propre corps. A-t-il donc aussi le droit de choisir de mourir ? Examinez les deux cas suivants.

1. L'écrivain Wolfgang Herrndorf savait, bien avant sa mort, depuis des années, qu'il souffrait d'une tumeur au cerveau incurable. Il annonça à son entourage qu'il déciderait lui-même du moment de sa mort, dès que sa maladie deviendrait insupportable. Herrndorf s'ôta la vie au mois d'août 2013, à Berlin.

➡ *L'attitude de Herrndorf vous semble-t-elle justifiée sur le plan moral ?*

2. Mme P, qui est alitée, nécessite depuis dix ans des soins constants. Elle souffre d'un cancer qui est parvenu à son stade terminal et reçoit des piqûres de morphine. Elle n'est plus en mesure de s'exprimer sur son état ni de faire part de quelconques *desiderata*.

➡ *Un médecin devrait-il, dans un tel cas, pouvoir opter pour l'euthanasie ?*

Bonheur, morale, sagesse, prudence

Nous avons là quatre notions qui ont joué un grand rôle dans l'histoire de l'éthique. Toutes sont liées à la question : comment vivre de façon juste ?

C'est surtout l'éthique antique qui a instauré un rapport étroit entre elles. L'action morale était alors synonyme d'action vertueuse (voir dans ce chapitre « Vertu et éthique de la vertu », p. 337), et elle conduisait au bonheur. La plupart des philosophes antiques défendaient dans le même temps une éthique de la vertu et une eudémonologie (voir aussi dans ce chapitre « Concepts fondamentaux et courants de la philosophie morale », p. 333). La sagesse (*sophia*) et la prudence (*phronèsis*) étaient par moments placées sur un pied d'égalité et faisaient partie des vertus cardinales. Vivre en sage était l'idéal de la philosophie morale antique. Depuis Aristote (384-322 av. J.-C.), sagesse et prudence sont distinguées : la seconde est devenue une vertu plus pratique, plus « pragmatique ». Elle aide à prendre la décision juste dans une situation déterminée. En revanche, la première est désormais liée à une forme de vie plus contemplative, plus tournée vers le savoir.

Il existe encore aujourd'hui des philosophes qui discernent un rapport étroit entre morale et bonheur, particulièrement lorsqu'on entend par ce dernier l'intérêt général d'une société. En font par exemple partie les utilitaristes. Mais pour d'autres, et notamment pour les représentants d'une éthique déontologique ou d'une éthique du devoir, il s'agit là d'affaires entièrement différentes (voir dans ce chapitre « Concepts fondamentaux et courants de la philosophie morale », p. 333). Comme de nombreux philosophes, les tenants d'une telle éthique soutiennent que l'homme moral n'a pas forcément à être un homme heureux, et que l'homme heureux n'a pas forcément à être un homme moral. Ils opèrent aussi une distinction très nette entre les règles de prudence et les règles morales.

La philosophie de l'art de vivre, où il n'est plus question en premier lieu de l'agir moral mais d'une « vie réussie », accorde, elle, à nouveau une place centrale à la prudence et au bonheur.

Les représentations du bonheur en philosophie

Dans l'Antiquité. Pour un grand nombre de philosophes de l'Antiquité, une vie moralement vertueuse et une vie heureuse étaient une seule et même chose. Mais ce bonheur était étroitement lié à la raison : l'homme s'intégrait consciemment, naturellement, à l'ordre rationnel du cosmos. Sur le plan pratique, le bonheur était identifié à l'activité humaine, qui donnait à la raison la possibilité de s'exprimer de la façon la plus évidente – dans la contemplation philosophique, la réflexion sur le monde exempte de toute visée utilitariste. L'hédonisme défendu par Épicure (341-271 av. J.-C.), qui identifiait le bonheur à la joie et au plaisir, entendait aussi par bonheur une vie menée en raison, un rapport aux biens de ce monde et aux plaisirs sensuels fait de raison.

Au Moyen Âge. La philosophie médiévale n'associait pas seulement à la foi chrétienne la raison ; elle y associait aussi le bonheur. Augustin (354-430), Père de l'Église, considérait que le véritable bonheur n'était pas à chercher dans les très fugaces plaisirs terrestres mais dans les noces célestes avec Dieu.

Lumières et modernité. Emmanuel Kant (1724-1804) fut celui qui expulsa le bonheur de la philosophie morale. Pour lui, la conscience morale est intrinsèquement liée à la compréhension que l'homme se fait de lui-même comme être de raison capable de s'élever au-dessus de ses penchants. Le bonheur, par contre, se résume à ses yeux à la satisfaction des penchants humains.

En revanche, Jeremy Bentham (1748-1832), le fondateur de l'utilitarisme (voir dans ce chapitre « Concepts fondamentaux et courants de la philosophie morale », p. 333), resta attaché à l'idée de bonheur, la considérant comme le point de départ et l'objectif final de toute morale. L'action humaine devait d'après lui poursuivre l'intérêt général, et les vertus être évaluées à l'aune du « nombre des individus dont [un homme] recherche le bonheur, c'est-à-dire la plus grande intensité et la plus grande quantité de bonheur pour chacun d'eux ». Les idées de

« bonheur », de « gain », d'« intérêt », de « joie », de « bien » signifiaient selon lui une seule et même chose. John Stuart Mill (1806-1873), le deuxième grand représentant de l'utilitarisme, s'intéressait quant à lui à un bonheur plus élevé sur le plan qualitatif, un bonheur satisfaisant aussi les prédispositions spirituelles et intellectuelles de l'homme.

Arthur Schopenhauer (1788-1860), en revanche, ne croyait pas en l'existence d'un bonheur positif. Pour lui, le bonheur n'était que l'absence de souffrance.

Au XXe siècle, des philosophes marxistes comme Ernst Bloch (1885-1977) se sont attachés à défendre l'utopie d'un bonheur social, d'une société sans classes et satisfaisant aux besoins de tous les hommes. Mais l'idée que nous nous faisons du bonheur concret s'est de plus en plus « individualisée », variant selon les désirs et besoins de chacun.

La vie bonne

La « vie bonne » fut l'un des concepts centraux de l'éthique antique. On entendait alors par là à la fois la vie moralement vertueuse et la vie heureuse, sans distinguer l'une de l'autre. Lorsque la philosophie se consacra de façon plus intensive à la question de l'éthique normative, et donc à la question de la justification des normes morales, le concept de vie bonne perdit de son importance. Il l'a regagnée en partie aujourd'hui, la philosophie de l'art de vivre accordant une place centrale à l'idée de « vie réussie », et assimilant cette idée-là à celle de « vie bonne ».

ÉNIGME PHILOSOPHIQUE

Bonheur ou morale ?

Considérez les deux cas suivants, où bonheur et morale entrent en conflit, et départagez-les dans les deux cas.

1. S. trouve dans un grand magasin une mallette contenant 10 000 euros. C'est exactement la somme qui lui manque pour pouvoir ouvrir un petit café et réaliser ainsi le rêve de sa vie. Pourquoi lui faudrait-il renoncer à l'argent ? Pourquoi devrait-il le conserver ?

2. P. et K., qui étaient mariés depuis dix ans, sont sur le point de se séparer. Ils ont cessé d'être heureux ensemble et sont d'accord pour dire qu'une séparation est la seule issue susceptible de leur permettre de mener à nouveau, à l'avenir, une vie heureuse. Mais P. et K. ont deux jeunes enfants qui ont tous deux besoin de leurs parents et qui s'opposent à cette séparation. Les enfants affirment qu'elle les rendrait très malheureux. Les parents doivent-ils se séparer, y compris contre la volonté de leurs enfants ?

➡ *Que décideraient dans ces deux cas un tenant de l'impératif catégorique, un utilitariste et un hédoniste ?*

Les moralistes

Aucune notion philosophique n'est aussi fréquemment mécomprise que celle de « moraliste ». Qui juge toute chose sous un angle moral est fréquemment désigné comme tel. Pourtant, ce mot revêt une tout autre signification : un moraliste relève de la tradition de la « moralistique ». Et celle-ci n'a pas trait à la morale mais aux « mœurs », aux coutumes et aux rapports sociaux. Proche en cela des doctrines de la prudence et du bonheur de l'éthique antique (voir dans ce chapitre « Bonheur, morale, sagesse, prudence », p. 344), la moralistique s'intéresse au comportement approprié à adopter dans un contexte social bien précis. En ce sens, le moraliste observe l'homme dans son comportement type et déduit de ses observations des « règles de prudence mondaine ».

Les moralistes ne sont donc ni des théoriciens de la vertu ni des praticiens de la philosophie morale, mais empruntent à diverses disciplines : à l'anthropologie, à la sociologie (utilisons ce terme bien que cette discipline n'existait pas encore à l'époque des premiers moralistes), ainsi qu'à la philosophie, puisqu'il est permis de les présenter aussi comme des théoriciens de la prudence. Ils s'expriment toujours dans une forme littéraire raffinée, écrivent des aphorismes, des essais ou des esquisses de portraits. La moralistique est surtout répandue dans les pays latins et elle connut son apogée en France aux XVIIe et XVIIIe siècles. L'un de ses représentants les plus éminents est François de La Rochefoucauld (1613-1680), auteur des célèbres *Maximes et réflexions* (1665).

ÉNIGME PHILOSOPHIQUE

La morale peut-elle me nuire ?

On trouve dans les *Réflexions ou sentences et maximes morales* de La Rochefoucauld la phrase suivante : « L'intention de ne jamais tromper nous expose à être souvent trompés. »

➡ *Si cette proposition est juste, quelles conséquences en tirer ? Divergent-elles selon que je privilégie la morale ou la prudence ? Si oui, pourquoi ?*

Solutions, arguments et idées

Morale et bonheur

➡ Page 328

TEST DE LOGIQUE

Constat ou devoir ?

1. Distinguez propositions descriptives et normatives :

– « Les chiens n'ont aucun accès à ce local ! » : proposition normative adoptant la forme d'une directive ;

– « Les chiens, dans ce local, n'ont aucune place pour s'étendre » : proposition descriptive ;

– « Une promesse à tenir est un devoir » : proposition normative ;

– « Il est souvent très difficile de tenir une promesse » : proposition descriptive.

2. Repérez le paralogisme naturaliste :

– « Parce que nous sommes partie intégrante de la nature… » : nous avons là un paralogisme naturaliste. On ne peut déduire la moindre exigence morale ou juridique du fait de notre appartenance à la nature.

– « Si nous voulons appliquer à la lettre les directives des Nations unies sur le climat… » : pas de paralogisme naturaliste.

➡ Page 329

TEST DE LOGIQUE

« Bien » signifie-t-il toujours « bien » ?

Le mot « bien » peut signifier autre chose que « conforme à la morale » et exprimer des types d'évaluation positive très divers.

– « Lorsque je peux aider quelqu'un, je me sens bien » : « se sentir bien » signifie simplement se sentir à l'aise ; nous n'avons là aucune dimension morale.

– « Ma devise est : chaque jour est un jour de bien ! » : un « jour de bien » est un jour où l'on fait acte de bonté (où l'on aide, par exemple, une dame âgée à faire ses courses) ; la dimension morale est en l'espèce évidente.

– « Deux journées de libres dans la semaine, c'est bien ; c'est une bonne chose » : la formule « c'est bien » vient saluer une meilleure qualité de vie, le fait que l'on dispose d'un peu plus de temps libre – une bonne chose pour la santé, notamment ; le terme ne revêt ici aucune dimension morale.

– « Ce qui est bien pour moi est aussi bien pour les autres » : cette phrase peut revêtir une dimension morale mais pas nécessairement. « Bien » peut tout autant signifier « utile ». Si l'on est un utilitariste et que l'on définit la « morale » par l'« utilité », alors on considérera que cette phrase revêt une dimension morale.

– « De tout ce qu'il est possible de concevoir dans le monde, et même en général hors du monde, il n'est rien qui puisse sans restriction être tenu pour bon, si ce n'est seulement une *bonne volonté* » : dans cette célèbre phrase tirée des *Fondements de la métaphysique des mœurs* (1785), Emmanuel Kant considère qu'il n'y a bonne volonté que lorsqu'il y a « bonne volonté morale ». Pour Kant, la volonté n'est « bonne » que lorsqu'elle est bonne « en soi », c'est-à-dire lorsqu'elle ne vise aucun objectif particulier ni ne revêt une quelconque dimension utilitariste.

➡ Page 329

ÉNIGME PHILOSOPHIQUE

Pourquoi être moral ?

Lorsqu'on part du principe que les normes morales ne sont ni « données » (au sens où Dieu a « donné » à Moïse les Dix Commandements sur une table) ni innées, mais qu'elles doivent être fondées, faire l'objet d'un accord et être reconnues, alors on ne peut en définitive contraindre personne à reconnaître des normes morales. On pourra évoquer auprès de quelqu'un de bonnes raisons de consentir à des normes morales, lui dire, par exemple, que celui qui refuse toute moralité se met de lui-même au ban de la communauté humaine, qu'il est impossible dans ces conditions d'avoir des relations sociales fondées sur la confiance, et que celui qui se comporte ainsi ne saurait lui-même prétendre à être traité par les autres de façon morale. Mais, encore une fois, on ne peut obliger qui que ce soit à consentir aux normes morales, à les approuver. D'ailleurs, une telle approbation ne revêt normalement pas un quelconque caractère formel : c'est en s'intégrant quotidiennement, en pratique, à une communauté humaine que l'on fait acte d'approbation.

➡ Page 331

À VOUS DE JOUER !

Des règles morales de base

Toutes les normes et règles morales ne sont pas de même importance. La norme de l'égalité – selon laquelle toutes les règles morales valent pour tous de la même façon – est à coup sûr fondamentale. Dans le cas contraire, elles ne pourraient en effet être approuvées par tous.

La norme interdisant d'infliger des dommages physiques à autrui, et donc de recourir à la violence contre lui, est également fondamentale. Il est essentiel pour la cohésion sociale de respecter les promesses faites ou les accords conclus ; de même qu'il est essentiel de ne pas frauder, et donc de ne pas mentir.

Relève aussi des principes de la morale l'impératif du respect de la propriété d'autrui. C'est toutefois au droit et à la politique de clarifier ce qu'est la propriété, d'en définir les critères. Celle-ci n'est pas toujours synonyme de « propriété foncière » ou de « patrimoine ». Elle peut se limiter aussi à quelques objets personnels.

➡ Page 331

POUR OU CONTRE

La morale est-elle une question sociale?

La morale n'est normalement pas une question sociale. Lorsque des règles morales doivent entrer en vigueur, elles doivent alors valoir toujours et partout pour tous ceux qui y consentent. Une autre question est celle de l'application des normes morales, tout particulièrement lorsque plusieurs d'entre elles en viennent à s'affronter. Moha peut, à coup sûr, se prévaloir d'un droit moral à vivre une vie digne. Et dans son cas, il est même permis de dire qu'il s'agit d'un simple droit à la survie. À coup sûr, il est moralement en droit de fuir son pays, y compris avec l'aide d'un passeur. La question des moyens employés pour se procurer de l'argent afin de pouvoir financer une traversée est plus délicate, suffisamment pour qu'il lui faille soupeser soigneusement les points suivants: est-ce que je cause du tort à quelqu'un en me procurant cet argent? Est-ce que je trompe quelqu'un? S'il est en mesure de donner une réponse négative à ces questions, alors il peut justifier moralement ses tentatives de se procurer de l'argent.

➡ Page 332

AVIS DE RECHERCHE

Le prophète et négateur de la morale

Friedrich Nietzsche (1844-1900)

➡ Page 337

TEST DE LOGIQUE

Le test de l'impératif catégorique

– « On a le droit de conserver les objets trouvés de faible valeur » : la règle est compatible avec l'impératif catégorique, car je peux vouloir que l'on en fasse une loi universelle ;

– « Il faut toujours dire la vérité à une personne atteinte d'une maladie incurable qui s'enquiert de son état » : Kant aurait considéré cela comme conforme à l'impératif catégorique. Dans son essai intitulé *D'un prétendu droit de mentir par humanité* (1797), il soutient que l'impératif de dire la vérité vaut en toutes circonstances. En défenseur d'une éthique déontologique (voir dans ce chapitre « Concepts fondamentaux et courants de la philosophie morale », p. 333), et donc d'une éthique du devoir, Kant considérait que dire la vérité est un « devoir en soi » qui ne souffre aucune exception. Pourtant, en l'espèce, des doutes sont permis : puis-je réellement vouloir que l'obligation m'incombant de dire la vérité en toute situation devienne une loi morale universelle ? N'est-il pas préférable de ne rien dire à certaines personnes atteintes de maladies incurables afin de les laisser mourir en paix, sereinement – alors même que dire la vérité s'imposera plutôt dans d'autres cas, en face d'autres personnes susceptibles de mieux la supporter ? Dans tous les cas, il importe ici de se ménager la possibilité d'étudier à fond chacune des options ;

– « Le dimanche, tout le monde doit mettre ses habits de cérémonie » : puis-je vouloir que l'on fasse de cette règle une loi universelle ? Pas vraiment. Il s'agit là d'une convention dont je ne peux vouloir qu'elle revête un caractère contraignant ;

– « Je suis obligé de venir en aide à toute personne en détresse » : voilà une règle compatible à tous égards avec l'impératif catégorique.

Différence et points communs entre l'impératif catégorique et la « règle d'or » : la règle d'or exige, dans l'élaboration des normes morales, une symétrie et une égalité de traitement entre toutes les personnes agissantes. L'impératif catégorique implique également cela. Tous les exemples évoqués plus haut seraient compatibles avec la règle d'or. Mais l'impératif catégorique suppose encore autre chose : il suppose que chaque norme soit contraignante et puisse servir de loi universelle.

➡ Page 338

POUR OU CONTRE

Toutes les vertus sont-elles morales ?

Les vertus ne sont pas toutes morales. Il en existe de nombreuses qui sont utiles dans un cadre social bien précis ou pour une activité bien précise, mais qui ne revêtent aucune dimension morale.

– « La promptitude à venir en aide » est une vraie vertu morale ; celui qui en fait preuve renforce considérablement les liens moraux qui l'unissent à sa collectivité ;

– « L'amour de l'ordre » n'est pas une vertu morale. Nous avons là une vertu d'utilité qui contribue à simplifier la vie quotidienne mais qui n'entretient aucun lien avec l'idée d'intégrité morale. Les personnes désordonnées peuvent d'ailleurs être parfaitement irréprochables sur le plan moral ;

– « L'application » n'est pas non plus une vertu morale ; elle se situe au même niveau que « l'amour de l'ordre » ;

– « L'amour des animaux » peut être considéré comme une vertu morale dans la mesure où il contribue à ce que les animaux bénéficient d'un traitement moral ;

– « La bravoure » a été considérée dès l'Antiquité comme une vertu morale classique, mais elle est en vérité une vertu militaire ou, en tout cas, synonyme de volonté vive d'affronter les difficultés de la vie. On envisagera volontiers la bravoure, au sens de fermeté morale, comme une vertu morale ;

– « La faculté d'empathie » peut être considérée comme une vertu morale dans la mesure où elle facilite les rapports moraux que nouent entre eux les hommes.

➡ Page 339

POUR OU CONTRE

L'identité sexuelle est-elle une question morale ?

La sexualité est, à n'en pas douter, le domaine de la vie humaine où les tabous abondent le plus. L'idée religieuse de « péché » a certainement joué pour cela un rôle déterminant. Mais, dès lors qu'on l'envisage du point de vue d'une éthique devant être fondée en raison, le domaine entier de la sexualité s'avère parfaitement neutre sur le plan moral. La dimension morale n'entre en jeu que lorsque l'intégrité et les droits de la personne sont concernés.

– « L'homosexualité est immorale car Dieu a voulu que l'homme épouse la femme » : nous avons là un argument qui se fonde uniquement sur l'autorité d'une religion bien particulière. Qui ne reconnaît pas cette autorité peut écarter cet argument.

– « L'homosexualité est immorale parce qu'elle n'est pas naturelle » : cette vision des choses a été depuis longtemps réfutée. Les orientations sexuelles sont presque toujours innées et, pour cette raison même, sont toutes « naturelles ».

– « L'homosexualité, comme la sexualité, n'est ni bonne ni mauvaise. Elle n'a absolument rien à voir avec la morale car il n'est question avec elle que d'un penchant naturel. La question de la cohabitation entre les hommes n'est là en rien concernée » : voilà le point de vue d'une éthique fondée en raison.

– « L'homosexualité enfreint la loi morale » : si on entend par « loi morale » les conceptions morales fermement ancrées dans une société, alors cette loi morale n'est pas forcément identique à une morale fondée en raison, mais plutôt à des conceptions morales qui tirent leur origine de la tradition, de conventions et qui se fondent sur elles. Mais celles-ci ne peuvent être aisément modifiées du jour au lendemain, comme le montre l'histoire. Si on entend en revanche par « loi morale » une loi respectueuse des critères d'une éthique rationnelle, comme l'impératif catégorique, alors l'homosexualité s'avère sans la moindre difficulté compatible avec elle.

– « La pratique libre de l'homosexualité, comme la pratique de n'importe quelle autre orientation sexuelle, est compatible avec l'impératif catégorique » : la validité d'une telle proposition ne frappe pas par son évidence dans cette forme absolue ; il faut y apporter le complément suivant : il importe en effet pour cela que les droits de la personne ne soient en aucune façon bafoués.

➡ Page 339
POUR OU CONTRE
Qui peut se prévaloir de la qualité d'être moral ?
« Se prévaloir de la qualité d'être moral » signifie être le destinataire de normes morales. Pour cela, un être vivant devrait-il :
– « Être un homme au sens biologique du terme » ? Autrement dit, tous les êtres humains, c'est-à-dire aussi les embryons, les malades mentaux, les personnes irresponsables, pourraient se prévaloir de la qualité d'être moral – mais pas les animaux.
– « Se montrer, dans une certaine mesure, capable de raison et d'une conscience propre » ? Cela signifierait que seuls les hommes capables de discernement, considérés comme responsables de leurs actes, pourraient, à partir d'un certain âge, se prévaloir de cette qualité d'être moral – mais que des animaux ayant atteint un certain stade de développement le pourraient aussi.
– « Se montrer, dans une certaine mesure, capable de souffrir » ? Tous les hommes, mais aussi de nombreux animaux, avant tout les plus développés, seraient en l'occurrence concernés.
– « Être ou bien un animal ou bien un homme » ? Un petit nombre d'animaux développés serait là également concerné.
– « Être un organisme » ? Seraient ici concernés les hommes, les animaux, mais aussi les plantes. La nature organique entière pourrait ainsi prétendre à être traitée par nous de façon morale – comme l'exige, par exemple, l'éthique élaborée par Albert Schweitzer.

➡ Page 341

POUR OU CONTRE

Quelle attitude envers la nature se justifie moralement ?

Voici quelques-unes des positions les plus importantes sur cette question. Si la vie de tout être vivant dans la nature a une valeur « en soi » (comme l'homme chez Kant), si elle est donc indépendante de toute considération utilitariste, alors tous les êtres vivants, plantes incluses, méritent protection et sympathie, au sens où l'entendait Albert Schweitzer. Telle est également la position d'Arthur Schopenhauer qui, dans l'interprétation qu'il donne du monde, envisage comme une unité la totalité des êtres vivants. À l'instar des bouddhistes et des hindouistes, Schopenhauer considère que je me blesse moi-même lorsque je nuis à autrui. Mais l'idée selon laquelle tous les êtres vivants sont égaux sur le plan moral peut-elle être fondée en raison ? Cette question est l'objet d'âpres débats.

Du point de vue d'une éthique rationnelle, il n'existe pas de devoir de cultiver la nature tel que l'entend John Stuart Mill. Mais, dans la mesure où l'homme, pour des raisons de survie, exploite la nature, il ne peut que se poser la question de sa protection ; de même, il ne peut que s'interroger sur la nécessité de conférer des droits moraux aux êtres vivants un minimum développés. Pour le philosophe Peter Singer, il importe absolument de protéger la nature et de reconnaître à ces êtres des droits moraux. S'il n'accorde de tels droits qu'aux animaux développés et capables de souffrir, Schweitzer estime que tous les êtres vivants sans exception méritent d'être traités moralement. Il est certain que Schweitzer et Schopenhauer ne rejetteraient pas seulement les expérimentations animales : ils rejetteraient aussi toute idée de transformation génétique des plantes.

Peter Singer est de ces philosophes qui, lorsqu'il est question d'éthique animale ou environnementale, choisissent pour point de référence l'intérêt humain sur le long terme. À ses yeux, il s'agit toujours de se demander, concernant, par exemple, la déforestation, la disparition des forêts équatoriales, si en procédant ainsi nous infligeons ou non un tort aux générations à venir. Un rapport aux ressources naturelles plus précautionneux et moins dispendieux s'impose si nous nous soucions des générations à venir, mais il s'impose aussi du point de vue d'une éthique utilitariste, dont Singer défend une certaine forme. En revanche, la tonte des moutons semble permise par ce type de philosophie morale. Mais les végétaliens, qui refusent de consommer le moindre produit animal, la rejettent également au motif que les moutons se feraient tondre contre leur volonté.

➡ Page 342
AVIS DE RECHERCHE
Le briseur de tabous
Peter Singer (né en 1946)

➡ Page 343
POUR OU CONTRE
S'il existe des droits, existe-t-il aussi des devoirs?
En l'occurrence, on pourrait fournir deux argumentations différentes:
1. La symétrie entre droits et devoirs est au fondement de toute éthique justifiable en raison. Elle repose sur les principes d'égalité de traitement et d'égalité de statut de tous ceux que concernent les normes morales. Celui qui exige d'être traité de façon morale a aussi, dans le même temps, le devoir de traiter autrui de la même manière. Toutefois, la condition préalable à cette symétrie est la capacité cognitive à reconnaître l'existence simultanée de droits et de devoirs. Or, on ne peut supposer une telle capacité cognitive aux animaux: on peut leur reconnaître des droits moraux, mais ils ne peuvent remplir aucun devoir moral. Pour cette raison, les animaux ne peuvent être considérés, sur le plan moral, sur un pied d'égalité avec les hommes.
2. Qu'il y ait des êtres moins intelligents que nous et aux facultés cognitives plus faibles n'est pas une raison pour ne pas leur conférer des droits moraux. La capacité qu'ont ces êtres à souffrir est ici un élément décisif. Lorsque celle-ci est avérée, il semble inévitable de leur reconnaître un

certain nombre d'intérêts, et de prendre ceux-ci en considération. Cette position est défendue, entre autres, par Peter Singer.

➡ Page 343

POUR OU CONTRE

Devoir et pouvoir vivre ou mourir

1. Lorsque la philosophie morale se confronte au suicide, se pose toujours à elle la question de la responsabilité vis-à-vis d'autrui : la personne qui entend se suicider, ou qui s'est suicidée, est-elle, ou était-elle, responsable vis-à-vis de tiers ? Lorsqu'il n'y a pas de parent proche ni d'autre personne dépendante, la décision de s'ôter la vie est une décision souveraine relevant absolument de l'individu et ne regardant que lui. Dans le cas de Herrndorf, il importe d'ajouter que l'écrivain avait annoncé de longue date son intention de s'ôter la vie et que son entourage savait à quoi s'en tenir.

2. En l'absence de directive anticipée, et lorsque la patiente n'est plus en mesure de s'exprimer, les médecins ne peuvent procéder à une euthanasie active (par ailleurs interdite par la loi en Allemagne comme en France). L'euthanasie « passive », qui consiste à ne pas entretenir artificiellement le processus de vie, à calmer la douleur tout en accélérant la fin, représente une zone grise pour la philosophie morale. En Allemagne comme en France, elle n'est pas interdite par la loi. Pour la philosophie morale, le souhait du patient est le critère absolument décisif : il s'agit de déterminer ce qui y correspondrait ou non. C'est que tout patient peut se prévaloir d'un droit à disposer de son propre corps. Lorsqu'il ne peut plus s'exprimer, et qu'il ne s'est pas exprimé auparavant sur le sujet, la plus grande réserve s'impose.

➡ Page 347

ÉNIGME PHILOSOPHIQUE

Bonheur ou morale ?

1. Nous avons là un cas tout à fait clair du point de vue de l'impératif catégorique : S. est obligé de remettre le porte-monnaie à qui de droit. Il ne peut s'approprier une somme qui ne lui appartient pas pour financer un projet synonyme à ses yeux de bonheur.

L'utilitariste argumenterait ainsi : si l'on devait se fixer pour règle de ne pas rendre des objets trouvés appartenant à autrui, cela nuirait à l'intérêt de la collectivité dans son ensemble.

Les hédonistes, eux, pourraient apporter deux réponses différentes : certains d'entre eux considéreraient légitime de conserver la somme trouvée au motif qu'elle permettrait de satisfaire immédiatement un bonheur longtemps recherché ; d'autres, en revanche, pourraient objecter qu'une vie heureuse suppose de ne pas être fondée sur de l'argent qui ne nous appartient pas.

2. Le tenant de l'impératif catégorique voterait contre une séparation au motif que les parents se sont engagés, en se mariant, à une communauté de vie et à éduquer ensemble leurs enfants. Pour Kant, le fait d'être malheureux n'est pas une raison pour enfreindre ses devoirs.

L'utilitariste approuverait une séparation au motif qu'elle serait dans l'intérêt des deux parties, mais aussi de leurs enfants : il est vrai qu'il est nettement préférable pour des enfants de vivre avec des parents satisfaits de leur vie de couple, plutôt que malheureux.

L'hédoniste approuverait toute séparation venant mettre un terme à une situation malheureuse.

➡ Page 348

ÉNIGME PHILOSOPHIQUE

La morale peut-elle me nuire ?

La remarque de La Rochefoucauld s'appuie sur l'expérience : penser et agir moralement dans un monde qui ne s'en tient pas aux normes morales, c'est en effet s'exposer à avoir souvent le dessous dans ses rapports avec autrui. Il existe différentes manières de réagir à cela.

On pourrait en conclure qu'il importe de faire primer les considérations de prudence sur les considérations morales. Contrairement aux règles de morale, les règles de prudence visent l'intérêt personnel bien compris – par exemple : une vie heureuse, des objectifs de vie bien précis, etc. Lorsque les considérations de prudence et les considérations morales entrent en conflit, et donc qu'un acte moral semble pouvoir porter préjudice à l'intérêt personnel bien compris, on devrait faire taire les réflexions morales.

Si l'on se réclame de l'éthique du devoir de Kant, alors on s'en tiendra à la résolution de ne jamais duper autrui ; on campera fermement et définitivement sur cette position, y compris lorsqu'on se retrouvera immergé dans un univers de tricheurs. Pour Kant, agir avec moralité ne peut aller sans conséquence et il s'agit de les assumer.

Si l'on se réclame d'une éthique utilitariste, on se demandera si la résolution de ne jamais duper autrui s'avère véritablement avantageuse ou conforme au bien de tous. Si tel n'est pas le cas, on y renoncera. Si l'on défend un utilitarisme de l'action (voir dans ce chapitre « Concepts fondamentaux et courants de la philosophie morale », p. 333), on pourra aussi en décider au cas par cas.

Quelques suggestions bibliographiques

Voici un choix de références bibliographiques limité qui ne prétend en rien à l'exhaustivité. Ne sont ici proposées que quelques pistes de lecture permettant d'approfondir certains sujets abordés dans ce livre.

« Problèmes » et « histoire » de la philosophie

Bertrand Russell, *Problèmes de philosophie* (1912), trad. de l'anglais par F. Rivenc, Paris, Payot, 1989.

Une introduction toujours aussi pertinente aux problèmes les plus importants de la philosophie théorique – envisagée d'un point de vue analytique. Les problèmes relevant de la philosophie pratique n'y sont pas traités.

Karl Jaspers, *Introduction à la philosophie* (1950), trad. de l'allemand par J. Hersch, Paris, « 10-18 », 2001.

Une sorte de pendant à l'ouvrage de Russell : un passage en revue des grands problèmes philosophiques, où ne sont exclues ni la politique ni l'histoire, par un grand représentant de la philosophie de l'existence. Accessible à tous puisque écrit à l'origine pour la radio.

Grandes œuvres et grands penseurs

Robert Zimmer, *Le Grand Livre des philosophes. Clefs d'accès aux œuvres classiques*, trad. de l'allemand par O. Mannoni, Paris, Fayard, 2012 ; « Pluriel », 2016.

Une initiation aux œuvres classiques de la philosophie, où vies et œuvres sont entrelacées.

Histoire de la philosophie, sous la direction de Jean-François Pradeau, Paris, Seuil, 2009.

Une présentation didactique de l'ensemble de la tradition occidentale, des origines à nos jours. Un parcours parmi la pensée et les œuvres des principaux philosophes. [*N.d.T.*]

Périodes ou thématiques particulières

Sur l'Antiquité

Luciano de Crescenzo, *Les Grands Philosophes de la Grèce antique*, trad. de l'italien par B. Levergeois, Paris, Julliard, 1988 et 1989 ; « Le livre de poche-Biblio essais », 2002.

Une introduction au monde de la philosophie grecque à la fois amusante, bien écrite et pleine d'anecdotes.

Sur l'espace et le temps, l'histoire et le cosmos

Stephen Hawking, *Une brève histoire du temps. Du Big Bang aux trous noirs*, trad. de l'anglais par I. Naddeo-Souriau, Paris, Flammarion, 1989 ; « Champs », 2008.

Une introduction, devenue classique, à notre vision scientifique moderne du monde.

Karl Löwith, *Histoire et salut. Les présupposés théologiques de la philosophie de l'histoire*, trad. de l'allemand par J.-F. Kervégan, Paris, Gallimard, « Bibliothèque de philosophie », 2002.

Ce grand livre, devenu depuis sa parution un classique, montre, à l'aide de nombreux exemples tirés de l'histoire de la philosophie, comment l'espoir d'un « salut » et d'une « destination finale » a forgé la philosophie de l'histoire.

Sur la conscience de soi

Richard David Precht, *Qui suis-je et, si je suis, combien ? Voyage en philosophie*, trad. de l'allemand par P. Deshusses, Paris, Belfond, 2010 ; « Pocket », 2012.

Un livre devenu un *best-seller*, qui s'attache notamment à présenter de façon très pédagogique les apports, y compris les plus récents, des neurosciences.

Sur la justice

Michael Sandel, *Justice*, trad. de l'anglais par P. Savidan, Paris, Albin Michel, 2016.

> Sandel, qui est philosophe et qui enseigne à l'université de Harvard, est bien connu pour sa capacité à illustrer les questions théoriques par les problèmes du quotidien.

Sur la morale et le bonheur

Peter Singer, *Questions d'éthique pratique*, trad. de l'anglais par M. Marcuzzi, Paris, Bayard, 1997.

> Peter Singer, qui est peut-être le représentant le plus célèbre de l'éthique pratique, ne traite pas seulement dans ces pages de problèmes de philosophie morale illustrés de nombreux exemples : il y traite aussi de la question du « sens de la vie ».

Quelques « brefs » classiques, de lecture aisée, pour le débutant

Platon, *Apologie de Socrate* (V^e^ – IVe siècle av. J.-C.), trad. du grec ancien par L. Brisson, Paris, « GF-Flammarion », 2016.

> Platon donne ici le discours tenu par son maître Socrate devant le tribunal athénien chargé de le juger, et qui le condamna à mort. L'apologie fit définitivement de lui le représentant le plus incorruptible de la sagesse philosophique.

Anselme de Cantorbéry, *Proslogion. Allocution sur l'existence de Dieu* (1077-1078), trad. du latin par B. Pautrat, Paris, « GF-Flammarion », 1993.

> Ce bref traité datant du Moyen Âge présente dans sa forme pure la « preuve ontologique de l'existence de Dieu » la plus célèbre de l'histoire de la philosophie.

René Descartes, *Discours de la méthode* (1637), éd. par L. Renault, Paris, « GF-Flammarion », 2000.

> Une introduction idéale à la théorie de la connaissance des Temps modernes, où l'on trouvera le célèbre « Je pense, donc je suis ».

Emmanuel Kant, *Qu'est-ce que les Lumières ?* (1783), trad. de l'allemand par J.-F. Poirier et F. Proust, Paris, « GF-Flammarion », 2006.

Un essai classique dans lequel Kant, le plus important philosophe allemand des Lumières, explique le rapport existant entre la philosophie, la raison, la liberté et l'éducation à la responsabilité.

Arthur Schopenhauer, « Sur la doctrine de l'indestructibilité de notre être réel par la mort » (1851), dans *Du néant de la vie*, trad. de l'allemand par A. Dietrich, Paris, Mille et une nuits, 2004.

Il s'agit d'un essai célèbre de Schopenhauer, plus exactement d'un chapitre de *Parerga et Paralipomena* (trad. par J.-P. Jackson, Paris, Coda, 2010), une œuvre tardive, qui traite de l'une des grandes questions de la métaphysique : en quoi consiste l'essence de l'homme et y a-t-il une vie par-delà la mort ?

John Stuart Mill, *De la liberté* (1859), trad. de l'anglais par L. Lenglet, Paris, Gallimard, « Folio », 1990.

Un plaidoyer d'une grande limpidité, inégalé, en faveur de la liberté comme principe de vie.

Karl Popper, *Toute vie est résolution de problèmes* (1994), trad. de l'allemand par Cl. Duvernet, Arles, Actes Sud, 1998.

Deux recueils de textes qui abordent, dans l'esprit de la raison critique, sur des fondements scientifiques, tous les problèmes philosophiques importants.

Table

N° éditeur : 2016/1243

Dépôt légal : avril 2017

Achevé d'imprimer en Espagne, en avril 2017 par Blackprint